現代教育の制度と行政

【改訂版】

河野和清 ◆ 編著

山田浩之
山下晃一
松元健治
村上祐介
林　孝
大野裕己
古賀一博
織田成和
湯川秀樹
河相善雄
髙瀬淳
松原勝敏
末冨芳

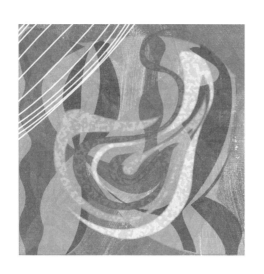

福村出版

[JCOPY] 〈出版者著作権管理機構 委託出版物〉

本書の無断複写は著作権法上での例外を除き禁じられています．複写される場合は，そのつど事前に，出版者著作権管理機構（電話 03-5244-5088, FAX 03-5244-5089, e-mail: info@jcopy.or.jp）の許諾を得てください．

はしがき

　今，私たちは，時代の転換点に立っている。
　私たちを取り巻く国際環境や社会環境の変化は著しい。相変わらず，少子高齢化やグローバル化の進展，地域社会・家族の変容，格差の再生産・固定化のみならず，環境問題，食料・エネルギー，民族・宗教紛争，安全保障など地球規模の問題に直面するとともに，最近では，世界の政治環境の変化とともに，AI（人工知能），IoT（モノのインターネット），そしてビッグデータを駆使した第四次産業革命も進行しつつある。私たちは，こうした大きな問題や変化に直面しつつも，来るべき新しい社会にどう向き合うべきであろうか。そして来るべき新しい社会に備えて，子どもの教育をどう保障していくべきであろうか。教育の役割と私たちの責任は大きい。
　本書は，新しい時代の到来が予感される中，次代を担う子どもの教育をどう保障すべきかを，理念と制度・行政の両側面より検討を加え，そこに顕在・伏在する課題を明らかにすべく企画された。
　1章では，教育政策や教育改革の背景要因となる，現代教育の諸問題の傾向と特徴を探るとともに，2章，3章では，現代の公教育の制度的枠組と理念を，公教育制度や教育法制の面から検討した。続く章では，それらを踏まえ，現代教育がどのように制度的に運用されているか，その制度実態とその課題を，教育行政（4章），学校経営（5章），教育課程（6章），教職員人事（7章），児童生徒（8章），就学前教育（9章），特別支援教育（10章），教員養成・研修（11章），社会教育（12章），そして教育財政（13章）の諸側面から考察した。そして最後，14章では現代教育の制度的・行政的特徴と課題について総括した。
　本書は，2008年の初版発行以来，多くの方々に長年ご愛読いただいてきた。しかし，教育，そしてそれを取り巻く社会環境も大きく変わったため，これを機に新しい情報を盛り込んで内容を刷新し，改訂版として刊行することとなった。新しい教育委員会制度の発足や中央教育委員会審議会3答申等の，最新の教育情報も取り込んで，現代教育の制度と運用上の仕組やその特徴および課題を分

かりやすく解説することに努めた。本書がこれから教職をめざす学生諸君のみならず，教職教養の更新と力量形成の向上を図ろうとする学校の先生方や教育行政に携わる先生方にも，引き続きテキストとして活用されることを期待する次第である。なお，諸般の事情により，執筆者が一部交替となったが，新たに執筆陣に加わっていただいた村上祐介先生と大野裕己先生には厚く御礼申し上げたい。

　最後に，本書の出版を快くお引き受けいただき，企画編集に当たって貴重かつ的確なご助言をいただいた福村出版編集部の皆様方に心から御礼申し上げる。

2017年2月24日

編者　河野和清

目　次

　　はしがき　3

1章　現代教育の諸問題　9
　1節　社会環境の変化　9
　2節　学校教育をめぐる問題　10
　3節　家庭教育をめぐる問題　18
　4節　教育問題の背景　21

2章　現代の公教育制度　23
　1節　公教育の概念　23
　2節　公教育の構成原理　26
　3節　学校制度の成立と展開　27
　4節　学校制度の構造と概要　30
　5節　現在のわが国の学校制度　32
　6節　公教育制度の今日的課題　35

3章　教育法制　40
　1節　教育法規の構造　40
　2節　教育基本法　43
　3節　教育権の種類と構造　51
　4節　今日の教育法制の特色　53

4章　教育行政　55
　1節　教育行政の概念　55
　2節　国・都道府県・市町村の関係　58
　3節　文部科学省　61

4節　教育委員会制度　67

5章　学校経営と学校評価　74
1節　学校経営の概念と領域　74
2節　学校経営の組織と過程　78
3節　学校評価の実態と課題　84

6章　教育課程経営　90
1節　教育課程の基本　90
2節　教育課程に関する法制　91
3節　教育課程行政　96
4節　各学校での教育課程経営（カリキュラム・マネジメント）　100

7章　教職員の職務・服務と教員評価　104
1節　教職員の職務　104
2節　教職員の服務　108
3節　教職員の懲戒と分限　112
4節　教職員評価　115

8章　児童と生徒の管理　121
1節　子どもの権利と義務　121
2節　在学管理　125
3節　児童生徒の懲戒　128

9章　就学前教育制度　135
1節　小学校就学前教育の歩み　135
2節　幼稚園教育制度　140
3節　保育所保育制度　143
4節　認定こども園教育・保育制度　145

10章　特別支援教育制度 …………………………………… 150
　1節　第二次世界大戦後の障害児教育の展開　150
　2節　特別支援教育の意義　152
　3節　特別支援学校とその職員　156
　4節　特別支援教育制度の課題　164

11章　教員養成・研修制度 ……………………………………… 172
　1節　教職の性格　172
　2節　教員養成　176
　3節　教員研修　182

12章　社会教育行政 ……………………………………………… 186
　1節　社会教育行政の概念　186
　2節　社会教育行政の組織　188
　3節　社会教育施設と職員　192
　4節　生涯学習社会における社会教育行政の課題　197

13章　教育財政 …………………………………………………… 200
　1節　教育財政の意義　200
　2節　国の教育財政　202
　3節　地方の教育財政　210

14章　現代の教育行政改革の動向と課題 ……………………… 217
　1節　「福祉国家」の見直しと「小さな政府」　217
　2節　臨時教育審議会以降の教育改革の動向　218
　3節　今後の課題　227

　索　引　231

1章　現代教育の諸問題

1節　社会環境の変化

1　集団就職の時代

　1950年代から70年代にかけて，中学校卒業生の多くが地方から都市部へ学校ぐるみで就職した。これを集団就職と呼ぶ。学校が就職先の斡旋をし，卒業後に一斉に上京した。上京のために使われた集団就職列車は風物詩の1つとなり，小説や歌謡曲の題材にもされた。1964年の井沢八郎の『あゝ上野駅』は当時の流行歌となった。集団就職はそれだけ当時の人々にとって印象深いものだったのだろう。

　集団就職の時代は高度経済成長のまっただ中であり，都市部では慢性的な労働力不足に陥っていた。それを地方の中学校卒業者で補ったのである。中学校卒業者は安い賃金で雇用できるため，雇用主にとっては「金の卵」であった。求人数が就職者数を大きく上回った時期には，雇用者が中学校卒業者を戸別訪問して採用することもあったという。

　雇用者にとって金の卵であっても，中学校卒業者すなわち集団就職で就職する者は決して恵まれた生活を送ったわけではない。安い賃金と長い労働時間と労働条件は過酷であり，離職者も少なくなかった。また，夜間の高校，大学に進学することも不可能ではなかったが，労働環境や雇用主の無理解等により容易ではなかったという。都市での生活という華やかなイメージとは裏腹に，集団就職は辛い現実を突きつけるものであった。

　1970年代に入って，オイルショック等により日本の高度経済成長は終わりを告げる。それとともに集団就職の時代も終わった。1975年に最後の集団就職列車が上野駅に到着した様子は，1つの時代の終焉を象徴していた。

　初めての集団就職列車が運行された1954年の高校への進学率は50.9%にすぎない。ほぼ半数の中学校卒業生が就職していたことになる。また，この年の大学進学率は19.7%とさらに低いものであり，大学に進学するのは5人に1人に過

ぎなかった。集団就職の時代の中学生にとって，大学への進学は想像もつかない夢のまた夢であったのかもしれない。

2 教育の大衆化がもたらしたもの

それとは逆に，今の中学生，高校生にとっては，こうした集団就職の時代こそ想像もつかないことかもしれない。高校への進学率は1974年に90%を超え，2006年には96.5%になっている。中学校を卒業して進学しない者はごくわずかにすぎない。

さらに2000年代になって，大学も全入の時代がやってきた。2006年の大学・短大への進学率は52.3%と半数を超える。専門学校等も含めると実に75.9%もの高校卒業者が進学している。その一方で高校を卒業して就職した者は18.0%にすぎない。すなわち，現在は高校への進学ばかりでなく，高校卒業後も進学することが当然とされる時代になっている。

このように教育は大衆化し，かつては夢であった高等教育を多くの人々が享受するようになった。しかしその反面，人々の教育に対するまなざしも大きく変化した。大衆化の一方で，さまざまな教育の歪みが浮き彫りにされたのである。その結果，1980年代以降，教育をめぐる問題が次々と噴出した。

以下ではこれまでに生じた教育問題をたどり整理しておきたい。そのことにより，教育政策や教育改革の背景にある現代社会における教育に対するまなざしについて検討しよう。

2節　学校教育をめぐる問題

1 高度経済成長と教育

集団就職の背景となった高度経済成長の時代は，教育，そして学校に対する信頼も厚い時期であった。もちろん，この時期にも教育問題はあり，青少年の非行，学生運動等，その深刻さが語られもした。しかし，1960年代までは教育問題を理由として学校や教師が一方的に批判されることはあまりなかった。

この時期までの学校は「民主的で進歩的な社会や家庭を作るための〈啓蒙の装置〉」であり，「経済的貧困や文化的落差の存在を前提にして，学校は地域や親

の基本的な信頼を調達できていた」(広田，1998；p.159)とされる。つまり，多くの人々は，学校に通い，教師の指導のもと学ぶことで生活が改善されると信じていた。高度経済成長を背景に，学校こそが高い地位達成をもたらすものと考えられ，高校，大学へと進学すれば，卒業後の社会的地位も保証されると人々は考えていた。このことは逆に，望むような地位達成ができないことは，上位校への進学ができなかったがゆえであり，進学の障壁となる貧困や周囲の理解が問題とされた。

2　学歴主義・受験戦争

ところが1970年代になると高度経済成長の終わりとともに，学校や教師に対するまなざしは大きく変化する。学校の受験体制が批判され，学歴主義と受験戦争が大きな教育問題とされるようになった。

学歴主義とは学歴，つまり進学した学校段階や学校の違いによって社会的地位が配分されることをいう。つまり高校卒よりも大学卒の方が社会的地位や給与が高くなること，また難関大学に進学すれば，他の大学に進学した場合よりも高い社会的地位や給与を得ることができることをいう。

実は，学歴主義は，程度の差はあれ，どの国にも存在する選抜原理の1つにすぎない。ドーア(Dore, R. P.)が言うように，学歴主義は近代化の遅れたアジアやアフリカの諸国でも教育問題となっている。また，アメリカをはじめとする欧米でも，社会的地位に対する学歴の規定力は決して低くない。むしろ日本で学歴によって作られる社会的地位の格差は，アメリカ等と比較してかなり弱いものにすぎないともされる。それにもかかわらず，日本では学歴主義が非常に大きな教育問題となり，それを背景として過度な受験戦争が表面化することになった。

その背景には学歴に対する強い信頼があった。つまり，当時は学歴を獲得しさえすれば，すなわち大学に進学すれば将来が保証されると誰もが信じていた。それゆえ親も子どもも「良い学校」への進学が「良い大学」，そして「良い就職」すなわち高い社会的地位と収入に繋がるものと信じていた。このことは学校や教師に対しても厚い信頼があったことを意味している。つまり，学校に通い，教師に従って勉強していれば，将来は保証されると誰もが考えていた。こうして

受験のマス化が生じ，受験戦争はさらに低年齢化した。

もちろん日本の子どもがすべて受験戦争に参加したわけではない。しかし，厳しい受験指導と競争は学校現場へも波及し，学校でも知識の「詰め込み」が重視されるようになる。

その際，受験指導で用いられたのが「偏差値」であった。「偏差値」は，たんにテストの結果を統計的に基準化した値にすぎない。しかし，それが一人歩きを始め，あたかも個人の能力を示す絶対的な値であるかのように扱われるようになった。受験生の多くが，自分の「偏差値」のわずかな高低に一喜一憂し，また「偏差値」が個人の能力を示す指標であるかのように扱われた。

また，こうして受験戦争が学校の中に広がると，受験戦争や学校の勉強から脱落する者が現れる。そうした者たちは「落ちこぼれ」と呼ばれた。学校の勉強についていけなくなった落ちこぼれは，「七五三」という言葉で表現された。七五三とは，高校で7割，中学校で5割，小学校で3割が落ちこぼれるという意味である。つまり，それだけ詰め込みの授業は児童生徒に負担となり，学習内容を理解できない者が増加したのである。

3　校内暴力

こうして受験戦争が問題とされる中，1980年代初頭には「校内暴力」が大きな教育問題となった。校内暴力とは学校内での器物損壊，生徒間また対教師への暴力をいい，とくに中学校で頻発した。当時は，校舎の窓を割り，机を壊す等の器物損壊が多くの中学校で見られ，トイレでの喫煙やバイクで校舎の中を走り回ったりすること等もあった。また，生徒同士の暴力行為だけでなく，教師に対しても暴力がふるわれることもあった。1983年には生徒の暴力に耐えかねた教師が生徒をナイフで刺すという事件が発生し，学校の荒廃がセンセーショナルに取り上げられた。

校内暴力は人気ドラマであった「3年B組金八先生」で取り上げられたこともあり，一気に教育問題として噴出し，新聞雑誌等でさかんに取り上げられた。それとともにいわば流行のような形で日本全国へと広がっていった。当時，校内暴力の主体ともなった生徒は「不良」と呼ばれ，長ランにボンタン（不良がはく太いズボン），また長いスカート等変形した制服を身につけていた。すなわち「不

良」は反学校文化，つまり学校への反抗を表象するものであった。

この校内暴力に対処するため，さまざまな方策がとられた。その1つが「管理教育」であった。この時期の管理教育の特徴は，服装や頭髪，持ち物に至るまで詳細で微細な規則を定めた校則にあった。髪の長さ，結び方，ベルトの幅，スカートの長さ，シャツやカーディガンの色や柄，靴下のワンポイントや下着の色まで服装を規定し，カバンは指定のもの以外認めず，果ては挙手の仕方や廊下の歩き方まで決めた校則もあったという。「服装の乱れは心の乱れ」という標語とともに，学校ばかりでなく，学校外でも身なりや行為が厳しく管理された。

また，こうした細かい校則に従って，教師による厳しい取り締まりがなされた。朝の「校門指導」では遅刻指導とともに服装のチェックが行われた。校則に違反している場合は，学校で髪の毛を切ったり，服装を変えさせたり等の指導がなされた。また，校内暴力が深刻な学校では，教師が竹刀を持って校内を巡回する等の取り締まりが行われたという。

こうした指導が過剰になると，「体罰」すなわち教師による生徒への暴力が行われることもあった。とくに1985年には，教師の暴行とも言える体罰によって生徒が死亡する事件が生じ，これを機に教師による体罰は深刻な教育問題の1つとされた。

4　不登校・いじめ

校内暴力は1980年代の半ばに沈静化した。しかし，それと前後して，新たな教育問題が次々とジャーナリズムを賑わせた。まさに1980年代に教育問題が噴出したといえよう。

まず問題になったのは不登校であった。1980年代の初めから，学校に行けない，行かない子どもたちが増加し，それが大きな教育問題とされた。

現在の文部科学省の調査では「不登校」を「何らかの心理的，情緒的，身体的あるいは社会的要因・背景により，登校しないあるいはしたくともできない状況にあること（ただし，病気や経済的な理由によるものを除く）」（文部科学省，2006）と定義し，そのうち年間30日以上欠席した者を不登校としている。2005年度の統計によると，中学校では2.75％の生徒が長期欠席をしている。つまり約36名に1名は長期欠席をしていることになるから，中学校の各クラスに1名は長期欠席

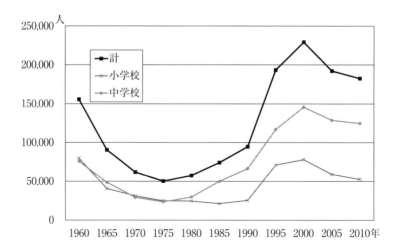

図1-1　長期欠席児童・生徒数の推移
(『文部統計要覧』平成15年度版，平成28年度版より筆者作成)

の生徒がいることになる。

　不登校が教育問題として報道された1980年代には，学校に行かない子どもたちは「学校嫌い」や「登校拒否」等と呼ばれ，否定的にとらえられていた。つまり，社会病理の1つとして不登校がとらえられていた。しかし，不登校は必ずしも，学校を嫌うわけでも，拒否するわけでもない。現在の定義が示すように，多様な要因で引き起こされるものであろう。したがって，学校に行かないことを否定的にとらえない「不登校」という言葉が使われるようになった。

　ここで不登校児童・生徒数の推移を見ておこう。図1-1は長期欠席児童生徒数の推移を示している。一般に不登校問題が論じられる際は，早くても1980年代からの統計が示されるのが普通である。それは長期欠席児童生徒数の統計に病欠者等が含まれるためであるが，ここではあえて1960年からの統計を示した。

　この図1-1からわかるように，長期欠席児童生徒数の推移は特徴的である。まず，1960年代まではかなりの数の長期欠席児童生徒がいたことがわかる。それが1970年代になると極端に減少している。そして，1980年代以降，増加に転じ，とくに中学校で急激に増加している。このように1980年代に不登校が教育問題となったのは，1970年代から1980年代の長期欠席児童生徒数の急増が要因

であったことがわかるであろう。そして2000年以後，減少に転じているものの，現在もなお，かなりの数の子どもたちが長期欠席，そして不登校を続けている。

ところで不登校は「社会問題」，あるいは「教育問題」なのだろうか。図1-1をみると，まったく別の視点で不登校問題を考えることも可能である。すなわち不登校が多い，80年代以後を問題と考えるのではなく，逆に不登校の少ない70年代が特別な時代であったと考えることもできる。

不登校は学校や学級等集団への不適応だと考えることもできよう。学級という人為的で閉鎖的な集団に馴染めず，不適応を起こして学校に行けなくなる者が存在するということは，実はまったく自然なことかもしれない。つまり，一定数の不登校児童生徒がいるのが当然であり，むしろ極端に不登校児童生徒が少なかった70年代にこそなんらかの理由があったのかもしれない。

先にも指摘したように，1970年代は学校と学歴に対する信頼が非常に高まった時期でもあった。こうした学校への「信頼」は，学校に行かなければならないという強迫観念を生み出した。こうした社会的状況が，学校に行けない子どもたちを強迫的に学校に行かせていたと考えることもできよう。

不登校に続いて教育問題となったのは「いじめ」であった。「いじめ」の定義は難しいが，文部科学省は次のように定義している。すなわち，学校内外で「自分より弱い者に対して一方的に，身体的・心理的な攻撃を継続的に加え，相手が深刻な苦痛を感じているもの」（文部科学省, 2006）である。また，いじめの態様としては「冷やかし，からかい，仲間はずれ，無視」といった心理的なものから，「暴力，たかり，恐喝」といった身体的，もしくは犯罪ともいえる深刻なものまでさまざまなものが含まれる。

図1-2に，いじめの発生件数の推移を示した。いじめの発生件数は問題になった1980年代の半ばにもっとも多く，その後は急激に低下し，80年代の終わりからはほぼ低い水準で推移している。なお，90年代半ばに発生件数が増えているのは，94年に調査方法が変更されたためである。実際の発生件数には大きな変化はないといえよう。

しかし，90年代以降，いじめが教育問題にならなかったわけではない。たとえば2006年から2007年にかけて，いじめは再び教育問題として再燃した。いじめは，たんに発生件数という統計には表れない，別の問題をはらんでいる。

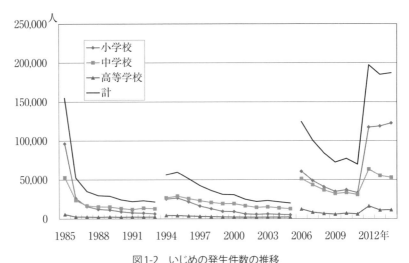

図1-2　いじめの発生件数の推移
(『児童生徒の問題行動等生徒指導上の諸問題に関する調査』平成26年度より筆者作成)

　いじめが大きな教育問題として注目されたのは，1986年に起こった富士見中学いじめ自殺事件であった。この事件は，いじめにあっていた中学2年生の生徒が自殺したものであった。継続的ないじめの上に「葬式ごっこ」が行われ，それに担任教師らまでが加わっていたことが明らかになった。すでに85年からいじめによる自殺が問題となっていたが，この事件によって教師や学校の責任が厳しく問われることになった。また，その後もいじめによる自殺は続き，深刻な教育問題として認識されるようになった。

　その後，80年代後半になるといじめ問題は沈静化する。しかし，その後も90年代半ば，そして2006年とほぼ周期的にいじめ問題がクローズアップされている。これらはいずれもいじめによる自殺をきっかけとしたものであった。

　先にも指摘したように，「いじめ」の定義は難しく，「いじめ」らしきものがあったとしても，本人たちが「遊び」と認識している場合もある。また，その反対に周りからは「遊び」と見なされていても，当人にとっては深刻な「いじめ」である場合もある。したがって，いじめを統計的に測定することは困難である。まして，報道はいじめと自殺の繋がりが明確になった時に間欠的に取り上げるにすぎない。たとえ統計的に発生件数が少なく，教育問題になっていないとして

も，「いじめ」がいじめられる者にとって非常に深刻な問題であることを忘れてはならない。

5 教育問題の拡大──学級崩壊，学力低下

その後，1990年代になると教育問題はさらに拡大する。1990年代の後半に入って問題とされたのは「学級崩壊」であった。学級崩壊とは「子どもたちが教室内で勝手な行動をして教師の指導に従わず，授業が成立しないなど，集団教育という学校の機能が成立しない学級の状態が一定期間継続し，学級担任による通常の手法では問題解決ができない状態に立ち至っている場合」（学級経営研究会，2000）とされる。つまり，クラスや授業を教師が統制することができず，子どもが騒いだり，立ち歩いたりしている状況をいう。

当初，学級崩壊の原因は教師の力量不足にあるとされ，教師の努力や力量の向上によって解決すべきものとされることもあった。しかし，学級崩壊の現状が明らかにされるとともに，学級崩壊はたんに教師の力量の問題だけではないと考えられるようになった。実際に，十分な力量を持っているはずのベテラン教師のクラスが学級崩壊に陥ることもあり，子どもや社会の変化にその原因を求める論調も強まった。

また，「学力低下」も深刻な教育問題となった。1999年に岡部恒治等により『分数ができない大学生』が刊行されたことをきっかけに，大学生の学力低下，そして小学生から高校生までの学力低下が問われるようになった。その後，2003年のPISA（OECD生徒の学習到達度調査），TIMSS（国際数学・理科教育動向調査）等の国際的な学力調査で日本の順位や正答率が低下したことが指摘されると，さらに問題は拡大した。1990年代までの「ゆとり教育」が激しく批判され，学力低下の原因とされたのである。

1990年代後半までの教育政策は，むしろゆとり教育を推進する方向にあった。1998年に告示された「学習指導要領」は大幅に学習内容を削減したものであったことがそのことを象徴している。しかし，激しい学力低下批判，ゆとり教育批判によって政策の方向は一変する。ゆとり教育を見直し，学力重視へと方向転換したのである。それにともない「学習指導要領」は，学習内容の「最低基準」へと解釈が変更された。また，授業時間の増加や「総合的な学習の時間」の削減が

求められるとともに，2007年度からは「全国学力・学習状況調査」がすべての小学校6年生，中学校3年生を対象として実施されるようになった。こうして「学力低下」は現在の教育改革に大きな影響を与える重要な「教育問題」の1つとなった。

その他にも最近になって報道されている「教育問題」としては，セクハラ等の教師の不祥事をはじめ，「モンスターペアレント」，給食費や入学金の未納問題等枚挙にいとまがない。とくに「モンスターペアレント」に見られるように，平気で学校に対して身勝手で無理な要求をする親が現れたことは，学校と親との関係が大きく変化したことを示している。かつてのような学校と教師への「信頼」が喪失されたことにより，1980年代以降，「教育問題」の数はさらに増加しつつあるといってよかろう。

3節　家庭教育をめぐる問題

1　家庭の教育力の低下

これまで述べてきたように，教育問題での批判の対象は主に学校，教師に向けられてきた。しかし，その批判の矛先は学校教育にとどまらず，家庭にも向けられるようになった。とくに1990年代以後，家庭を教育問題の温床として批判する声が高まった。

このことを象徴するのが，1997年に生じた神戸連続児童殺傷事件であった。この事件は残忍で暴力的な犯罪であったのみならず，「酒鬼薔薇聖斗」と名乗る声明文等劇場型犯罪の要素を含み，マスコミによる犯人捜し等過剰な報道をともなって大きな注目を浴びた。犯人が14歳の少年であることが明らかになると，マスコミはさまざまな形でこの少年と事件を分析した。

この事件を引き起こした要因として学校，メディア等が批判されたが，なかでも強く批判の矛先が向けられたのは少年の家族であった。家庭での教育の「失敗」がこの少年の犯罪を生み出したとされ，厳しく糾弾された。その糾弾は家族の私生活にまでおよび，転居を迫り，また行方を明らかにしないままにせざるをえなかったという。

これをきっかけとして「家庭の教育力の低下」が教育問題とされるようになっ

た。かつては強い教育力をもっていた家庭の機能が低下し、十分な家庭教育がなされなくなったというのである。これを受けて1998年の中央教育審議会の答申「新しい時代を拓く心を育てるために」では「心の教育」を重視し、家庭教育の見直しが提唱された。家族間の会話や食事の在り方から、細かいしつけの在り方まで細かく「家庭の在り方」が示されている。いわば「理想の家庭」の姿が提唱されたともいえよう。

　だが、こうした現代の家庭に対する批判、また「理想の家庭」の提唱は的を射ているのだろうか。ここで少年犯罪に対する家庭への批判に立ち返って考えてみよう。実は、少年による猟奇的、暴力的な犯罪は現代に特有のものではない。戦後だけを見ても、周期的にセンセーショナルな事件が生じている。こうした事件が生じた際、1960年代には、犯罪を行った少年個人に原因が求められたとされる。つまり、その少年の性格や気質が犯罪を生み出した要因だとされたのである（広田, 1999）。

　ところが1980年代になると、学校の責任が問われるようになる。前述の教育問題と同様に、少年犯罪も学校や教師によって生み出されたと批判された。それが1990年代になると家庭の問題と言及されるようになる。神戸連続児童殺傷事件に見られるように、すべての責任が家庭に求められることも少なくない。

　このように批判の対象は時代によって変化している。つまり家庭に責任を求める考え方は現代に特有の考え方に過ぎず、なんら根拠があるわけではない。

　また、広田照幸が詳細に検討しているように、戦前期や戦後直後の日本では決して厳しいしつけが行われていたわけではなかった。家庭でしっかりとした教育を受けさせるべき、きちんとしつけるべきという考え方は、一部の者の価値観に過ぎなかった。多くの家庭では厳しいしつけ等は行われず、むしろ放任状態で子育てがなされていた（広田, 1999）。

　ところが、戦後、とくに1980年代から家庭で教育すべきという考え方が次第に広がり、浸透していくようになる。そして現代では「教育する家族」として、家庭は教育熱心でなければならず、厳しくしつけなければならなくなった。つまり、「家庭の教育力」は低下したのではなく、むしろ強迫的ともいえるほどに強くなっている。この視点からも、少年犯罪が家庭によって生み出されるという考え方は短絡的といえよう。

2　家族の変化

　現在の「教育する家族」はまた別の形での家族問題を生み出した。家庭での教育，あるいは子どもとのかかわりを重視する意識は，家庭へのさまざまなまなざしを強化することになり，ときに過剰ともいえる反応を引き出した。

　家庭へのまなざしは，家族の在り方や子育ての在り方を強く規定する。少年犯罪と家庭との関係のように，子どもの問題は親の問題としてもとらえられる。それゆえ，「正しい」子育てが求められるようになった。だが，それは一方で親の「育児不安」を誘発することにもなった。つまり，「正しい」育児がなされているかどうかを確認するすべがないため，親は常に不安にさらされてしまうのである。

　現在の家族は，それぞれが独立し，またプライバシーも強固に守られている。それゆえ，他の家族が行う子育ての様子等を知る機会も限られる。つまり孤立した家族は，独自に試行錯誤しながら育児をしなければならない。ところがその一方で，子育てに関する情報が氾濫している。子育てサークル等での情報交換ばかりでなく，1990年代に入っておびただしい数の育児雑誌が創刊されている。逆説的だが，こうして育児に悩む親は，育児情報を求めるがゆえに，逆に無数の情報にふりまわされることになる。こうした社会状況も育児不安の1つの要因であろう。

　また，家庭へのまなざしは，家庭の内部に隠されてきた問題を暴露することにもなった。その1つが「児童虐待」である。2006年度に全国の児童相談所で対応した児童虐待の相談件数は，37,323件であるという。1990年の相談件数は1,101件だったから，16年間で実に30倍以上も増えたことになる。

　こうした相談件数の増加は，必ずしも虐待の増加を意味するわけではない。虐待の定義が変化し，かつては虐待とみなされなかったことが虐待と考えられるようになったと考えられる。また，虐待に対して過剰に反応するあまり，ささいなことでも相談，通報するようになったとも考えられよう。したがって，この数値が実際の虐待件数を示すわけではない。とはいえ，相当数の虐待が存在していることも確かである。

　同様の問題に「家庭内暴力」（ドメスティック・バイオレンス）がある。これも，激しい肉体的な暴力のみでなく，心理的な暴力等かつては暴力とみなされなかっ

たことが，現在では深刻な問題と考えられるようになっている。児童虐待でも家庭内暴力でも，とくに心理的なものでは，虐待している側，暴力をふるう側は自身の行為を問題だとはまったく意識していない場合が多い。過剰に反応すべきではないが，家族間の関係を見直す時期に来ているのかもしれない。

4節　教育問題の背景

　冒頭で述べたように，集団就職の時代には多くの人々が中学校を卒業してすぐに就職していた。その中には高校や大学に進学したいという夢をもちながらも，それがかなえられることのなかった者が少なくなかった。この時代には，多くの人々が進学してさらに学びたいという強い欲求をもつとともに，進学できなかった者はそれをコンプレックスと感じていた。こうした意識を作り出したものこそ，学校への強い信頼であった。

　ところが高度経済成長が終わった1970年代の終わりから，学校へのまなざしは変化を見せはじめる。高校や大学に進学しても，よい就職や高い給与が得られるわけではない。また，「地域・家庭の文化水準が高まり，経済的にもそれなりの生活が誰にでも可能になってくると，学校が与えるもの，学校で要求されるものが，必ずしも『ありがたいもの』と映らなくなって」(広田, 1998, p.160)しまった。こうして学校はかつてのような信頼を失ってしまった。

　その一方で，学校や教師には過剰な期待がかけられるようにもなっている。多くの教育問題が語られ，その原因として学校や教師が批判の的にさらされる。このことは逆説的だが，現在が「教育依存の時代」(広田, 2005)であることを示している。つまり，学校批判の裏側には，学校や教師が「良く」なれば，教育によってすべての問題は解決されるはずだという考え方がある。それゆえ誰もが理想の教育を求めて現在の学校と教師に批判の矛先を向けることになる。教育に対する過剰な期待と，それにこたえられるはずのない学校と教師へのいらだちが教育問題をめぐる言説を作り出しているのかもしれない。

　だが，こうして教育問題として取り上げられるものは必ずしも現実の「問題」とは限らない。つまり，「問題」として社会的に作られたものも少なくない。あるものは政治的意図により導かれて問題とされる。あるものはモラル・パニッ

ク，つまり昔から存在したものが，何らかの理由で突然問題として取り上げられ，あたかもその時期に特有の問題として語られる。またあるものはメディアによる話題作りとして取り上げられ問題となる。

その一方で大きな教育問題として語られはしないが，深刻な問題も存在している。その1つが教師の負担や疲れであろう。近年の教育改革等により，教師の仕事は量的にも質的にもたいへん負担のかかるものとなっている。それゆえストレス等により精神的な問題を起こす者は少なくない。そればかりか教師の過労死や自殺は決して無視できないものになっている。

ところが，教師の職場環境の問題はメディアによって時折取り上げられるものの，それは大きな「教育問題」とはならず，教師の職場を改善しようという動きにも繋がらない。教師の職場環境の問題は語られない教育問題といってよかろう。

その他にも語られない教育問題は数多く存在している。教育行政にかかわり，また教育政策を検討する上では，メディアに取り上げられる教育問題のみでなく，こうした語られない教育問題にも視野を広げなければならない。教育問題として報道される表面的な言説に惑わされず，現在の教育現象を冷静に，分析的に，そして批判的に教育政策を検討する必要があろう。

引用・参考文献
上野加世子・野村知二　〈児童虐待〉の構築　世界思想社　2003
岡部恒治・戸瀬信之・西村和雄（編）　分数ができない大学生　東洋経済新報社　1999
学級経営研究会　学級経営をめぐる問題の現状とその対応　2000年5月報道発表
　　http://www.mext.go.jp/b_menu/houdou/12/05/000506.htm
苅谷剛彦　大衆教育社会のゆくえ　中央公論新社　1995
ドーア，R.P.　松居弘道（訳）　学歴社会　新しい文明病　岩波書店　1978
広田照幸　学校像の変容と〈教育問題〉　佐伯胖・黒崎勲・佐藤学ほか　岩波講座　現代の教育　危機と改革2　学校像の模索　岩波書店　1998
広田照幸　日本人のしつけは衰退したか　講談社　1999
広田照幸　教育不信と教育依存の時代　紀伊國屋書店　2005
森田洋司・清永賢二　いじめ——教室の病　金子書房　1994
文部科学省　生徒指導上の諸問題の現状について（平成17年度）　2006年12月25日報道発表
　　http://www.mext.go.jp/b_menu/houdou/18/12/07060501.htm
文部科学省（編）　文部科学統計要覧　国立印刷局　2007
　　http://www.mext.go.jp/b_menu/toukei/002/002b/mokuji19.htm

2章　現代の公教育制度

1節　公教育の概念

1　公教育とは何だろうか――公教育を考える意義と方法

　現代社会では教育が完全に「私的」な事柄として閉じることは難しく，何らかの形で「公的」に扱われる。こうした意味合いを含みながら教育を扱う際，一般的に用いられる概念が「公教育」である。一見，何気ない概念にも思えるが，その意味を明確に説明することは案外難しいのではなかろうか。

　公教育という言葉が用いられるとき，そこには何らかの期待や要望が託されることも多い。教員免許制度が公的に負担・維持される以上，その取得希望者であれば，社会からの信託に向き合うためにも公教育の意味を絶えず自分なりに考えておく必要がある。

　だが，この概念は実に多様な意味や文脈で用いられ，豊かな可能性と同時に多くの課題を含む。ゆえに単一の意味だけを決めつけて満足することなく，事実に即して発展的に定義し続けることが望ましい。各人が日常生活で公教育の概念を考え，議論し，再定義を繰り返す過程でこそ，その本質が浮き彫りになるであろう。

　本節では，そうした作業の一助となるよう，公教育概念を考える上でのキーワードや論点について整理しておく。

2　公共性概念と教育

　上に述べたように，公教育概念は論者や状況で用いられ方が異なり，定義を限定・集約するのは難しい。

　このことを踏まえつつも本章における一応の出発点として，公教育の意味を，広義では公的性質をもつ教育，狭義では国や地方公共団体（公権力）によって組織化・管理される教育ととらえる（平原・寺崎，2011）。

　その上で，公教育に関する理解を深めるため，まず，この語の大まかな成り立

ちに触れておく。公教育という語は「公」と「教育」の2つの言葉の合成語で，公または公共性(public, おおやけ)とかかわりを有する教育のことを指す。このかかわりをどう理解するかが，古くから現在もなお鋭く問われ続けており，今後も考えていくべき大切な課題である。

公や公共性の概念とは，どういうものであろうか。これら自体も深く追究すれば，幅広い意味が見えてくるであろう。さしあたりの図式的な説明としては，次の3つに大別される意味をもつという(齋藤, 2000)。

第一に，国が行う活動に関連するという意味(国家関与)，第二に，すべての人々に関係するという意味(共通性)，第三に，誰に対しても開かれているという意味(公開性)である。

公教育概念は，これらのうち1つ以上の意味を，教育概念自体に対して付与したものと考えられる。ただし，無自覚に使われることも多いため，どの意味が付与されているのか，丁寧に読み解かなければならない。さらに，これら3つの関係は決して予定調和的なものではなく，鋭く対立することもある。その対立を一概に否定せず，教育の課題や展望をみつける手がかりとして受け止めることも，公教育概念の意味を深める上で有益と思われる。

3　私教育と公教育

もう少し視野を広げるため，反対の意味も考えてみよう。公教育の対義語としては私教育があげられる。これは，家族をはじめとするプライベートな間柄で行われる教育といった意味である。

教育は本来，児童・生徒それぞれの発達への「助成的介入」とされ(田嶋ほか, 2016)，個人の内面を大きく左右するものであるから，私教育概念の方が教育の原型に近いともいえる。また，国民の「教育の自由」を権利として導く上でも，この概念は鍵となる(堀尾, 1971)。国家関与をはじめとする公共性を過度に強調することは，これらの意義を見失わせるとともに，私的な事柄の不用意な排除や抑圧にもつながりかねない。

しかしながら，教育を私的領域だけに閉じこめることも，時として不適切な結果をもたらしうる。とくに複雑化・高度化する現代社会では，国家や社会とのかかわりをもたない教育だけで済ますことは考えにくい。

4 公教育制度の存在意義

上記のような消極的意味に加え，教育の本質から積極的に公共性を重視する必要もある。すなわち教育成果が個人を越えて社会全体におよぶ(外部効果)という理由だけでなく，「教育の公正」の観点から自然的・生得的な不平等を乗り越えて，全児童・生徒に潜在的能力の開発(宮寺, 2014)や，快き〈生〉の享受＝「養生」(白水, 2011)を保障することは，大人社会の重要な責務である。

他方で，教育の成果が生み出される過程は，多様な次元や規模での社会的な諸関係(歴史・文化・人間関係等)に左右され，個人・家庭の私的活動に任せるだけでは格差や排除等の問題(志水, 2014, 耳塚, 2014)の解決は難しく，さらに悪化することも懸念される。

こう把握すれば，望ましい教育を実現するためには，そこにいたるさまざまな条件を，広く国家・社会によって，換言すれば，公共的に調整・整備していくことの必要性も理解できる。ここに公教育の意義の1つがある。

このことは，私たちの日常にもすでに反映されている。たとえば，私教育というと，私立学校が思い浮かぶことも多い。そして，私立学校は公教育と無縁のように論じられることもあるが，必ずしも妥当でなく誤解も招く。現行教育法制の下では，私立学校も「公の性質」を有するとされ(教育基本法〔以下，教基法〕6条・8条)，「その……公共性を高めることによって……健全な発達を図ること」(私立学校法1条)が明記されているのである。

5 公教育と「教育の公共性」の再検討へ

とはいえ，教育への社会・国家による関与，公権力による関与は必ずしも常に適切で正しい結果をもたらすわけではない。教育と公共性の問題については未解明の部分も多く，難しい問題である(森川・増井, 2014)。

また今日，他の政策分野と同様に，あるいはそれ以上に教育分野でも，公＝国家(官)とだけ考えず，民・私(市民)が担う新たな公共性のあり方や，官民相互の協働のあり方に注目して，その意義や問題点を明らかにする必要が高まっている。現代社会にふさわしい教育の公共性のあり方については，その内容はもちろんのこと，それを議論する場をいかに設定するかも含めて，今後も積極的・建設的に探究していく必要がある。

2節　公教育の構成原理

1　公教育の原理(1)　義務性

　公教育の概念を構成し，また，それを社会制度として実現する際に大事にすべき，ないし依拠すべき原理としては，どのようなものが考えられるだろうか。一般的によくあげられるのは義務性・無償性・中立性の3つである。わが国の現状を参照しながら，各々の概要を確認しておこう。

　日本国憲法26条2項には「すべて国民は……その保護する子女に普通教育を受けさせる義務を負う」と明記されている。ここから理解できるように，現代で義務教育というときの「義務」とは，教育を「受けさせる」義務であり，それをもつのは保護者や国家の側である。しばしば誤解されるが，子どもたちに教育を受ける義務や，学校へ通う義務があるのではない。

　これに対して，かつての絶対主義国家の多くは，教育を受けることを国民の義務としていた。教育を受け，善良で忠誠度の高い臣民になることが，国家に対する義務だったのである。戦前のわが国も同様だったといえる。

　第二次大戦後，世界各国で教育を受ける権利の大切さが理解されるにつれ，考え方は大きく転換した。そして現在のように，①子ども(国民)は教育を受ける権利を有し，②それを保障する義務が保護者(としての国民)に課せられ，③国・社会はそれらの保障と条件整備の義務を有する，という文脈での義務性として理解され，公教育の重要原理の1つになっている。

2　公教育の原理(2)　無償性

　無償性とは，子どもや保護者が教育の費用を払わずに済み，通常，それを公費(租税)で負担することをいう。とりわけ前述の義務教育と密接にかかわる原理である。わが国では日本国憲法26条で義務教育無償が，教基法5条で国公立義務教育諸学校における授業料不徴収が，それぞれ規定されている。

　歴史的にみると経済的理由で学校に通えなかった人々は多く，家庭の財力が教育機会の不平等を生み出し，義務教育の普及は大きく妨げられてきた。こうした制約を超えて，国民の教育を受ける権利を広く平等に保障するため，義務

教育の無償性の原理が確立され，その拡充が図られている。

ただし無償性の範囲をめぐっては，義務教育にとどめておいてよいのか，授業料だけを無償とすることでよいのか等の点で論争も見られる。加えて，近年，子どもの貧困が社会問題化するなかで，塾に通う費用等，学校以外の教育費が与える影響も無視することができなくなっており，あらためて検討すべき問題も浮かんでいる。無償性原理の実質化は，今なお大きな課題といえる。

3　公教育の原理(3)　中立性

これは，主に公教育における国家関与について，宗教や政治等の面で中立となることを求める原理である。

わが国の教育法制は，国公私立を問わず，学校において特定政党を支持・反対する政治教育・活動を禁止している（教基法14条）。また，国公立学校においては，特定宗派のための宗教教育・活動を禁止している（教基法15条）。これら政治的・宗教的中立性は，公教育への国家関与が個人に対する価値観の注入に終始した歴史の反省を踏まえ，重視されるようになったものである。

他方，あくまで禁止されるのは特定の政党や宗派に偏ることであり，政治的教養や宗教に関する一般的教養等は，むしろ教育上尊重されるべきであると，同条文には明記されている。この点には十分な配慮が必要である。

以上の公教育の3つの原理は，今日の私たちには一見，当然に思えるかもしれない。だが，それらは人々の苦心の歴史が創り上げたものである。自明視しすぎて浅い理解にとどまれば，逆に，将来失われていくおそれもある。すでに失われかけているのかもしれない。各原理の真価を忘れず，日常の教育をみつめる眼に活かし，公教育の意味を考えていく姿勢が大切である。

3節　学校制度の成立と展開

1　教育と学校制度

近代から現代に至るまで，公教育として著しく発展してきたのは学校制度である。やや回りくどくも聞こえるが，少し留意しておくべき点があるので，丁寧に確認しておきたい。

本来，教育とは学校だけで成立するとは考えられておらず，家庭教育・学校教育・社会教育という3つの領域をもつ。したがって，公教育＝学校だけと済ますことはできない。学校・家庭・地域の連携が不可欠とされる昨今，他の2つの領域でも制度整備が進む可能性もある。生涯学習のさらなる整備を進めるわが国では，公教育制度としての社会教育をいっそう充実させることが重要課題として残されている。人々の学びの原点をみつめ，学校教育を相対化する上で，社会教育の蓄積には敬意を払わなければならない (佐藤, 2015)。
　このことに留意しつつも，本節では，公教育として広く発展を遂げ，私たちの日常に大きな影響を与える学校制度の歴史と現状を検討する。

2　学校制度の源流

　まず，前節で述べた公教育概念との関連の下で，学校制度の成立史を簡単にまとめておく。今でこそ，ほとんどの子どもたちが学校に通うという慣行は，ごく自然なことのように思われる。けれども，こういうイメージの学校制度が成立したのは，ほんの百数十年ほど前のことにすぎない (柴田, 2003)。
　古代や中世にも学校と呼ばれる機関はあったが，大規模な制度としては確立されていなかった。学校 (school) の語源は，ラテン語・ギリシア語の「閑暇」を意味する言葉 (スコーレ) にあるといわれるように，時間的余裕のある一部の特権階級 (貴族・僧侶等) のために設けられたものである。
　やがて産業の発展や印刷術の発明等により，徐々に多くの人々が文字や算術の重要性・有効性を認めはじめた。同時に，学校制度の普及を提唱する者も登場するようになる。たとえばコメニウス (Comenius, J. A., 1592-1670) は，当時の宗教的戦乱を背景に，世界平和のために「あらゆる人にあらゆることを教える」という思想の下，皆が差別なく平等に学ぶ学校制度を提案している。

3　産業の発展と近代学校制度の成立

　近代に入ると次第に状況が転換し，国民全体を対象とする学校制度 (国民教育制度) が，先進産業諸国を中心に成立していく。そこには，産業革命と市民革命という2つのきっかけがあった。
　前者の産業革命は，18～19世紀のイギリスにはじまる。急速な産業の変化は，

公害，児童酷使，道徳的退廃等の激しい負の作用も生み出した。こうした事態を改善するため，その頃の識者たちを中心に，子どもたちを過酷な労働から保護して，学校で教育を受けさせるべきだとの意見も強くなった。

当初，児童という安価な労働力を失うため，産業資本家は学校の普及に反対していた。しかし，大衆への教育は労働力の質を高め，社会秩序を維持するため，長期的には利益をもたらす，と考え方を変えるようになる。そして，この考えに合致する限りで，学校教育の普及を認めはじめたのである。そこでは当然，国や経済のために，つめこみ型で基礎学力を高め，治安維持のための道徳を学ぶという具合に，古典的な義務教育が想定されていた。

4　市民社会の成立と学校制度の展開

後者の市民革命では，現代にもなじみのある教育の思想が，一部ではあるが少しずつ芽生えはじめる。人々は自由と平等の権利を有し，それらを現実化するために教育を受ける権利を有するという思想である。ここから出発して，すべての人の教育権を保障する学校制度が考案されるようになった。

なかでも，近代学校制度の原型ともいわれる体系的な制度案をまとめあげたのが，コンドルセ (Condorcet, Marie J. A. N. C., 1743-1794) である。

彼はフランス革命期 (1789～1799) に，国会へ次のような教育改革案を提出した。教育は社会の進歩と安定に必要であること，教育の実現は国の義務であること，個人の内面には踏み込まず中立性を保った上で知育に限定すること，男女共学で無償の平等な学校制度をつくること，等の内容である。彼の構想は，先にあげた公教育原理の理論的基盤の1つにもなっている。

他国においても公教育の意義を説き，人々の理解や共感を得ながら学校制度確立に尽力する人物が登場した。たとえば，アメリカ公立学校の父と呼ばれるマン (Mann, H., 1796-1859) は，すべての子どもが無償で学べる義務制で共通の公立学校 (コモンスクール) の意義を強調し，その維持・発展に力を尽くした。こうして学校制度は，さまざまな考え方や利害の違い・対立，摩擦や抵抗を含みながらも，近代以降，次第に普及していったのである。

今日，多くの国が人権尊重の思想を採用し，権利としての教育を保障すべく，学校を重要な社会制度として位置づけ，その拡充・整備に努めている。

4節　学校制度の構造と概要

1　学校段階

　学校制度は次第に，単純なものから複雑なものへ，小規模から大規模へと，質・量ともに増大してきた。その中で，学校制度を把握するための考え方や諸概念が生み出されている。ここで，そのうちのいくつかに触れておこう。

　まず教育段階という基本用語がある。私たちは小学校や中学校という呼称に慣れ親しんでいるが，たとえば，他国では小学校が6年制とは限らない。

　こうした場合，学校組織の呼称や年限にかかわらず，子どもの発達段階に即した教育の順序や水準を指し示す言葉があると都合良い。通常，就学前教育－初等教育－中等教育－高等教育という教育段階があると考えられている。これらの教育段階に沿って，異なる種類の学校が順に接続された構造を指して，学校段階（学校階梯）という。

　日本の場合，小学校は初等教育に相当する。中等教育に相当する学校組織は，中学校（前期中等教育）と高等学校（後期中等教育）の2つである。両者をあわせた中等教育学校という学校もある。さらに最近，小学校6年間と中学校3年間をあわせた義務教育学校も登場した。なお大学や短期大学は高等教育に相当する。こうして幼－小－中－高－大とつながる学校段階が成立している。

2　学校系統

　次に学校系統という用語があげられる。これは，段階や目的・性格が異なる学校の連なりをひとまとまりにとらえる概念である。学校制度の成立史で，貴族等の特権階級だけが通えた学校系統と，庶民が通えた学校系統を識別する際に用いられることがある。しばしば前者の学校系統だけが，大学等の高等教育を含む学校段階をもち，後者は初等教育や中等教育にとどまっていた。他に，特別な教育的ニーズに応ずる特別支援学校の系統とそれ以外の学校の系統や，職業教育系統と普通教育系統といった使い方をする場合もある。

　これらの学校段階・学校系統を総合すれば，その国の学校制度の全体が見通せる。このような全体像を示したい場合，学校体系という語を用いる。

3 学校体系の諸類型とアーティキュレーション問題

学校段階や学校系統をめぐっては，学校制度成立期から多様な課題が発生し，議論が繰り返されてきた。学校段階については，異なる学校間での教育内容をいかにつなぐか，児童・生徒をどう移行させるか等が争点となる。これらの問題は「アーティキュレーション（接続・つなぎ）」の問題と呼ばれる（中内，1988, 1998）。現在も，小学校の内容を中学校にどうつなぐか，高校から大学への入試制度をいかに設計・制御するか等は，実践や検討が急がれている。

学校系統については，とくに第一次・第二次両大戦の頃から，ヨーロッパ各国で大きな社会問題とされた。そこで争点となったのは，当時の学校系統が，上流階級向けと下流階級向けに分断されていたことである。貧富の差に基づく系統化が批判的にとらえられ，どの子も経済的背景に関係なく，均等に教育機会を与えられるよう，平等な体系が求められるようになった。

系統間の関係に応じて，学校体系を分類することがある。国ないし地域の中に複数の学校系統があり，その間の行き来ができないような学校体系を複線型と呼ぶ。小学校等の初期の学校段階では1つに統合されているが，その後，系統が分かれるものを分岐型（フォーク型）と呼ぶ。どの学校段階においても，皆が同じ種類の学校に通うものを単線型と呼んでいる（図2-1）。

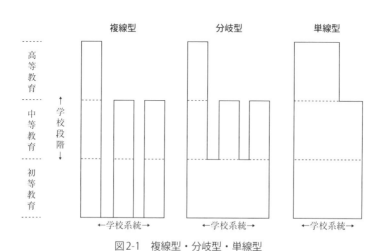

図2-1　複線型・分岐型・単線型

4 学校体系の変容過程とインテグレーション問題

ヨーロッパ各国の場合,複線型から分岐型へ,さらに単線型へと学校体系を変える要望が高まり,その方向で学校制度が改革されていった。

ただし,完全な単線型へ移行したわけではない。たとえばイギリスでは公立学校と私立（独立）学校が依然,複線を成すといわれている。ドイツでは,基礎学校（初等教育）を卒業した10歳の段階で,進学のための学校か,職業訓練に備える学校か,等を選ぶ分岐型が採用されている（安彦ほか,2012）。

日本の学校体系は戦前まで分岐型であったが,戦後教育改革の際にアメリカの影響も受け6－3－3制の単線型へと転換した。だが,とくに中学校以降の私立学校の存在や,中等教育学校の新設等,分岐型の要素もあるといわれる。さらに近年,特別支援教育の別学の是非も議論されている。これら学校系統間をつなぐ問題を「インテグレーション（統合）」の問題と呼ぶことがある。

こうした学校体系のあり方は,教育活動を左右することはもちろんのこと,各学校間,とくに学校段階間で児童・生徒がどのように移行できるかによって,社会全体での人々の意識や行動（不公平感,階層移動等）にも大きな影響を与えうる（近藤・岩井,2015,山内,2015）。それらは未だ完璧に調整されているとはいえず,さまざまな問題も残る。教育の論理に即した適切なあり方を探ることは,今後の重要な検討課題となっている。

5節　現在のわが国の学校制度

1　学校の種類と設置者

現在のわが国の学校制度は,どのような形で成り立っているのであろうか。

わが国の現行教育法制下において「学校の種類」としてあげられるのは,幼稚園,小学校（6年）,中学校（3年）,義務教育学校（9年）,高等学校（全日制3年,定時制・通信制3年以上）,中等教育学校（6年）,特別支援学校,大学（4年,医歯薬等6年。短期大学〔2年または3年〕含む）,高等専門学校（5年）の計9種である（カッコ内は標準的な修業年限）。

日常生活で学校の種類を扱うとき,公立・私立等の用語を使うこともあるが,学校制度を理解する上では,これらは「学校の設置者」として考えられるべきカ

テゴリーである。わが国では基本的に，国，地方公共団体，法律に定める法人(学校法人)の3者のみが，1条校(下記参照)の設置者となる。

2 「1条校」とそれ以外の施設

通例，以上9種が教基法6条の「法律に定める学校」であり，「公の性質」を有するものとされる。同条にいう「法律」とは学校教育法(以下，学校法)のことを指し，その1条に上記の学校種が定められている。この条文番号に由来して，これら9種の学校を通称「1条校」と呼ぶ。

1条校以外に，職業能力育成や教養向上のための専修学校，学校教育に類する教育をおこなう各種学校もある。保育所や防衛大学校等は文部科学省の所管する施設ではなく，一般的には公教育制度に含まない。なお2012(平成24)年の「就学前の子どもに関する教育，保育等の総合的な提供の推進に関する法律(認定こども園法)」改正で規定される「幼保連携型認定こども園」は，教基法6条に基づく「法律に定める学校」であるとはされるが，あくまで認定こども園法に基づく(学校と児童福祉施設の両方の性格をもつ)ものであり，学校法に基づく学校＝1条校には含めないとされる(9章参照)。

3 現行学校体系の概要

わが国は，世界でも有数の教育先進国と呼ばれるほど学校制度が普及してきた。けれども，その全体像を意識する機会は少ない。たとえば小学校が全国に何校あるかすぐに答えられるだろうか。国レベルでの数値の把握は適切な議論の手助けにもなるので，一度は目を通しておくことが望ましい(図2-2)。

各学校には，教育上の目的が個別に設定されている。小・中・高の例では，それぞれ次のような目的が学校法に掲げられている。

29条 小学校は，心身の発達に応じて，義務教育として行われる普通教育のうち基礎的なものを施すことを目的とする。

45条 中学校は，小学校における教育の基礎の上に，心身の発達に応じて，義務教育として行われる普通教育を施すことを目的とする。

50条 高等学校は，中学校における教育の基礎の上に，心身の発達及び進路に応じて，高度な普通教育及び専門教育を施すことを目的とする。

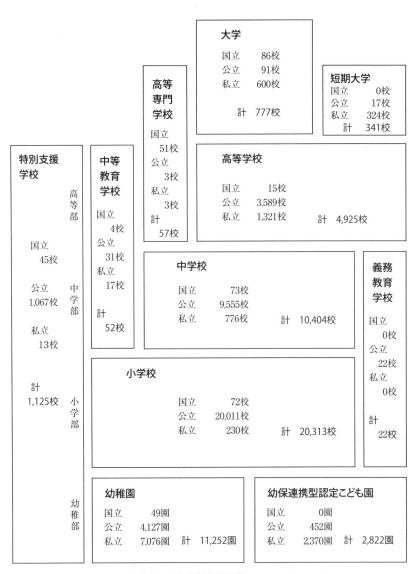

図 2-2 わが国の主な学校と設置数(文部科学省, 2016)

小学校と中学校では、これらの目的を実現するために達成すべき目標が、10項目におよぶ義務教育の目標として規定されている（学校法21条）。高等学校の場合、前記の目的の条文に続いて目標が規定されている（学校法51条）。

このほかにも、学校制度が備えるべき諸条件については、各種法令に詳細な定めがある。たとえば、各学校での教育集団の編成・編制、時間的空間的な管理や整備、学校施設・設備等について、学校法および同法の施行令と施行規則、さらに各学校の設置基準（小学校設置基準等）に定められている。

質的・量的に拡充を遂げたわが国の学校制度は、これらの諸規定に基づいて形づくられ、円滑・適切に運営されるよう多くの人々に支えられている。

6節　公教育制度の今日的課題

1　6－3－3制の見直し

以上のように、学校制度を中心とする公教育制度は世界各国で普及・発展しつつあるが、歴史的経緯の中で未解決の問題も多く残され、また、時代の変化による新たな課題にも直面している。ここまでの内容を踏まえ、現在のわが国の公教育制度＝学校制度をめぐる課題の一部を記しておく。

第一に、学校段階の組みかえ・区切りの見直しの問題がある。前述の通り、戦後以来、わが国では基本的に6－3－3制が維持されている。これに対して、最近の子どもの発達や社会の変化に対応するために、各学校段階の修業年限を抜本的に見直すべきではないか、との意見も根強い。

これまでのところ小・中・高の修業年限自体は原則として変更されていない。しかしながら昨今、連続する2つの段階の学校種を併合した、いわゆる一貫教育の考えに基づく新たな種類の学校が登場し、6－3－3の区切り方も少しずつ変化しつつある。1999（平成11）年に導入された中等教育学校（6年制）や、2016（平成28）年に導入された義務教育学校（9年制）である。

もちろん6－3－3制も歴史的に生み出された制度に過ぎず、唯一絶対のものではない。子どもの発達の万全な開花を促せるように、柔軟な組みかえや、区切りの見直しもあって良い。実際、中高や小中の一貫・連携教育では、これまでの常識にとらわれない有意義な実践も多く展開されている。

ただ，今の改革論議の中には，「現代の学制改革」等を掲げた大胆な変革自体が目的で，慎重な教育上の検討が不足するものが多いようにも思える。例をあげれば，確かに「小1プロブレム」や「中1ギャップ」は重要な問題であり，学校間の「段差の解消」を求める声にも一定の説得力がある。けれども，学校段階が複数あれば，当然ながら区切り自体は残る。ゆえに，むしろ発達にとって"意味ある段差"の設定・活用を考えることも可能かつ必要である。

いずれにせよ学校制度は，子どもの発達段階に応じてその万全な開花を促すという使命を負う。その達成に有効な学校段階のあり方について，今後も各地の実践例に学びながら検討を重ねることが求められる。

2 学校体系の複線化傾向

第二に，学校体系の複線化・分化傾向の問題がある。これは，上記の学校段階の問題と深く関連しながら進んでいるものである。

前節で述べたように，歴史上，各国で教育機会の均等が目指され，単線型学校制度へと移行してきた。わが国も，形式的には単線型といえる。しかし今日では，第一に述べたような学校段階の区切りや接続の方式が変更されることに伴い，国民が同一種類の学校に通うという理念が揺らぎつつある。

たとえば，義務教育学校と中等教育学校が混在しはじめると，中学校教育の重点が学校ごとに分裂したり（例：小学校からの継承か高校への発展か），わが国の中学生が分断・差別化されたりする等の問題は生じないのか。

もし今後，修業年限の変更が不用意に進められ，卒業年齢の異なる下級学校の種類が増えれば，学校種の違いによって，上級学校への進学時に有利不利が拡大しないか。そうなれば，ある学校種に通うと自動的に進学が著しく困難・不可能になる等，実質的な複線化への逆行になりかねない。

また，そもそも経済格差が各家庭の情報格差や文化格差を生み，個人の努力が追いつかないほど教育機会の配分や選択を大きく左右しているかもしれない。だとすれば，すでに実質的な分岐型・複線型になっているともいえる。

学校制度の複線化については，むしろそれを強く求める声も絶えない。その根拠とされるのは，個性に応じた教育の推進や，「エリート教育」論に顕著な資源投下の効率化の発想（「選択と集中」）等であり，わが国の財政事情や今後の国際

社会での地位の展望等からすれば傾聴すべき面もある。

　こうした社会のための人づくり＝人材養成からの要求を，個人のための人づくり＝教育からの要求と識別すると同時に，相互に関連・統合する視点も重視しながら，教育における平等や公正とは何か，なぜ必要かを改めて解明・確認して，わが国の現行制度の是非と今後の在り方を問うていく必要がある。その際，機会均等を求めて単線化へ移行してきた各国の教育史を丁寧に振り返り，もう一度，そこから深く学び直すことも求められるであろう。

3　学びと教えの場の多様化　―公教育制度における排除と包摂―

　第三に，教育の公共性の問題とかかわって，「学校」の種類と範囲をどのように考えていくべきか，改めて重要な争点となりつつある。

　まず，学校の設置者・管理者について，従来のように国・地方公共団体・学校法人に限らず門戸を広げる，いわゆる供給主体の多元化が進んでいる。

　すでに2003（平成15）年から開始された構造改革特別区域（特区）において，株式会社や非営利団体（Non-Profit Organization: NPO）による学校設置が認められてきた。さらに，2014（平成26）年に制定され，翌年から実施されている国家戦略特別区域（国家戦略特区）では，公立学校の管理自体を民間委託することが本格的に認められ，具現化されようとしている。従来の公設民営方式が私立学校に限定されていたことからすれば，きわめて大きな変更である。

　加えて，これまで学校とみなされなかった多様な学びの場を，公教育制度に含む動きもある。たとえば，不登校の子どもが通うフリースクール等の学びの場は，目下1条校に含まれていない。けれども最近の国会において，それらの場で義務教育の実施を可能とする法案が審議されたり，政府の教育再生実行会議の第9次答申において，それらの場へのいっそうの支援充実が掲げられたりする等の動きが生じており，今後の推移から目を離せない。

　こうした公教育制度の多様化，いわば柔構造化とも呼べる現象をいかに評価すべきかは難しい。今まで未充足だった教育的ニーズに焦点を当て，きめ細かく対応できる新しい学校を生み出せるかもしれない。既存の公立小中学校では実現が難しい早期エリート教育が実現できる，あるいは民間企業の市場や活躍の場を拡大できる等，さまざまな思惑も入り乱れる。

反面，国民統合の維持，共通教養の習得，教育水準の確保等を重視する観点から，こうした多様化・柔構造化には不安の声もある。利潤追求によるモラルハザードや特定団体による排他的教育の実施等，公教育の理念に反するおそれも否定できない。また，フリースクール等の当事者からは，公教育制度への包摂により統制が強化され，今の良さや理念が失われるのではないかとの懸念や，一見，「包摂」されたように見えながら，例外視・差別視された学校種として「排除」されかねないのではとの声も上がっている。かつて，学校制度における共通性と多様性の均衡として扱われていた問題は，社会と教育の成熟化に伴う新たな論点を巻き込みながら複雑化しているといえる。

　もとより，新たな学びの場や居場所を多様に保障していくことも大事である。だが，既存の学校自体を，皆にとってより良い居場所にしていく姿勢を忘れてはならない。万人の教育を受ける権利や学ぶ機会を十全に保障し，なぜ学ぶのかを子どもが納得する（木村ほか，2009）のみならず，大人もまた「なぜ教えるのか」を納得できるような，最適な公教育制度のあり方をめざして議論を深め，その存立基盤を豊かにする不断の努力が強く求められている。

引用・参考文献
安彦忠彦・児島邦宏・藤井千春・田中博之（編著）　よくわかる教育学原論（やわらかアカデミズム・〈わかる〉シリーズ）　ミネルヴァ書房　2012
木村元・小玉重夫・船橋一男　教育学をつかむ　有斐閣　2009
近藤博之・岩井八郎（編著）　教育の社会学　放送大学教育振興会　2015
齋藤純一　公共性（思考のフロンティア）　岩波書店　2000
佐藤一子（編）　地域学習の創造　東京大学出版会　2015
柴田義松（編）　新・教育原理（改訂版）　有斐閣　2003
志水宏吉　「つながり格差」が学力格差を生む　亜紀書房　2014
白水浩信　教育・福祉・統治性——能力言説から養生へ（教育学研究 78（2））　2011
田嶋一・中野新之祐・福田須美子・狩野浩二　やさしい教育原理（第3版）　有斐閣　2011
中内敏夫　「教室」をひらく——新・教育原論（中内敏夫著作集Ⅰ）　藤原書店　1998
中内敏夫　教育学第一歩　岩波書店　1988
平原春好・寺崎昌男（編）　新版教育小事典（第3版）　学陽書房　2011
堀尾輝久　現代教育の思想と構造　岩波書店　1971
耳塚寛明（編）　教育格差の社会学　有斐閣　2014
宮寺晃夫　教育の正義論　勁草書房　2014
森川輝紀・増井三夫（編著）　公共性・ナショナリズムと教育（論集・現代日本の教育史5）

日本図書センター　2014
文部科学省　平成28年度学校基本調査　2016
山内乾史　「学校教育と社会」ノート　学文社　2015

3章　教育法制

1節　教育法規の構造

1　教育法規の体系

　法は，私たちの社会生活に深いかかわりをもち，私たちは法の網の中で生活しているといってよい。教育についても法が，その制度的発展を支える基盤として，あるいは教育にかかわるさまざまな問題を解決する社会的システムとして機能している。

　法規およびそれによって成り立つ制度を総括して法制という。教育法規とは文字どおり教育に関する法規であるが，法規とは，広い意味では成文法だけでなく判例法等の不文法をも含む法規範一般を意味する。

　成文法とは，国や地方公共団体が法律・命令・条例・規則等の形式により，文書で定めているものである。不文法とは，文書で定められたものではなく，その法的効力が暗黙のうちに承認されたものであり，判例法や慣習法，条理法等がある。成文法主義に立つわが国では，判例に形式的には法源としての地位はないが，実際には判例が法解釈上の影響力をもつ等制定法を補充している部分も少なくない。慣習法とは，社会において法的効力を有する慣習規範をいう。たとえば大学の自治は，戦前から慣習法として認められていた。条理とは，社会生活における根本理念であって，いわゆる社会通念，公序良俗とも呼ばれるものである。条理法は，成文法も慣習もない法の欠けている部分を補充する解釈上ならびに裁判上の基準としての役割を果たしうるものである。

　このような成文法と不文法により構成されるわが国の教育法規の体系を図で示すと，図3-1のようになる。

2　憲法

　国の法規の中で憲法は最高法規であって，その条規に反する法律，命令等はその効力を有しない（日本国憲法〔以下，憲法〕98条）。教育においても最高法規と

```
          ┌─(国の法規)
          │  憲法─法律─政令─省令─告示・訓令・通達
  ┌─────┐ │ ┌─(地方公共団体の法規)
  │成文法│─┤ │  条例・規則・教育委員会規則
  └─────┘ │ └─
          │  (国際法規)
          └─ 憲章・条約・協約・協定

  ┌─────┐
  │不文法│ 判例法・慣習法・条理法
  └─────┘
```

図3-1　教育法規の体系

して，国民主権，基本的人権の尊重，平和主義というその基本理念をはじめ，憲法の規定が深くかかわっている。諸外国の憲法と比して憲法には教育規定が少ないのが特色であり，憲法で教育という文言が用いられている条文は，20条3項(国の宗教活動の禁止)，26条(教育を受ける権利)，44条(議員及び選挙人の資格)，89条(公の財産の支出又は利用の制限)のみである。

　このうち唯一の直接的な教育規定ともいえる26条は，「すべて国民は，法律の定めるところにより，その能力に応じて，ひとしく教育を受ける権利を有する。②すべて国民は，法律の定めるところにより，その保護する子女に普通教育を受けさせる義務を負ふ。義務教育はこれを無償とする」と規定している。

　この条文は，大日本帝国憲法のもとでは教育が国民(臣民)の義務とされていたのに対して，教育を受ける権利を国民の基本的人権として明記し，具体的な措置については法律の規定にゆだねている。2項では，子どもの教育を受ける権利を保障するためにその保護者に対する義務と，制度としての義務教育の無償を定めて国の責任をも規定している。

　このほか教育が精神的活動であることから，19条(思想及び良心の自由)や21条(表現の自由等)，23条(学問の自由)の規定等は，教育の実施にあたって深いかかわりがある。

3　法律・政令・省令・告示等

　法律は国の唯一の立法機関である国会によって制定される(憲法41条)。法律主義に基づき，教育に関する基本的な事項は法律で定められており，これらの

法律制定により教育制度が確立されているといえる。主要な法律として，学校教育法（以下，学校法），社会教育法，地方教育行政の組織及び運営に関する法律（以下，地教行法）等がある。

法律では通常基本的な事項のみが定められ，具体的な事項については政令や省令にゆだねられる。内閣は，憲法および法律の規定を実施するために政令を制定する（憲法73条）。代表的なものとして学校教育法施行令がある。

「各省大臣は，主任の行政事務について，法律若しくは政令を施行するため，又は法律若しくは政令の特別の委任に基づいて，それぞれその機関の命令として省令を発することができる」（国家行政組織法12条）。代表的なものとして学校教育法施行規則や各学校の設置基準等がある。

各省大臣，各委員会および各庁の長官が，その機関の所掌事務について発するもののうち，広く国民に知らせるために公示を必要とする場合の形式が告示であり，所管の諸機関および職員に対して命令または示達する際の形式が訓令と通達である（国家行政組織法14条）。告示の代表的なものとして，各学校の学習指導要領がある。

4 地方公共団体の法規──条例・規則等

普通地方公共団体（都道府県・市町村）は，法令に違反しない限りにおいて，法律またはこれに基づく政令により処理することとされる事務に関し条例を制定することができる（地方自治法14条）。教育に関する条例として，公立学校・公民館等の公立教育施設の設置条例等がある。また「普通地方公共団体の長は，法令に違反しない限りにおいて，その権限に属する事務に関し，規則を制定することができる」（地方自治法15条）。教育委員会もまた，「その権限に属する事務に関し，教育委員会規則を制定することができる」（地教行法15条）。代表的なものとして，学校管理規則，公立学校の学則等がある。

近年の規制緩和ならびに地方分権化の動きの中で，地方公共団体が地域の特性を生かして主体的に教育を実施する範囲は今後もますます拡大されることが予想され，地方の教育法規の適正な構築が期待されるところである。

5　国際法規——条約等

以上の国内法規に加えて，国際化の進展や国連等国際関係機関の役割の増大とともに，教育に関する各種の条約や国際宣言が整備されてきている。憲法98条2項は，「日本国が締結した条約及び確立された国際法規は，これを誠実に遵守することを必要とする」と定めており，国際教育法規の実施とともに，今や世界的な文化の向上や教育の充実への貢献が求められている。

条約は，国家間または国家と国際機関間で文書により，かつ国際法の規律に従って締結される合意であり，批准・公布によって国内法として法的拘束力をもつ。教育に関係する代表的な条約として児童の権利条約がある。

児童の権利に関する条約は1989年に国連総会で採択されたが，わが国では1994年に批准された。同条約は，18歳未満のすべての児童を対象として，児童の意見の尊重，差別の禁止，児童の最善の利益，児童の生存と発達を柱として，児童の権利を体系的に規定している。とくに意見表明権を確保する等，子どもを権利の主体として認めていることが大きな特色である。また教育については，締約国は教育について児童の権利を認めるものとし，その権利を達成するために初等教育の義務制と無償制等の具体的な措置を定めている（28条）。

その他，法的拘束力はないが教育に関する権利の保障を宣言している代表的な国際宣言として，「すべて人は，教育を受ける権利を有する」(26条)と定めた世界人権宣言(1948年)，「児童は，教育を受ける権利を有する」(7条)と定めた児童の権利宣言(1959年)，学習権の承認を重大な人類の課題であるとしたユネスコ学習権宣言(1985年)等がある。

2節　教育基本法

1　教育基本法の制定と改正の経過

教育基本法は，その名のとおり教育の根本的・基本的事項を定めた法律である。現行の教育基本法は，1947年公布の教育基本法(以下，旧法)の全部を59年ぶりに改正したものであり，2006年12月22日に公布・施行された。

旧法は，戦後の改革の中で日本国憲法の精神にのっとり教育の基本を確立するために制定された。憲法と旧法の関係についていえば，憲法案検討時には，教

育の具体的な内容について章を設ける案も出されたが，教育の基本については別に教育の根本法で規定することとし，教育の具体的な事項について規定のない現行の憲法が制定され，その後に旧法が予定通り制定された。このような経過もあって教育基本法は，別名教育憲法あるいは準憲法的教育規定などと呼ばれてきた。旧法は，1946年の第1次米国教育使節団報告書に基づき，教育刷新委員会による建議を経て制定されたもので，その内容には，アメリカの民主的・自由主義的教育システムが大きく反映されていた。

　旧法の見直しについては，たびたび議論はなされたもののそれまで改正されることはなかったが，2000年に教育改革国民会議が見直しを提言したことから改正論議が本格化し，2003年3月には，中央教育審議会が「新しい時代にふさわしい教育基本法と教育振興基本計画の在り方について」を答申した。答申では，規範意識や道徳心の低下，家庭や地域の教育力の低下等，教育の危機的な状況を指摘し，教育の大胆な見直し・改革が必要としている。そして，信頼される学校教育の確立，日本の伝統・文化の尊重，郷土や国を愛する心と国際社会の一員としての意識の涵養(かんよう)等7項目の改革の方針を掲げ，教育基本法を改正する必要があるとしている。

　その後，自民・公明両党による検討を経て，政府は2006年4月に教育基本法案を国会に提出した。改正案が国会に提出されるのは，旧法施行後初めてのことであった。その後，11月には衆議院本会議において可決，12月には参議院で与党単独で採決が行われ可決・成立した。なお，旧法の廃止ではなく全部改正という立法形式をとったのは，制度そのものの基本は維持するという考えからである。

2　教育基本法の規定内容

　教育基本法(以下，教基法)は，前文と4章18条からなる。以下，各条文を掲げてそれぞれの概要や特色について述べる。

　　前文「我々日本国民は，たゆまぬ努力によって築いてきた民主的で文化的な国家を更に発展させるとともに，世界の平和と人類の福祉の向上に貢献することを願うものである。我々は，この理想を実現するため，個人の尊厳を重んじ，真理と正義を希求し，公共の精神を

尊び，豊かな人間性と創造性を備えた人間の育成を期するとともに，伝統を継承し，新しい文化の創造を目指す教育を推進する。ここに，我々は，日本国憲法の精神にのっとり，我が国の未来を切り拓（ひら）く教育の基本を確立し，その振興を図るため，この法律を制定する」

一般に法律には前文を付さないが，教基法は，憲法と関連して教育上の基本原則を明示するきわめて重要な法律であるという認識から，法律制定の趣旨を明らかにするために前文がおかれている。前文は3段に分けられ，日本国民が願う理想として民主的で文化的な国家の発展と世界の平和と人類の福祉の向上への貢献を掲げ，その理想を実現するために，旧法に引き続き個人の尊厳を重んずることを宣言するとともに，新たに公共の精神の尊重や伝統の継承を規定している。

1章は，教育の目的と目標に加えて，生涯学習と教育の機会均等を教育の理念に関する事項として規定している。

1章　教育の目的及び理念

1条（教育の目的）「教育は，人格の完成を目指し，平和で民主的な国家及び社会の形成者として必要な資質を備えた心身ともに健康な国民の育成を期して行われなければならない」

本条は，何を目指して教育を行い，どのような人間を育てることを根本的な目的とするかを規定している。わが国の教育の目指す目的は，旧法から変わらず「人格の完成」である。それは，各個人の備えるあらゆる能力を可能な限り，かつ調和的に発展させることを意味するものである。この規定は，わが国の教育目的規定の最上位に位置づけられるもので，学校教育等の個別領域の教育目的・目標は，この目的の達成を目指して具体化されることになる。

2条（教育の目標）「教育は，その目的を実現するため，学問の自由を尊重しつつ，次に掲げる目標を達成するよう行われるものとする。①幅広い知識と教養を身に付け，真理を求める態度を養い，豊かな情操と道徳心を培うとともに，健やかな身体を養うこと。②個人の価値を尊重して，その能力を伸ばし，創造性を培い，自主及び自律の精神を養うとともに，職業及び生活との関連を重視し，勤労を重んずる態度を養うこと。③正義と責任，男女の平等，自他の敬愛と協力を重

んずるとともに，公共の精神に基づき，主体的に社会の形成に参画
し，その発展に寄与する態度を養うこと。④生命を尊び，自然を大切
にし，環境の保全に寄与する態度を養うこと。⑤伝統と文化を尊重
し，それらをはぐくんできた我が国と郷土を愛するとともに，他国
を尊重し，国際社会の平和と発展に寄与する態度を養うこと」

　本条は，1条の教育の目的を実現するための，今日的に重要と考えられる具体的な事柄を5項目に整理して規定している。第1号においては，知育・徳育・体育という教育全体につながる内容を，第2号では個々人に係る事柄を，第3号では社会との関係・他人との関係で必要な事柄を，第4号では自然との関係を，第5号では日本人また国際社会との関係で必要な事柄をまとめている。

　この目標規定は，今回の改正論議でとくに焦点となったところであり，なかでも「我が国と郷土を愛する」態度や「公共の精神」等が規定されたことは，今後の教育の在り方を方向づけるものであるといえる。ここで公共の精神とは，社会全体の利益のために尽くす精神，そして国や社会の問題を自分自身の問題として考え，そのために積極的に行動する精神とされている。また，旧法の5条で規定されていた「男女共学」については，すでにわが国に浸透していることから削除され，代わりに本条3号男女平等教育の推進として規定されている。

　3条（生涯学習の理念）「国民一人一人が，自己の人格を磨き，豊かな人生
　　を送ることができるよう，その生涯にわたって，あらゆる機会に，あ
　　らゆる場所において学習することができ，その成果を適切に生かす
　　ことのできる社会の実現が図られなければならない」

　本条は，すでに考え方としては定着してきた感のある生涯学習の概念について，それが教育に関する基本的理念としてさらに発展するように新設された。

　4条（教育の機会均等）「すべて国民は，ひとしく，その能力に応じた教育
　　を受ける機会を与えられなければならず，人種，信条，性別，社会的
　　身分，経済的地位又は門地によって，教育上差別されない。
　2　国及び地方公共団体は，障害のある者が，その障害の状態に応じ，
　　十分な教育を受けられるよう，教育上必要な支援を講じなければな
　　らない。
　3　国及び地方公共団体は，能力があるにもかかわらず，経済的理由に

よって修学が困難な者に対して，奨学の措置を講じなければならない」

本条は，教育の機会均等について引き続き規定するとともに，障害者が十分な教育を受けられるよう必要な支援を講ずべきことを新たに規定している。

続いて2章は，教育を実施する際に基本となる事項について，義務教育，学校教育等に関する規定を見直したほか，新たに，大学，私立学校，家庭教育，幼児期の教育，学校・家庭・地域住民等の相互の連携協力等について規定している。

2章　教育の実施に関する基本

5条(義務教育)「国民は，その保護する子に，別に法律で定めるところにより，普通教育を受けさせる義務を負う。

2　義務教育として行われる普通教育は，各個人の有する能力を伸ばしつつ社会において自立的に生きる基礎を培い，また，国家及び社会の形成者として必要とされる基本的な資質を養うことを目的として行われるものとする。

3　国及び地方公共団体は，義務教育の機会を保障し，その水準を確保するため，適切な役割分担及び相互の協力の下，その実施に責任を負う。

4　国又は地方公共団体の設置する学校における義務教育については，授業料を徴収しない」

本条は，憲法26条2項を受けて義務教育について規定している。旧法で9年と明記されていた義務教育の年限については，時代の要請に柔軟に対応して年限延長等も検討できるようにするために，学校教育法にゆだねている。また，新たに義務教育の目的，義務教育の実施についての国と地方公共団体との責務について規定している。

6条(学校教育)「法律に定める学校は，公の性質を有するものであって，国，地方公共団体及び法律に定める法人のみが，これを設置することができる。

2　前項の学校においては，教育の目標が達成されるよう，教育を受ける者の心身の発達に応じて，体系的な教育が組織的に行われなければならない。この場合において，教育を受ける者が，学校生活を営む

上で必要な規律を重んずるとともに，自ら進んで学習に取り組む意
欲を高めることを重視して行われなければならない」

本条は，学校教育が体系的・組織的に行われるべきこと，また学校教育の基本として，児童等が規律を重んずるとともに，学習意欲を高めることを重視すべきことを新たに規定している。

7条(大学)「大学は，学術の中心として，高い教養と専門的能力を培う
とともに，深く真理を探究して新たな知見を創造し，これらの成果
を広く社会に提供することにより，社会の発展に寄与するものとす
る。

2　大学については，自主性，自律性その他の大学における教育及び研
究の特性が尊重されなければならない」

本条は，21世紀が知の世紀として，大学が果たす役割がますます重要となっているという認識のもとに新設され，大学の役割や，自主性・自律性等の大学の特性が尊重されるべきことを規定している。

8条(私立学校)「私立学校の有する公の性質及び学校教育において果た
す重要な役割にかんがみ，国及び地方公共団体は，その自主性を尊
重しつつ，助成その他の適当な方法によって私立学校教育の振興に
努めなければならない」

わが国の学校教育の発展において私立学校が大きな役割を果たしてきた事実に基づいて本条が新設され，私立学校の振興について規定している。

9条(教員)「法律に定める学校の教員は，自己の崇高な使命を深く自覚
し，絶えず研究と修養に励み，その職責の遂行に努めなければなら
ない。

2　前項の教員については，その使命と職責の重要性にかんがみ，その
身分は尊重され，待遇の適正が期せられるとともに，養成と研修の
充実が図られなければならない」

本条は，教員の使命と職責の重要性を踏まえ，教員は研究と修養に励み，養成と研修の充実が図られるべきことが規定されている。なお旧法の「全体の奉仕者」という教員の位置づけに関する規定については，教員の職務の公共性は従来と変わるものではないものの，その文言が公務員を想定させるということか

ら，今回私立学校の条文が新設されたのに合わせて削除された。

 10条（家庭教育）「父母その他の保護者は，子の教育について第一義的責任を有するものであって，生活のために必要な習慣を身に付けさせるとともに，自立心を育成し，心身の調和のとれた発達を図るよう努めるものとする。

 2　国及び地方公共団体は，家庭教育の自主性を尊重しつつ，保護者に対する学習の機会及び情報の提供その他の家庭教育を支援するために必要な施策を講ずるよう努めなければならない」

本条は，民法820条「親権を行う者は，子の利益のために子の監護及び教育をする権利を有し，義務を負う」の規定を踏まえて，父母その他の保護者が，子の教育について第一義的責任を有することを明記するとともに，家庭の教育力の低下が指摘される中で，家庭教育がすべての教育の出発点であるという視点から，国や地方公共団体が家庭教育支援に努めるべきことを規定している。

 11条（幼児期の教育）「幼児期の教育は，生涯にわたる人格形成の基礎を培う重要なものであることにかんがみ，国及び地方公共団体は，幼児の健やかな成長に資する良好な環境の整備その他適当な方法によって，その振興に努めなければならない」

幼児期の教育は，生涯にわたる人間形成の基礎が培われる重要な時期であるという視点から本条が新設され，幼稚園，保育所等で行われる教育のみならず，家庭や地域で行われる教育を含めた幼児期の教育の振興に努めるべきことを規定している。

 12条（社会教育）「個人の要望や社会の要請にこたえ，社会において行われる教育は，国及び地方公共団体によって奨励されなければならない。

 2　国及び地方公共団体は，図書館，博物館，公民館その他の社会教育施設の設置，学校の施設の利用，学習の機会及び情報の提供その他の適当な方法によって社会教育の振興に努めなければならない」

本条は，社会教育が国や地方公共団体により奨励・振興されるべきことを引き続き規定している。

 13条（学校，家庭及び地域住民等の相互の連携協力）「学校，家庭及び地域住

民その他の関係者は，教育におけるそれぞれの役割と責任を自覚するとともに，相互の連携及び協力に努めるものとする」

本条が新設され，学校，家庭，地域住民等社会を構成するすべての者が，教育におけるそれぞれの役割と責任を自覚し，相互に連携協力に努めるべきことを規定している。

14条(政治教育)「良識ある公民として必要な政治的教養は，教育上尊重されなければならない。

2　法律に定める学校は，特定の政党を支持し，又はこれに反対するための政治教育その他政治的活動をしてはならない」

本条は，政治的教養は教育上尊重されるとともに，教育が政治的に中立でなければならないことを引き続き規定している。

15条(宗教教育)「宗教に関する寛容の態度，宗教に関する一般的な教養及び宗教の社会生活における地位は，教育上尊重されなければならない。

2　国及び地方公共団体が設置する学校は，特定の宗教のための宗教教育その他宗教的活動をしてはならない」

本条では，宗教に関する一般的な教養は教育上尊重されるべきことを新たに規定するとともに，教育が宗教的に中立でなければならないことを引き続き規定している。

3章　教育行政

16条(教育行政)「教育は，不当な支配に服することなく，この法律及び他の法律の定めるところにより行われるべきものであり，教育行政は，国と地方公共団体との適切な役割分担及び相互の協力の下，公正かつ適正に行われなければならない。

2　国は，全国的な教育の機会均等と教育水準の維持向上を図るため，教育に関する施策を総合的に策定し，実施しなければならない。

3　地方公共団体は，その地域における教育の振興を図るため，その実情に応じた教育に関する施策を策定し，実施しなければならない。

4　国及び地方公共団体は，教育が円滑かつ継続的に実施されるよう，必要な財政上の措置を講じなければならない」

本条は，教育行政の基本として，教育は不当な支配に服することなく，法律の定めるところにより行われるべきことを規定するとともに，国と地方公共団体の役割分担や必要な財政措置について新たに規定している。旧法で規定されていた「教育行政は諸条件の整備確立を目的として行われなければならない」と，国の教育に対する関与を条件整備のみに抑制する規定は削除され，教育行政が公正かつ適正に行われなければならないと規定している。

> 17条（教育振興基本計画）「政府は，教育の振興に関する施策の総合的かつ計画的な推進を図るため，教育の振興に関する施策についての基本的な方針及び講ずべき施策その他必要な事項について，基本的な計画を定め，これを国会に報告するとともに，公表しなければならない。
> 2　地方公共団体は，前項の計画を参酌し，その地域の実情に応じ，当該地方公共団体における教育の振興のための施策に関する基本的な計画を定めるよう努めなければならない」

　本条が新設され，国と地方公共団体が総合的かつ計画的に教育施策を推進するための基本計画を定めることについて規定している。教育基本法の精神をさまざまな教育上の課題の解決に結びつけていくため，また具体的な取り組みを着実に進めていくために教育振興基本計画が策定される。

4章　法令の制定

> 18条「この法律に規定する諸条項を実施するため，必要な法令が制定されなければならない」

　本条は，教育および教育行政の法律主義とともに，教基法に基づき教育関係の法令が制定されるべきことを規定している。

3節　教育権の種類と構造

　教育権には，教育を受ける権利と教育をする権利とが含まれる。教育を受ける権利は，前述のように憲法26条で保障されているが，その権利の内容について言えば，教育を受ける権利が十分に保障されるように国家に対して教育を請求する国民の社会権的権利といえる。

教育をする権利については，教育をする主体としては親，国，教師が考えられる。親の教育権については，前述のように民法820条が，親権を行う者の権利と義務を規定している。また世界人権宣言26条3項は「親は，子に与える教育の種類を選択する優先的権利を有する」としている。このように親の教育権は，実定法上の根拠を有すると言える。もともと教育は私事として営まれ，子の教育は自然的血縁関係に基づき親の自由にゆだねられていた。したがって親の教育権は自然的な権利と考えられる。親の教育の権利に関してはさらに，学校教育選択の自由や適切な教育を要求する権利等も含まれよう。こうした権利に対応しようとすると，教育の実践において学校等が説明責任（アカウンタビリティ）を求められる度合いがますます増大することになる。

　国の教育権については，国家は国民の教育の付託に基づき教育に関与する権能があると考えられている。国家の発展に伴い教育の社会的機能が認識されるようになり，一方では人権思想の高まりとともに教育が国民の基本的人権として位置づけられるようになった。それに伴い教育制度を組織的に決定，実現すべき立場にある国は，国政の一部として広く適切な教育政策を樹立，実現すべく，必要かつ相当と認められる範囲において権能を有すると考えられている。

　教師の教育権については，憲法23条による学問の自由から教師の教育権を導き出す説があるが，公権力による支配・介入を受けないで教師が自由に子どもを教育する権利はないとされている。教師の職務権限に関しては，国・地方公共団体・学校（教師）間で，適切に役割分担されて決定されるべき事項であり，その職務権限の範囲内で教師の教育の自由裁量が認められると考えられている。

　教育権とともにまた，学習権という概念がある。学習権とは，学習する主体の自発性や能動性の面から教育に関する権利をとらえる概念であり，とくに，人間的成長発達のためには学習が不可欠であるという認識に立つ。

　前述のユネスコ学習権宣言は，学習権は基本的人権の1つであり，その正当性は普遍的に認められるとしている。そして宣言では，子どもを対象とした学校教育中心の教育からさらに進んで，成人の生涯にわたる学習権の保障を要請している。

　もとより憲法26条は，すべての国民に教育を受ける権利を保障しており，また教基法で生涯学習の理念が新たに規定される等，生涯学習社会への移行が着

実に進展しつつある中で，すべての国民に学習権を保障するという視点で，さらなる教育システムの改善が求められているといえる。

4節　今日の教育法制の特色

　わが国の教育法制は，戦前の大日本国憲法と教育勅語に基づく国家主義的教育法制から，戦後の憲法と教基法の制定により民主的な教育法制へと大きく転換した。そして，その後70年あまりの間に細部にわたって法制化が進められ，こうした法制化によって今日の教育制度が整備されてきた。現在のわが国の教育法制は，日本国憲法・教育基本法体制の形成過程にあるといえるだろう。そういう意味では2006年の教基法の改正は，その後の教育法制を方向づける大きな分岐点となった。

　教基法改正後は，政府の教育再生会議や中央教育審議会による異例のスピード審議を経て，教基法の理念にそって義務教育の目標等を定める学校法等の改正案や，免許更新制度を定める教育職員免許法改正案および国の教育委員会に対する是正・指示等の規定を設けた地教行法改正案のいわゆる教育改革関連3法案が提出され，2007年6月に与党の賛成多数で原案どおり可決成立した。また2008年3月には，新しい幼稚園教育要領，小学校学習指導要領および中学校学習指導要領が公示された。

　このように改正教基法のもとで新しい時代の目指すべき教育の姿を踏まえ，法改正が断続的に行われていることが今日の教育法制の特色であり，今後も学校教育，社会教育等各分野の諸法の見直しが，文部科学省の枠を超えたレベルで継続的に行われ，現行の教育法制が全面的に再編されていくものと思われる。教基法改正のねらいもまさにこの点にあったといえるのであるが，このような改革が真により良い教育法制の構築へと結びついていくのか，今後の動向を注視しなければならない。

参考文献
市川須美子ほか（編）　教育小六法　学陽書房　2016
河野和清（編）　新しい教育行政学　ミネルヴァ書房　2014
日本教育経営学会（編）　教育経営研究の理論と軌跡　玉川大学出版部　2000

文部科学省(編)　教育基本法関係資料集　文部科学時報平成19年3月臨時増刊号第1574号　ぎょうせい　2007
文部科学省ホームページ　2017年1月11日現在
　　http://www.mext.go.jp/b_menu/kihon/

4章　教育行政

1節　教育行政の概念

1　教育行政の定義

　教育行政の定義は学術的に決まったものはないが，一般的には国や地方公共団体（地方自治体）が教育に関して行うさまざまな行政行為を指す。日本では第二次世界大戦後に教育行政学という学問分野が確立したが，その初期に活躍した宗像誠也は，「教育政策とは，権力が支持した教育理念」であり，「教育行政とは，権力の機関が教育政策を現実化すること」（宗像，1954）と述べている。宗像の定義は教育政策を権力の側だけに限定して用いているなどの批判はあるが，この定義はよく知られている。

　教育行政と類似した用語としては，教育政策のほかに教育経営がある。教育経営は，学校などの教育組織をどのように効果的・効率的に管理・運営するかに主な関心があり，教育行政のうちの重要な一部分をなしている。

　教育行政の定義に関して現代的な問題を述べると，どこまでを「教育」行政と呼ぶべきか，その範囲が問題となる。たとえば塾・予備校などは基本的には公教育の外側にあり，教育行政の対象に含めるべきかは議論がありうる。また，文化・スポーツなどは，文部科学省の所管にあり広い意味でいえば教育行政かもしれないが，教育行政学ではあまり研究対象にはしていない。

　とりわけ近年は教育と他の分野との連携が密接になってきており，そうした意味でも教育行政の線引きはあいまいになりつつある。たとえば，まちづくりや都市計画では，地域コミュニティや防災の拠点として学校がきわめて重要な存在である。さらに社会教育・生涯学習にも深く関わってくる。また，保育・子育ては教育と福祉が密接に関連しており，福祉分野との連携が欠かせない。現在のしくみでは，幼稚園は教育委員会，保育所は首長部局が所管することになっているが，これを実質的に一元化する自治体も増えている。

2　教育行政の任務

　教育行政の主な任務は，教育条件を整備し，誰もが学べる環境を整えることにある。日本国憲法では「すべて国民は，法律の定めるところにより，その能力に応じて，ひとしく教育を受ける権利を有する」(26条)とあり，これを実現する条件の整備が教育行政の重要な任務である。言い換えれば，教育のインフラストラクチャー（社会的基盤）の整備を通じて，すべての国民に教育を受ける権利を保障することにある。

　また，教育は国民個々人の権利であると同時に，市民社会や国家の存立基盤を支える機能も有している。現代社会において，学校教育や社会教育がなくなれば，市民社会や国家の維持はさまざまな困難が生じることが予想される。そうした社会・国家の基盤を支える教育を整備するのも教育行政の任務である。

　このことは国民の教育を受ける権利を保障することと常に矛盾するわけではない。一般的には，個々の子どもの特徴を活かしその能力を伸ばすことは，本人と社会・国家の双方にとって望ましいであろう。しかし，個々人の国民の権利保障と，社会・国家の基盤としての教育という側面は衝突することもある。たとえば，経済のグローバル化と国家間の競争が進む中で，国がエリート教育の必要性を認識したとすれば，優秀な子どもに集中的に予算を投入してグローバル競争に勝ち抜けるエリートを養成することは，国家の存続には適うかもしれない。しかし，それ以外の「普通」の人々の教育を受ける権利は十分に保障されないことになる。また，国にとって都合の良いことばかり教えることは，結果的に個々人の教育を受ける権利を損なうこともある。

　これは極端な例であるが，個々人の教育を受ける権利の保障と社会・国家としての必要性をどう両立するか，また教育に投入できる限られた資源をどう確保し，それを適切に配分するかは難しい問題である。

3　教育行政の課題

　現代日本の教育行政にとっての大きな課題の1つは，少子高齢化である。日本は戦後の第1次ベビーブーム時には年間約270万人(1949年生まれ)が生まれていたが，現在は約100万人まで減少している。同時に高齢化も進展しており，65歳以上の人口比率は1950年には4.9%であったが，2014年には25.9%と大幅に

増加している。

　少子高齢化は教育行政にさまざまな困難をもたらしている。最も大きな点は，教育の質の維持・向上のために必要な予算を投入することが非常に難しくなっているということである。高齢化にともなう社会保障支出の増大に加えて，現在の日本では財政難も深刻であるため，現代の教育課題に対応するだけの投資が難しくなってきている。

　少子高齢化や財政難など，教育行政を取り巻く環境の制約と合わせて，教育行政の統治の在り方も近年の課題である。具体的には，政治主導や評価の強化などがある。

　政治主導は教育の専門性を担う教師や教育行政が閉鎖的・独善的な体質に陥っていることを批判し，「民意」をより重視すべきと主張する。ただし，選挙の結果のみを「民意」と捉える最近の傾向に関しては，さまざまな意見がある。また，具体的な制度として誰が「民意」を代表するのか（首長なのか，教育委員なのか，また個人なのか，複数名なのか）も重要な論点である。加えて，時として「民意」と考え方が異なる教育の専門性をどの程度尊重すべきなのかも問題となる。

　また，保育などの福祉分野と比べて公教育では営利企業の参入は限定的であるが，2000年代はじめに株式会社立学校の設置が認められるなど，教育の供給主体は以前に比べると多様化している。ただしそれ以上に，民間企業の経営手法を公的部門に導入する新公共管理（New Public Management：NPM）の考え方が広がっていることがより重要である。具体的には，数値目標の設定，事後評価（学校評価，教員評価）の普及，成果主義の導入（たとえば，学力テストの実施・結果公表やそれに基づく競争）などがNPM的な施策として挙げられる。これらは学校教育の活性化や予算の効率化に有効との主張がある一方，テストの点数などの数値目標が必要以上に重視されすぎる，評価のための書類作成などによって教員の多忙化が進むなど，結果的に教育の質に悪影響を与えているとの批判も強い。本章ではNPMの側面についてはこれ以上詳しくは述べないが，今後の教育行政の在り方を考えるうえでその功罪は避けて通れない。

2節　国・都道府県・市町村の関係

1　国・都道府県・市町村の役割分担

　戦後の日本では，教育は自治体の仕事である。戦前，教育は国の仕事とされ，国（内務省）が任命した知事が地方での教育を取り仕切っていたが，戦後の改革では教育の地方分権化が強調され，教育は自治体の仕事となっている。

　しかし，日本国憲法で教育を受ける権利が保障されており，それを実現するのは国の責任でもある。また，教育の機会均等を達成するうえでは，全国どこでも一定の水準の教育が受けられる必要がある。そのため，実際には国，都道府県，市町村が教育に関する業務を分担している。たとえば公立（ほとんどは市町村立）の小・中学校の教職員の給与に関しては，国が3分の1，都道府県が3分の2を負担している。一方，学校の施設・設備に関しては，国・都道府県の補助はあるが，その整備は学校の設置者である市町村が責任を負う（設置者負担主義）。

　一般的には，国は一定の質の教育を保障するための基準・標準の設定（学習指導要領，学校設置基準）や，学校の運営に必要な費用の負担・補助（教職員給与，国立大学の運営費など）を行う。都道府県は，公立小・中学校の教職員給与の一部を負担すると同時に，その人事を行う権限を有する（これを県費負担教職員制度という）。また，広域的に行う仕事（高校や特別支援学校の設置・管理）も都道府県が担っている。市町村は小・中学校の設置・管理や社会教育，教職員の服務監督などを担当している。

　このように，国・都道府県・市町村は相互に役割分担を図りながら教育行政を行っているが，教育行政における特徴としては以下の2点が挙げられる。

　第一に，国・都道府県・市町村の関係が複雑なことである。日本の地方自治は国と自治体の役割が分離している英米などに比べるとその分担関係が複雑であり，相互の関心や業務が重なっている。教育は地域に根ざした学校教育が望まれる一方，教育の機会保障の観点からある程度全国で一律の水準を保つことも要請されており，そのためには国も一定の役割を果たすことが求められる。そのため，小・中学校の多くは市町村立でありながら，教育課程の基準（学習指導要領）は国が定め，そこで働く教職員の人事は都道府県が行うといった複雑なし

くみになっている。

　第二に，教育行政は国が自治体に（または都道府県が市町村に）指導・助言という形式での関与を行うことが特徴である。他の分野では，地方自治法で国が自治体に技術的な助言や勧告ができることが定められているが，教育行政ではそれに加えて，地方教育行政の組織及び運営に関する法律（以下，地教行法）で指導や助言を行うことができるとされている。これは，非権力的な指導・助言による行政が教育行政の特徴であると考えられてきたからである。こうした国から自治体への関与のあり方は指導行政ともよばれる。

　こうした教育行政の国・都道府県・市町村の関係の在り方は，学校教育の質を一定に保つうえで重要な機能を果たしていると考えられる。しかしその反面で，責任の所在が不明確になりがちなことや，自治体が独自に工夫できる裁量が小さくなるといった難点もある。また指導行政によって，文部科学省を頂点とした上意下達の教育行政や，自治体が国に対して受け身になる「指示待ち」体質を招いているとの批判もある。

　学校の管理を担う教育委員会と学校との関係についても簡単に触れておく。教育委員会は学校の設置・管理に関して人的・物的あるいは運営に関する幅広い権限を有している。たとえば教職員の服務監督や教育財産の管理，教科書の決定や副教材の届け出・承認などである。他方で校長にも一定の権限があり，教育課程の編成や児童・生徒の卒業認定などは校長が決定する。

　教育委員会と学校との関係に関しては，各教育委員会で学校管理規則を定めることになっている（なお規則は条例と異なり，地方議会での議決は必要ない）。学校管理規則では施設，設備，組織編制，教育課程，教材の取り扱いなど，教育機関の管理運営に関する基本的事項が規定されている。

2　教育行政の分権改革

　教育行政に限らず，日本では国の影響力が強く，自治体の裁量が小さい中央集権的な行政であるとの批判が強かった。1990年代前半からは地方分権の機運が高まり，1999年に地方分権一括法が制定された。この後も制度改革が行われていることから，この改革は第1次地方分権改革（または単に「地方分権改革」）と呼ばれている。

第1次地方分権改革以前は，国の仕事を自治体に下請けさせる「機関委任事務」が教育以外の事務も合わせると500以上存在しており，これが中央集権的な行政を招いていると指摘されていた。第1次地方分権改革ではこれを廃止して，「法定受託事務」と「自治事務」に再編成し，国から自治体への関与を縮減しようとした。

　教育行政では，たとえば学級編制（1クラスの人数）の基準設定などが機関委任事務であったが，機関委任事務の数自体は少なかった。ただ，第1次地方分権改革の際に，教育分野のみに設けられていたルールのいくつかが廃止・見直しされた。たとえば，自治体の教育行政で最も重要ともいえる教育長（詳しくは後述）とよばれるポストの人事については，都道府県教育長は文部大臣の，市町村教育長は都道府県教育委員会の承認が事前に必要であった（教育長任命承認制）。当時，自治体の人事で制度的に国が関与できるのは教育長のみであったため，集権的なしくみであるとして地方分権一括法で廃止された。また，改革以前は国が自治体に指導・助言を行うことが義務づけられていたが，これを「行うことができる」と改めた。このように，教育行政にのみ認められた「特例」的規定のいくつかが見直された。

　なおその後，2000年代半ばに高校における世界史未履修やいじめ自殺事件などでの教委の対応が問題となり，自治体に問題が生じた際の国の責任の果たし方が課題となった。それを受けて2007年に地教行法が改められ，国が教委に対して是正の要求を行う際に，文科大臣が具体的な措置内容を明示できることとした。また，2014年には，生徒等の生命，身体に被害が生じた場合のほか，そのおそれがある場合にも，文科大臣は教委に是正の指示が行えるものとした。これは教育行政に限って関与の際の詳細なルールを規定したものであるため，中央集権的な教育行政への逆行であるとの批判も少なくない。

　教育分野では機関委任事務が少なかったこともあり，第1次地方分権改革による教育行政への影響は少ないと予想されていたが，現実には無視できない変化が生じたと考えられる。第一に，自治体が独自に立案・実施する教育政策が増えた。たとえば自治体独自の少人数学級編制は2000年代初めから普及し，現在ではすべての都道府県で国の標準（小1は35人，その他は40人）を下回る学級編制が少なくとも一部の学年で実施されている（青木，2013）。また，学校選択制や自

治体独自のカリキュラムなど，1990年代以前と比べると自治体の独自施策が大幅に増加している。第二に，分権改革の頃から自治体の首長（知事・市町村長）の教育政策への影響力が強くなり，首長主導の教育改革がみられるようになった。特に少人数学級編制など予算が必要な政策については，予算権を持つ首長のリーダーシップが重要となった。また1990年代以前の保守対革新のイデオロギー対立が弱まり，首長が教育政策に関与することへの批判が少なくなった。そのため，政治家にとって教育政策を前面に打ち出すことが選挙の際に有利に働くようになってきたと考えられる（村上, 2011）。

このように教育行政でも2000年代以降，それ以前に比べて地方分権化が一定程度進んだが，依然として文科省－都道府県教委－市町村教委－学校のラインによる縦割り的な教育行政が行われているとの理解が多い。また2007年度から実施されている全国学力テストを通じて，国の影響力がむしろ強まっているとの見方もある。ただし，教育行政の縦割り性・集権性が他の分野に比べて強いかは，実は確たる証拠がない。国では首相，自治体では首長の影響力が以前に比べて強まっているとの指摘もあり，縦割り集権が強いとされてきた教育行政の特質が妥当な理解であるのかは検証すべき課題である。

3節　文部科学省

1　文科省の組織と人事

1　組織

文部科学省は文部省（1871年設置）と科学技術庁（1956年設置）が2001年に統合されて設けられた国の教育行政機関である。文部科学省設置法には所掌事務が93項目にわたって列記されており，学校教育や生涯学習をはじめ，文化・スポーツ，宗教行政など幅広い分野を所管している。

その組織は図4-1に示した通りである。文部科学省の長は文部科学大臣であるが，その下に副大臣（2名），大臣政務官（2名）が設けられ，これらは政務三役とよばれている。政務三役は国会議員（すなわち政治家）が兼任で務めることがほとんどである。

公務員試験等を経て入省する職員（いわゆる官僚）のトップは事務次官である

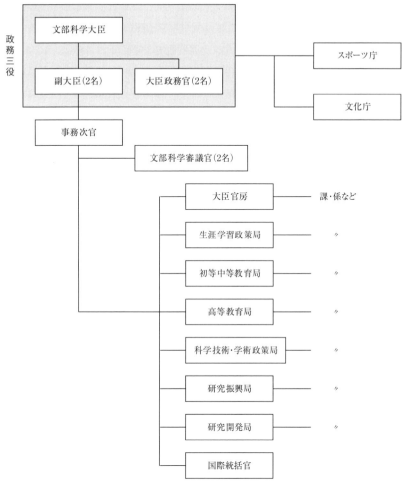

図4-1　文部科学省の組織
（文部科学省ホームページをもとに筆者作成。一部簡略化した箇所がある）

が，事務次官級のポストとして他に文部科学審議官 (2名) が置かれている。慣例的に事務次官は旧文部省と旧科学技術庁の出身者が交互に務めることが多く，文部科学審議官はそれぞれから1名ずつが任命される。

　省内は大臣官房と，各々の局・部に分かれる。局・部については官房と対比する意味で，原局とまとめて称されることもある。官房は人事・総務・会計などを

担う。原局は生涯学習政策局，初等中等教育局など政策分野ごとに分かれており，自治体や教育機関への助成や指導・助言，基準の設定などの業務を行っている。官房・原局の下にはそれぞれいくつかの課や係が置かれている。

また，文科省の下にあるが業務が特殊なために別の機関を設置している場合があり，これを外局とよぶ。文科省は文化庁 (1968 年設置) とスポーツ庁 (2015 年設置) の二つの外局を有している。外局の長は長官とよばれ，その下に長官官房と部・課 (スポーツ庁は課のみ) が置かれている。外局を含めた文科省の定員は約 2,100 名 (2015 年現在) である。

文科省に限らず，中央省庁では大臣の諮問機関として審議会が置かれることが多い。「諮問」とは下の者や識者に意見を求めることであり，審議会は大臣の求めに応じて意見を述べる。文科省には中央教育審議会 (以下，中教審) が置かれており，制度改革や学習指導要領改訂など重要な課題については中教審に諮問を行い，その意見 (「答申」とよばれる) を待って政策決定を行うことが多い。

中教審は教委，校長会やPTAの代表などの教育関係者，首長などの地方自治関係者，学識経験者，民間企業の経営者などから約30名が任命される。委員の任命は事務局が候補者を選定するが，最終的な決定は文科大臣が行う。そのため審議会は文科大臣や官僚の意向にお墨付きを与える「隠れみの」にすぎないとの批判がある。ただ，中教審内部でも意見が対立したり，政治の意向とは必ずしも一致しない答申が発表されることもあるため，そうした批判がどの程度正しいのかは議論もある。

中教審は専門的事項も扱うため，教育制度分科会や初等中等教育分科会などの分科会が設置され，さらにその下に部会・委員会が置かれることもある。実質的な議論は分科会や部会・委員会で行われることも少なくない。

2　人事

文科省で働く職員の人事 (採用・異動・昇進) は基本的には他省庁と変わらない。中央省庁に採用されるには国家公務員試験に合格したうえで，各省庁の面接を経る必要があるが，どの試験で合格したかによってその後の人事が大きく異なる。具体的には，幹部候補生として採用されるキャリアと，それ以外のノンキャリアでの採用があり，それぞれで昇進・異動が異なる。現在の国家公務員試験は

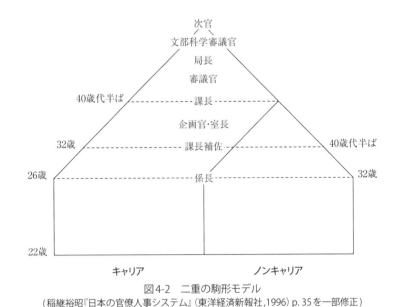

図4-2　二重の駒形モデル
(稲継裕昭『日本の官僚人事システム』(東洋経済新報社,1996) p.35を一部修正)

総合職・一般職があり(他に専門職もある)、実質的には総合職がキャリア、一般職がノンキャリアでの採用となる。

　文部科学省の職員の一般的な昇進モデルを示したのが図4-2である。将棋の駒に似ているので「二重の駒形モデル」とも言われる。キャリアは入省して2～3年後には係長となり、10年目前後で課長補佐に昇進する。その後、企画官・室長などの職を経て、40歳代半ば頃に課長に就任する。課長補佐の頃に3年間ほど都道府県教委に課長として出向したり、海外機関(大使館など)で勤務することもある。その後、審議官(文部科学審議官とは異なり、局長と課長の中間)、局長を経て、最終的には事務次官や文部科学審議官となるが、課長以上はキャリア全員が就任できるわけではない。かつては同期入省者が事務次官に就任するまでに退職し、関連団体等に再就職する例(いわゆる「天下り」)も見られたが、最近は定年近くまで省内で勤めたり、退職せずに現役のまま関連団体の役員や国立大学の理事として出向することが増えている。

　ノンキャリアは入省10年目頃で係長となり、その後一部は40歳代半ば頃に課長補佐になるが、課長まで昇進することはまれである。2～3年間隔で複数の

局を異動していくキャリアと異なり，ノンキャリアは基本的には特定の局の中で過ごすことが多い。キャリアはジェネラリスト的な人事が行われるのに対し，ノンキャリアはスペシャリスト的な人事が意識されているといわれる。文科省のノンキャリアの特徴は，かつては新卒採用ではなく国立大学職員からの転任人事によって人材を確保していたことである。しかし，2004年に国立大学が法人化される少し前頃から転任人事が減少し，一般職試験(かつてのⅡ種試験)による新卒採用が増加している。

2　教育政策の形成過程とその特徴

教育政策に限らず国の政策は，最終的には法律や予算といった形で国会で議決される。法律は内閣が法律案を国会に提出する閣法と，国会議員が法律案を作成する議員立法があるが，成立する法案は閣法が約85％を占める。なお，法律の他に政令・省令(たとえば，学校教育法施行令や学校教育法施行規則など)とよばれるものがあり，これは内閣や各省庁が法律の枠内で決定することができる。

閣法は内閣(首相・大臣で構成)が開く閣議での決定を経て法律案が国会に提出されるが，自民党政権では，それに先立って党内での事前審査による同意を得ることが以前からの慣行となっている。また，並行して文科省内でも関係者による調整が進められる。

政策がつくられるには，まずある特定の問題が解決すべき政策課題であると政策決定者に認識される必要がある。社会には無限の課題があり，どれを解決するかを選択すること自体が政治的・社会的なプロセスである(政治学ではアジェンダ設定とよばれる)。何が政策課題になるかは，マスメディアの影響が大きいこともあれば，政治家の発案がきっかけになることもある。

ある問題が解決や改善が必要な政策課題であるとされると，政策案(法律・予算など)がつくられる。自民党内では部会・調査会とよばれる組織が置かれており，そこで法案の事前審査が行われる。教育分野では文部科学部会や文教制度調査会がある。部会で全会一致により承認を得た案は，各部会・調査会をとりまとめる総務会・政務調査会で承認され，党として意思決定が行われる。

同時に，文科省内の各係・課でも検討が行われる。自民党・文科省が並行して相互に連絡を図りつつ，ボトムアップ的に政策を形成していく。最終的には，自

民党では総務会，文科省では文科大臣の承認を経て，あわせて連立政権内での調整も図られると，閣議で法律案が決定され，国会に提出される。

　一連の政策形成では，特定の政策領域に関心の強い国会議員の役割が大きい。こうした国会議員は族議員とよばれ，建設族や国防族などさまざまな分野の族議員が存在する。教育政策に強い議員は一般に文教族とよばれており，党内の文部科学部会では中心的な役割を果たすことが多い。

　自民党内での事前審査制のしくみは族議員が強くなる反面，首相や大臣の影響力が相対的に弱くなりがちであった。しかし，1990年代半ば以降に内閣機能の強化や選挙制度改革が行われると，首相や大臣の力が強まり，族議員の影響力は低下したといわれる。特に2000年代以降は，他の政策と同様に，教育政策においても首相のリーダーシップが強まった。第2次安倍政権では，首相直属の諮問機関である教育再生実行会議が道徳の教科化や教育委員会改革などさまざまな改革案を提言し，大きな影響力を持っている。

　なお，2009〜12年の民主党政権は政策決定の内閣への一元化を掲げ，党内での事前審査は重視されなかった。一方で，首相や官邸は教育政策に関してはあまり影響力を持たず，大臣を中心とする各省庁の政務三役の影響力が大きかった。

　以上に述べた政策形成のプロセスは教育だけでなく他の政策でも類似しているが，文科省のキャリア官僚（2017年現在は事務次官）である前川（2002）は，教育政策は生活に密着した領域であり，学校や行政現場を多く抱えるため急激な政策変更を避ける傾向があることから，文科省の政策形成過程の特徴として，①現場ニーズの積み上げに基づく政策形成が主流であること，②政策の継続性を重視すること，③広く国民的なコンセンサスが必要となること，④アイデアが公の場に出されてから実際の政策になるまでのプロセスが長いこと，⑤継続性を重視する一方で，政治部門からの外発的な政策の創発が力をもっていること，を挙げている。

4節　教育委員会制度

1　教育委員会制度の歴史

　自治体の教育行政をつかさどるのが教育委員会（以下，教委）である。教育委員会は米国で生まれた制度で，一般住民が教育委員となり，地域コミュニティを基盤として学校を運営するしくみである。第二次世界大戦後の日本では，軍国主義を支えた戦前の教育への反省から，教育の民主化を実現するために1948年に旧教育委員会法（以下，旧教委法）が制定され，教育委員会制度が創設された。教委制度は，①教育の地方分権化，②一般行政からの教育行政の独立，③民衆統制を図るため，選挙で選ばれた一般市民が務める非常勤の教育委員が，教育行政の専門職である教育長を任命し，両者のチェック・アンド・バランス（抑制と均衡）のもとで教育行政を進めていくしくみであった（公選制教育委員会）。

　当初，教育委員は選挙で選ばれていたが，教職員組合の支持を受けた教育委員が多く当選したのを保守政権が問題視したことや，首長から独立した教育委員会が非効率であるとの批判があったことなどから，1956年に旧教委法に代わる地教行法が成立し，教育委員は公選制から首長による任命制に改められた（任命制教育委員会）。また，教委が条例や予算の原案を作成する権限もなくなった。このとき，旧自治庁（現在の総務省）や地方六団体（全国知事会など）は教委制度の廃止を強く求めていたが，教委制度自体はその理念を後退させつつも存続した。

　その後，任命制教委は定着し大きな制度変更はなかったが，1960～70年代頃からは制度の形骸化や教育委員の名誉職化などが指摘されるようになり，教委制度の活性化が課題となった。1990年代末頃から地方分権が進展して首長の影響力が強まると，教委制度それ自体の存廃を問う声が強まり，その結果後で詳しく述べるとおり，2014年に地教行法が改められて首長の権限が強められた。しかし，教委制度は現在も存続している。

2　教育委員会制度の意義と特性

　現行の教委制度の意義としては，次の3点が挙げられることが多い。
　第一に，政治的中立性の確保である。首長は政治家であり，特定の党派に属

していることもある。「個人の精神的な価値の形成を目指して行われる教育においては，個人的な価値判断や特定の党派的影響力から中立性を確保することが必要」(文部科学省による説明)であるとされる。第二に，安定性・継続性の確保である。教育は個人に与える影響が大きく，政治の方針や政権交代によってその都度，内容や制度が大幅に変わることは問題が多い。教育委員は複数名おり徐々に交代していくため，首長が代わっても安定性・継続性は一定期間確保される。第三に，地域住民の意向の反映である。首長個人や専門家の判断だけでなく，地域住民の多様な意見を教育行政に反映していくことが望ましい。そのため，さまざまな層から任命される教委がその役割を果たすとされる。

これらの意義を実現するため，教委制度は次のような制度的特徴を有している。

第一に，首長から一定程度独立して意思決定を行う。地方自治法では「執行機関」が最終的な意思決定を行う権限を持つが，首長と教委はともに執行機関であり，法的には対等な機関である。ただし，予算権や教育委員の任命権は首長が有しており，首長の理解を得なければ教育行政の運営を円滑に進めることは難しいのが実態である。第二に，複数名で意思決定を行う合議制の組織である。首長は個人で最終的な意思決定を行う(独任制)が，独任制は迅速な決定が可能な反面，個人の価値判断が入りやすく，また首長の交代による影響が大きい。教委は委員が徐々に交代するため，政治的中立性や安定性・継続性の確保においてメリットがある。第三に，民衆統制の原則である。教育委員は，教育の専門家ではない一般市民から任命される。これは，教育を専門家任せにせず，しかし党派性を有する政治家とも異なり，地域や住民の目線から教育に関することを決定するのが重要と考えられているためである。

教委制度は以上に述べたような意義と特性を有するが，こうした点が実現されているかは議論がある。たとえば教育委員は首長に任命されているため，政治的中立性が確保されているかは疑問との指摘がある。また，安定性・継続性についても，首長が交代して2年程度経つと教育委員の半数程度は入れ替わるため，政治的な影響は避けられないとの見方もある。民衆統制については，教育委員は保護者である委員を除くと平均年齢が高く，また地域住民の意向を十分に反映できていないとの批判がある。

教育委員は一般市民が務めており，また非常勤であるため，月1～2回の会

議には出席するが，日常的には教育長をトップとする教育委員会事務局が実務を取り仕切る。この事務局までを含めて，(広義の)教育委員会と呼ぶことが多い。これに対し，教育長と教育委員(原則4名)の計5名からなる会議(合議体)だけを指して，(狭義の)教育委員会と呼ぶこともある。

教育委員会の組織は図4-3(2014年度まで)と図4-4(2015年度以降)がその一例である。教委はすべての自治体に置かれている。2014年度までは，狭義の教委は教育委員5名(増員可)で構成されていた。教育委員長がその代表で，教育長は教育委員長以外の教育委員から選ばれていた。2015年度からは，教育長と教育委員の兼任はなくなると同時に，従来の教育委員長は廃止され，教育長が教育委員会を代表する立場となった(ただし移行措置がある)。

事務局は教育長が統括し指揮監督する。教育委員は非常勤であるが，教育長と事務局の職員は常勤である。事務局はたとえば教育総務課，学校教育課など，いくつかの課(大規模自治体では部・課)に分かれている。教委事務局を教育庁という名称にしている自治体もある。

事務局で働く職員は，教委に採用された教員出身者と，首長部局から教委に出向した一般行政職員が多くを占める(都道府県教委などでは，学校事務職員も一部配属されている)。自治体によっても異なるが，教員出身者は中堅教員が数年間，専門職員である指導主事として任命され，その後校長・教頭などに異動することが多い。小規模自治体では指導主事がおらず，教員出身者は教育長のみということもある。一般行政職員は基本的に首長部局に配属されるが，数年間教委に出向した後，再び首長部局に戻ることが一般的である。少数の自治体では，首長部局と教委事務局を別区分で採用したり，一部の職員を長期間にわたり教委事務局に配属する例もある。

ただし，教員出身者と行政職員出身者では，その業務内容が異なる。教員出身者は，学校への指導・助言や教員人事(都道府県・政令市教委の場合)など，教育の内容や人事に関わる業務にたずさわることが多い。それに対して行政職員出身者は，予算，給与，施設設備など，主に総務・財務などに関わる業務を担当する。学校教育の専門性に関わる業務は教員出身者でなければ困難なことがその理由であるが，そのことが教育行政や学校の閉鎖的な体質を強めているとの批判もある。

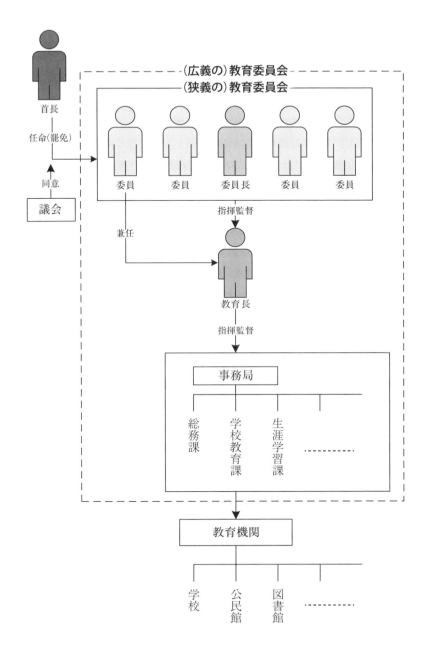

図4-3　2014年度までの教育委員会制度
（教育再生実行会議，文部科学省ホームページをもとに筆者作成）

4章 教育行政 71

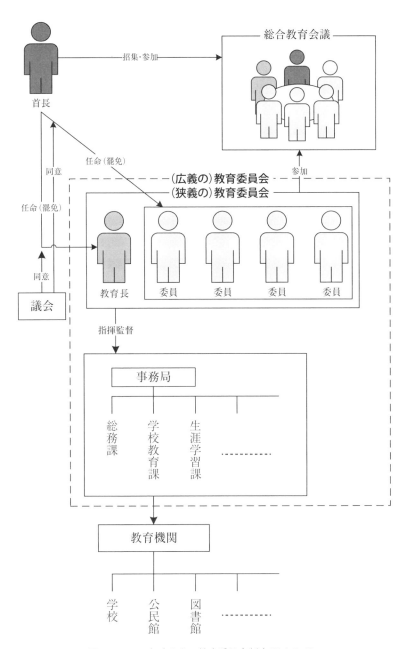

図4-4 2015年度からの教育委員会制度（筆者作成）

3　新しい教育委員会制度

　教委制度はかねてからその活性化が課題であったが，2000年代に入ると制度の存廃自体が問われ始めた。2000年代前半の小泉政権では教委の設置を自治体に委ねる選択制が検討されたこともある。民主党政権では教委制度の見直しが掲げられたが実現には至らなかった。

　2011～12年にかけて，滋賀県大津市でいじめ自殺事件が，大阪市で体罰による生徒の自殺事件が発生したが，いずれも教委事務局が適切な調査・対応を行わなかったとして，教育行政の責任の明確化を問う声が強まった。これが直接の発端となり，第二次安倍政権は教委制度見直しに着手した。首相直属の教育再生実行会議は教育長を教育行政の責任者とすべきとの提言を発表し，その後中教審で詳細な審議が行われた。当初，安倍政権は教委制度を廃止し教育行政権限を首長に一元化する意向であったが，公明党や自民党の一部は強く反対した。中教審でも意見が分かれ，教委制度廃止と維持をほぼ両論併記する異例の答申を行った。その後の与党協議では教委制度を存続しつつ，首長の権限を強める制度改革を行うことで合意し，2014年に地教行法が改正された。

　制度改革のポイントとしては，教委が引き続き教育行政に関する決定権限を有する執行機関として首長に対する一定の独立性を維持したことが重要であるが，変更点としては次の3点が挙げられる (詳しくは，村上編著，2014を参照)。

(1) 従来の教育委員長と教育長を一本化し，常勤の新「教育長」を教育委員会の代表者とする。また，新「教育長」は首長が議会の同意を得て直接任免するとともに，首長が在任中1度は教育長を選任できるようにするため，教育長の任期を3年に短縮する (教育委員の任期は現行通り4年)。

(2) 教育行政の基本的方針である大綱を定める権限を教育委員会から首長に移し，首長の権限を強化する。首長は，教育基本法17条に規定する基本的な方針を参酌 (参考にすること) して，大綱を策定する。

(3) 教育行政の大綱や教育の条件整備などに関して，首長と教育委員会が協議・調整を行う総合教育会議を新設する。総合教育会議は首長が招集し，大綱の策定，重点施策，緊急の場合の措置について首長と教委が協議・調整を行う。調整された事項については，構成員は調整の結果を尊重しなければ

ならない。

　今回の改革では,「教育行政の責任の明確化」と「教育行政の政治的中立性・安定性・継続性の確保」を両立することが求められた。前者を重視する立場は教委制度廃止と首長への権限一元化を主張し,後者を重視する立場からは教委制度を引き続き維持すべきとの意見が強かった。今回の改革は,教委制度を存続しつつ,大綱の策定や総合教育会議の設置などを通じて首長の権限を強化することで,責任の明確化と政治的中立性・安定性・継続性の確保の両立を図ろうとした。

　約60年ぶりの大きな制度改革となった今回の地教行法改正については,さまざまな評価がある(村上,2014)。第一に,教育委員会が決定権を有する執行機関として残ったことを評価し,常勤の教育長が責任者となることで,責任の明確化と政治的中立性・安定性・継続性の両立が図られたとの評価がある。第二に,首長が大綱を策定し,さらに首長が招集する総合教育会議が設置されることで,首長の関与が過度に強まり教育委員会がこれまで以上に形骸化するとの批判がある。第三に,首長に教育行政の権限を一元化すべきとの立場からは,引き続き教委が最終的な意思決定を行うこととした今回の改革は不十分という評価もみられる。さらにそれらとはまた別の批判として,これまで以上に教育長に権限が集中することへの懸念も小さくない。新しい教委制度の下で,今後の運用実態がどのように変化していくのか(あるいは変化しないのか)が注目される。

参考文献
青木栄一　地方分権と教育行政　勁草書房　2013
小川正人　教育改革のゆくえ　筑摩書房　2010
黒崎勲　教育行政学　岩波書店　1999
前川喜平　文部省の政策形成過程　城山英明・細野助博(編著)　続・中央省庁の政策形成
　　過程　中央大学出版部　2002
宗像誠也　教育行政学序説　有斐閣　1954
村上祐介　教育行政の政治学　木鐸社　2011
村上祐介(編著)　教育委員会改革5つのポイント　学事出版　2014

5章　学校経営と学校評価

1節　学校経営の概念と領域

1　学校という「場」と教育活動の組織に求められる人間観

　今日の子どもには，ゆとりのない忙しい生活，社会性の不足・規範意識の低下，自立の遅れ，体力・運動能力の低下傾向などの問題状況が指摘される。また，少子高齢化やグローバル化が進展して複雑に変化していくこれからの社会において，子どもたちは，自ら課題を発見し，他者と協働してその解決に取り組み，新たな価値を創造する力を身に付けることが不可欠とされる。学習の内容や方法の改革や教職員の力量向上等も含め，今日の学校には，さまざまな教育条件の変化や新しい教育課題への適切な対応が求められている。

　では，求められる今日の学校とはどういう「場」なのか。学校運営の改善の在り方等に関する調査研究協力者会議「子どもの豊かな学びを創造し，地域の絆をつなぐ～地域とともにある学校づくりの推進方策～」(2011年)から，今日に求められる学校(「地域とともにある学校」)を素描してみよう。

　まず，学校は，「子どもの学びと育ちの場」ということができる。特に義務教育段階の学校は，すべての子どもが自立して社会で生き，個人として豊かな人生を送ることができるよう，その基礎となる力を培う場であり，生活の一部といえる場所である。このことを地域の視点から見れば，地域社会の将来を担う人材を育てる中核的な場所ということができる。

　また，地域の大人にとって，公開講座や学校施設の利用等，学校のもつ機能や施設の開放等を通じた生涯学習の場としての期待は大きい。一方，地域の大人は，学校支援ボランティアやゲスト・ティーチャーとして，学校における児童生徒への支援活動や教育活動に参加している。このように地域の人々が集い活動していく学校では，たくさんの人との合意形成の仕方，互いを尊重してともに活動するやり方，信頼関係の結び方等を学ぶ機会が生まれる。こうした営みを促す仕掛けが組み入れられると，学校は，地域の大人が学び合いともに成長で

きる場となって,「大人の学びの場」ということができる。

　さらに,学校は地域コミュニティの中核として,その立地の良さや全国に設置される施設数の上からも,学校教育施設の目的外の使用が期待されている。ほとんどの大人が一度は通った思い出の多い親しみのある学校は,常に人が集う多様な活動に対応できる施設設備のある,地域の人々を惹きつけやすい性質を備えている。学校には,地域の活動拠点として,地域コミュニティが結びつきを深める場(地域コミュニティの核)への期待があるといえる。したがって,地域において最も安全で安心できる場所として,平素から地域とともにその場所づくりを進めて,「地域づくりの核」となる存在ということができる。

　そのような学校は,そこで展開される教育活動の本質に照らして判断されるように,人を人とする組織である。「人を人とする」とは,①人をよりよい人に育てるという教育活動の目的方向性を意図するだけでなく,②人を人として認めるという教育活動の成立基盤を含意している(青木,1990 ; p.82)。学校では,組織統制の原理が教育観や子ども観等の価値や理念という,ものの見方や考え方におかれ,そこには自己自身の生き方等を反映する人間的側面が強い。また,組織における人間関係それ自体が教育の営みであり,目に見えない部分においても潜在的カリキュラムとして機能している。したがって,学校経営において,組織成員である人間をいかに理解するかが重要な鍵概念であるということができる。すなわち,児童生徒は一人として同一ではなく,一人ひとりがかけがえのない絶対的で独自な個性的存在として理解される。教職員はそうした特質をもつ児童生徒に対して非代替的な専門性を発揮する存在であり,教育に責任をもった自律的人間として理解される。

2　学校経営の概念

　今日に求められる「場」として,学校には,その教育活動の遂行にあたって,一定の時間内にその目的を達成するために人的・物的資源等をどのように活用していくかが問われている。その問いに応えていく取り組みが学校経営の営みである。すなわち,学校教育の目的や課題を達成していくために,人的・物的・財的・運営的な,その活動の展開に不可欠な諸条件を整備して,学校のもつ組織的機能を総合的・有機的に高めていく継続的な活動が学校経営である。この学

校経営にあっては，次のような効果的かつ合理的でしかも人間的な在り方(青木,1990；pp.82-84)が重要である。

①学校全体として子ども一人ひとりを受け止め組織的行動を取るという協働性に支えられ，教職員の個別的・具体的な活動場面で，それぞれの創意に基づく豊かな活動を許容するある程度の幅をもった「共通性」を教育活動に保持すること。

②そのために，教職員の異質性を認識し尊重するなかで，この「共通性」を意思形成の過程を通じて形成していくこと。

③子どもとの教育活動において，教職員の主体性・自律性が組織的な行動として発揮される場を確保し，そのような教育活動が効果的となるように社会的承認の機会や責任の分配を図っていくこと。

④「共通性」の形成に必要な，組織目標の絶えざる具体化を行うコミュニケーション過程を柔軟なものとするため，教職員間の情報や意見が脅かされることなく自由に交換しあえる支持的な組織風土を保有すること。

⑤家庭や地域における子どもの生活実態，保護者の教育要求，学校外教育の態様，教育行政の要請や重点目標等，学校経営にあたっては必要な外部情報が学校や教職員個々人に提供されなければならないこと。

こうした点への取り組みによって，教育観や子ども観等のさまざまな点において異質な存在である教職員個々人が，学校教育の重要性を認識し，それを学校としての教育理念に位置づけて共有することを可能にする。そして，自己の役割を学校の組織全体を通じて見通して学校における経営努力に位置づけて協働し，自己の展開している実践を学校経営の組織全体の活動に連動し一貫したものとして認識することを可能にするのである。

3 学校経営の領域

学校経営の領域をめぐっては，学校の機能拡大に伴って複雑・多岐化する傾向にあるとして，たとえば，経営研究の側面を加味して，主要な領域(経営の局面)が指摘されている(児島，2002；pp.468-470)。

①学校経営戦略論(学校の教育目標や経営方針の策定，それに基づく学校の経営計画や教育計画の設定を中心領域とし，学校をどのような方向に導くのか，どのような児

童生徒像を求め実践していくかが検討される）

②学校文化論（教育課程の編成とその展開過程を軸とした学校文化の経営に関する側面で，顕在的，潜在的カリキュラムの両面から，特色ある教育・特色ある学校づくりをどう進めていくかが検討される）

③学校組織論（教職員組織を中心とする組織構造の領域と，生徒組織や教授組織にかかわる内容の領域で，学校の教育活動の推進にどのような職務構造を描き，専門職組織としての学校経営組織の在り方が検討される）

④学校経営行動論（経営者の経営行動を取り出し，民主的な社会関係の在り方を検討する領域で，意思決定・意思形成の過程の在り方や，スクールリーダーやミドルリーダーのリーダーシップの発揮等が検討される）

⑤学校経営診断・学校改善論（継続的な組織的活動として，後述する経営過程に関する領域で，とりわけ，学校評価システムを通して，学校の実態や課題の診断，点検評価や改善方策，それに基づく教育活動の実践や校内研修の展開等が検討される）

⑥学校環境論（学校内外の物的環境をめぐる側面で，教室環境，学校環境，地域環境をめぐって，とりわけ，開かれた学校づくりの推進に，家庭・学校・地域社会の教育力や教育連携の在り方が検討される）

⑦教職論（学校の教育活動を推進する教職員の在り方に関する領域で，研修等学校の教育力を高める教職員の力量形成の在り方が検討される）

⑧児童生徒管理論（児童生徒の就学や生活実態を把握して彼らの自立の過程を支援する領域で，就学管理や校内指導体制等の児童生徒管理の在り方や，校外における生徒指導や健全育成へのかかわり方等が検討される）

なお，学校経営の領域をめぐっては，「経営過程論」「研修経営論」「組織風土・文化論」「リーダーシップ論」「経営組織論」「学校評価・学校改善論」等，学校経営を中心として研究・開拓されてきた教育経営研究の知見から分類することも可能である（日本教育経営学会，2000）。また，従来の学校経営の主要な対象としての「場」や経営実践の領域からは，「学年経営」「学級経営」「教育課程の経営」「生徒指導の経営」「教科外活動の経営」「教育メディアの経営」「現職教育の経営」といった領域に分類することもできる（青木，1990）。

2節　学校経営の組織と過程

1　学校経営組織への視座

　今日進められている教育改革の成否は，各学校と各地域が教育改革の理念と目標を踏まえ，どのように取り組むかにかかっている。すべての学校がその特色を生かし創意工夫を凝らした教育活動を展開するとともに，地域全体として子育てを支援し子どもの成長を支えていくような取り組みの展開が不可欠である。したがって，学校経営においては，児童生徒の教育にあたって，学校の基本的な単位としての学級における教育活動の充実を図り学校内を開いていく視点とともに，家庭・学校・地域社会の教育連携の下に進めていく学校外に開かれた視点をもって，「特色ある開かれた学校づくり」にあたることが期待される。

　そのような2つの視点では，「チームとしての学校」や先述の「地域とともにある学校」が今日のキーワードである。中央教育審議会答申「チームとしての学校の在り方と今後の改善方策について(2015年12月)」は，教職員が心理や福祉等の専門家や関係諸機関，地域と連携し，チームとして課題解決に取り組む体制整備が必要と指摘する。教職員や学校内の多様な人材がそれぞれの専門性を生かし，児童生徒に必要な資質能力を確実に身に付けさせることのできる学校が期待される。また，コミュニティ・スクール(後述)に注目されるように，学校がより地域に開かれ，地域とともに歩んでいく学校が目指される。

　以上の2つの視点から，学校経営の組織を考えると，第一に，校内の組織として，学校の意思形成に機能する職員会議や各種委員会等の運営組織の在り方とともに，日々の教育活動を円滑に遂行していくために機能する校務分掌組織の在り方が重要である。第二には，開かれた学校として，家庭や地域社会とともに児童生徒の成長に寄与するために不可欠な組織の在り方が重要である。たとえば，学校評議員制度や学校運営協議会等をあげることができる。

2　校内の学校経営組織

　学校経営は，その目標達成に，校務を遂行することによって展開される。校務とは学校を運営していく上で必要な一切の仕事をいうが，大別して，①学校教

育内容に関する事務,②教職員の人事管理に関する事務,③児童生徒の管理に関する事務,④学校の施設・設備の保全管理に関する事務,⑤その他学校の運営に関する事務,に分類できる。

　それら校務の遂行は学校全体として組織的に果たされる。したがって,学校全体として,この学校の子どもたちをどのような方向に導いていくかという願いを共有して,共通の理解の下に,学校経営の組織的な活動にあたることが求められる。そこには,各種の教務的な活動や事務的な活動といった業務の構造が作られる。このように教職員自らの教育活動を支え,その効果的な展開を図るための手段として,学校の実態に即した学校経営の組織を作っている。

　この経営組織には,大別すると,①**教育活動の組織**(学習者の組織編制と,そのための分担や協力の体制を示した指導者の組織),②**教務活動の組織**(教育活動の展開を支え推進するための主に教育課程の計画・実施・指導に係る教務を管理する組織),③**事務活動の組織**(学校の施設・設備の管理や,庶務・会計の事務,PTAや関係機関との渉外に係る事務の組織),④**学校運営の組織**(教育目標を具体化するための教育課程計画や,組織運営や施設設備の計画等の作成にあたる職員会議や運営委員会等,学校の意思形成に関する組織),⑤**研究・研修組織**(教育課題の解決や教育活動の展開の充実に取り組む研究・研修の組織),に分類することができる。なお,通常,②教務活動の組織と③事務活動の組織を一括して校務分掌組織と呼んでいる。

　校務分掌とは,校務を処理するために教職員に校務を分担させることをいう。法的には校長の職務の補助執行の一形態なので,分掌された校務についても最終的な責任は校長にある。

　校務分掌に関する法規定をみると,まず,学校教育法37条において校長,副校長,教頭,主幹教諭,指導教諭,教諭,養護教諭,事務職員等の一般的規定がなされ,学校教育法施行規則44,45,46,47条において各種主任の一般的規定と,必要に応じて校務を分担する主任等を置くことができることを定めている。43条では,「小学校においては,調和のとれた学校運営が行なわれるためにふさわしい校務分掌の仕組みを整えるものとする」と規定している。「校務分掌の仕組みを整えるというのは,学校において全教職員の校務を分担する組織を有機的に編制し,その組織が有効に作用するよう整備することである」(文部次官通達,1976年)と説明される。

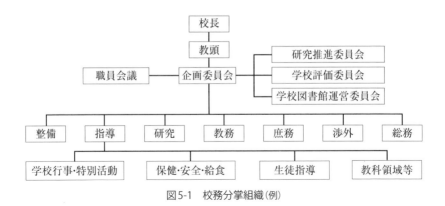

図5-1　校務分掌組織(例)

　学校の運営にあたって業務を分担する教員の組織を示すものを校務分掌図と呼ぶ。図5-1は，比較的規模の大きい小学校を例に，校務分掌図の概略を示したものである。もちろん，学校段階や学校の規模等，学校のもつ条件性の差異によって位置づけが異なることは当然である。

　図5-1に示した職員会議は，明治以来，法令上その権限や役割に関して直接規定されず，学校において慣行として行われてきたが，2000年1月の学校教育法施行規則の改正により，その設置がはじめて規定された。すなわち，「48条　小学校には，設置者の定めるところにより，校長の職務の円滑な執行に資するため，職員会議を置くことができる。2. 職員会議は，校長が主宰する」とされている。つまり，職員会議は校長の補助機関とされる。しかし，実際の学校の運営にあたって職員会議の果たしている役割は多岐にわたる。学校によって必ずしも一様ではないが，おおむね，①校長の諮問に教職員の意見を取りまとめ答申すること，②教育目標や年間計画等を協議し共通理解を得ること，③情報交換を図り学校全体としての調整を図ること，④校長の方針や教育委員会等の通知等を伝達し趣旨の徹底を図ること，⑤教職員の意見等を校長に伝達すること，⑥研究・研修の成果を交流しあい教育の専門家としての知見を広めること，のような事項があげられる。

　また，これら多面的な役割を機能として整理すると，①意思伝達機能，②経営参加機能(協議機能)，③連絡・調整機能，④研究・研修機能として整理できる。たとえば，学校行事の計画，生徒指導の方針，卒業の認定等，職員会議は多くのこ

とを解決していくが，行事の内容や方法を検討協議する場合や最近の非行問題について報告・検討するといった場合は研究や協議の機能を果たしていることになり，また，それらの問題に関連して，各係の扱った内容や情報資料を交換し合う場合には伝達・報告や連絡・調整の機能を果たしていることになる。

　学校運営にあたっては，職員会議とともに各種委員会が重要な役割を果たしている。学校が教育目標を設定し，それを具体化するために教育課程計画をはじめとして，学年経営計画，組織運営計画，施設設備計画等が作成されるが，これらの計画作成は基本的には教職員の集団的な意思決定にゆだねられている。そのための会議体組織が，学校運営組織である。代表的なものとして，先にあげた職員会議のほか，運営委員会（企画委員会）や学年主任会等がある。各学校の置かれた諸条件によって，換言すると，各学校の課題に応じて設置される多様な名称の各種委員会をあげることができる。たとえば，教育課程委員会，研究推進委員会，教育目標委員会，学校評価委員会，学校保健委員会，情報委員会，学校図書館委員会，予算委員会，特別支援教育委員会等である。

　このような会議体組織を通じて，各レベル・領域における教育意思を形成し，学校の諸活動を統一的に遂行することが求められている。なお，教職員はこのうちの1つの組織のメンバーであるだけでなく，多くの場合，このうちの複数の組織のメンバーとして，いくつかの役割を同時に果たしている。

3　開かれた学校づくりを推進する校外の組織

　学校教育法施行規則(49条)では，学校評議員は，設置者の定めるところにより置くことができ，「当該小学校の職員以外の者で」校長の推薦に基づき当該小学校の設置者が委嘱することが規定されている。学校評議員は，「校長の求めに応じ，学校運営に関し意見を述べることができる」とされている。校長には，学校評議員の視野の広い事実に基づいた率直な意見を傾聴することによって，次のような点で，地域に開かれた信頼される学校づくりが期待される。たとえば，①特色ある学校づくりへの取り組み（保護者や地域住民の意見や意向を聞き，教育方針や計画等を自ら決定し，地域に信頼される特色ある学校づくりを進めていくこと），②「総合的な学習の時間」等への支援（体験的な学習や問題解決的な学習にあたって，とくに「総合的な学習の時間」では，各学校の創意工夫により，地域の人々と協働したり学習環境

を積極的に活用したりすること），③子どもたちの地域ぐるみの育成(社会生活のルール等を確かに身に付けさせ，正義感や倫理観，思いやり等の豊かな人間性を育むため，青少年健全育成等，地域全体として子どもを育むこと），④地域の行事や福祉施設等との連携 (学校行事と地域行事との合同開催による子どもたちと地域の交流，老人ホーム等の地域の施設との連携協力によるボランティア活動等，学校と地域とがより連携を深めること)等である。

　この学校評議員は，公立学校の運営に地域の住民や保護者等の意向等を反映させる組織といえ，「校長の求めに応じて学校運営に関する意見を個人として述べるものである」。それに対して，2004年には，「学校運営，教職員人事について関与する一定の権限を有する合議制の機関である等，その役割が異なるもの」(2004年6月24日文科初429事務次官通達) として「学校運営協議会」の規定が整備された。中央教育審議会答申「新しい時代の教育や地方創生の実現に向けた学校と地域の連携・協働の在り方と今後の推進方策について(2015年12月)」では，これからの在り方が検討されて総合的な推進方策が示された。その後，文部科学省では2016年1月に「『次世代の学校・地域』創生プラン」を策定しており，2017年3月には次期学習指導要領が公示されるなか，2017年には改正され(地方教育行政の組織及び運営に関する法律47条の6)，学校運営協議会は「教育委員会規則で定めるところにより，その所管する学校ごとに，当該学校の運営及び当該運営への必要な支援に関して協議する機関」として，「置くように努めなければならない」とされた。その委員には，対象学校の所在する地域の住民や児童生徒等の保護者，地域学校協働活動推進員など対象学校の運営に資する活動を行う者，その他教育委員会が必要と認める者が教育委員会により任命される。学校運営協議会には，対象学校の校長が作成する「教育課程の編成その他教育委員会規則で定める事項についての基本的な方針」を承認する役割があり，対象学校の運営に関して意見を述べることができる。

　このような学校運営協議会を設置する学校は「コミュニティ・スクール」と呼ばれ，2019年5月時点で7,601校となっている。コミュニティ・スクールでは，学校運営協議会の当事者(保護者，教職員，地域住民等)によって，学校や地域の課題を共有して課題解決を目指す対話である「熟議」を通じた学校・家庭・地域の連携・協働による様々な取り組みが行われる。学校と地域との情報共有の促進や地域と連携した組織的な取り組みの充実といった地域との連携・協働の成果にとどまらず，

学校内における教職員の意識改革や児童生徒の学力向上・生徒指導の課題解決における成果も報告されている。コミュニティ・スクールの一層の推進に,「地域学校協働活動の推進に向けたガイドライン(参考の手引)」を策定し,地域と学校の連携・協働を推進するため,地域学校協働活動の円滑な実施の支援を進めている。

4 学校経営の過程

　学校経営の活動を推進していく過程には,あらゆる組織体がその目的の達成に際して,共通に含む基本的要素を見出だすことができる。たとえば,一般経営学の分野で組織運営を展開していく合理的な過程を追究してきた経営過程論(岡東ほか,2000;p. 63)にあって,ギューリック(Gulick, L.)によるポスドコルブ(POSDCoRB:Planning(計画),Organizing(組織化),Staffing(人員配置),Directing(指示),Coordinating(調整),Reporting(報告),Budgeting(予算化))がよく知られている。経営過程論を学校に導入したシアーズ(Sears, J. B.)は,学校経営の過程を,計画(Planning),組織化(Organizing),指示(Directing),調整(Coordinating),統制(Controlling)の5つの要素から捉えている。

　ここで大事なのは,これらの経営過程は単なる経営活動の諸局面の分類ではないことである。すなわち,経営活動は全体として,P(Plan:計画)－D(Do:実施)－S(See:評価),あるいは,P(Plan:計画)－O(Organizing:組織化)－C(Control:統制)という循環過程として,有機的に関連し統合して機能しなければならない。P－D－S, P－O－Cの循環過程をマネジメント・サイクルと呼んでいる。今日では,P(Plan:計画)－D(Do:実施)－C(Check:点検評価)－A(Action:改善)として,評価から改善に向けての明確化を意識するPDCAサイクルが,学校評価システムの導入・定着の中で用いられている。

　学校経営の過程を素描すると,次のようにいえる。すなわち,まず目標を明確にして,目標達成のために計画を策定し,職務活動を組織化し,担当者を配置してそれを実施する。その過程において目標達成の枠組みから逸脱しないように統制し,また組織の各部門を全体的に調和して有機的に統合されるように調整を図る。さらにその結果を絶えず評価し改善案を検討して,それを次の計画に活かしていくのである。このように,学校経営の活動はマネジメント・サイクルを通じて,学校組織体の自己更新を図って継続的に展開されている。

3節　学校評価の実態と課題

1　学校評価にかかる法的基盤

　今日の学校評価は，2002年3月に制定された小・中学校設置基準において示されたところに端緒を指摘できる。小学校設置基準旧2条（自己評価等）では，自己点検評価と結果の公表についての努力規定が示された。

　さらに，2007年6月には，学校教育法が改正され，学校の評価及び情報提供に関する規定が整備された。学校評価の実施は義務規定となるとともに，評価するだけにとどまらず，結果に基づく改善への必要な措置を講じることが求められた。すなわち，「42条　小学校は，文部科学大臣の定めるところにより当該小学校の教育活動その他の学校運営の状況について評価を行い，その結果に基づき学校運営の改善を図るため必要な措置を講ずることにより，その教育水準の向上に努めなければならない」とされたのである。また，情報の提供については，「43条　小学校は，当該小学校に関する保護者及び地域住民その他の関係者の理解を深めるとともに，これらの者との連携及び協力の推進に資するため，当該小学校の教育活動その他の学校運営の状況に関する情報を積極的に提供するものとする」とされている。なお，準用規定が，たとえば，中学校では同法49条，高等学校では62条に示されている。

　ところで，42条にいう「文部科学大臣の定めるところ」とは同法施行規則における定めである。そこでは，①自己評価の実施とその結果の公表が義務づけられ（66条），②保護者等学校関係者による評価の実施と結果の公表（67条），③それら自己評価の結果や関係者評価の結果を公表した場合，設置者に対する報告（68条）について規定している。

2　学校評価システムの目的と意義

　学校評価システムの取り組みが全国的に展開されていくなかで，2006年3月には「義務教育諸学校における学校評価ガイドライン」が策定され，2008年1月には高等学校を対象に加えた「学校評価ガイドライン〔改訂〕」と改訂された。さらに，2010年には「学校評価ガイドライン〔平成22年改訂〕」へと改訂され，次の

3点を目的として実施することと整理されている。
　①各学校が自己評価を実施し，自ら教育活動その他の学校運営について，目指すべき成果やそれに向けた取り組みについて目標を設定し，その達成状況を把握・整理し，取り組みの適切さを検証して，組織的・継続的に改善すること。その自己評価にあたって重要なのは，網羅的なチェックを行うというのではなく重点化された目標を精選して実施すること，評価結果を踏まえた改善方法を検討・公表し学校運営の改善につなげることである。
　②各学校が，自己評価および学校関係者評価の実施とその結果の説明・公表により，保護者，地域住民から自らの教育活動その他の学校運営に対する理解と参画を得て，信頼される開かれた学校づくりを進めること。保護者による評価や積極的な情報提供を通じた家庭・学校・地域の連携協力の促進が期待される。学校関係者評価においては，自己評価の客観性・透明性を高めるとともに，学校の状況に関する共通理解を深化させて，家庭・学校・地域の連携協力を促進させることが求められる。
　③各学校が学校評価の結果をその設置者に報告することによって，各学校の設置者等には，学校評価の結果に応じて，学校に対する適切な人事や予算上の支援や条件整備等の必要な措置を講じることにより，一定水準の教育の質を保証し，その向上を図ること。各学校の教育活動充実への取り組み努力が正当に評価され，設置者管理負担主義の原則の下に，設置者と一体となって教育の質の向上が目指される。
　学校評価システムには，自己評価，学校関係者評価，第三者評価の3種類がある。自己評価とは，各学校の教職員が行う評価であり，学校評価システムの基本となる。設定した目標や具体的計画等の達成状況や達成に向けた取り組みの適切さ等について，校長のリーダーシップの下に全教職員が参加して評価を行う。自己評価では，児童生徒や保護者，地域住民を対象とするアンケートによる評価等を通じて，授業の理解度や児童生徒，保護者，地域住民の意見や要望を把握して自己評価に勘案することも重要となる。
　学校関係者評価とは，保護者，学校評議員，地域住民，青少年教育の関係者等が学校関係者評価委員を委嘱されて行う評価である。学校の教育活動の観察や意見交換等を通じ，自己評価の結果について評価することが基本である。この

学校関係者評価は，法規定上，実施・公表とも努力義務であるが，学校関係者評価の結果は自己評価結果の再考を促し学校改善に不可欠とされる。なお，市町村によっては学校管理規則において，義務規定としているところも多い。

第三者評価とは，学校とその設置者が実施者となり，学校運営に関する外部の専門家を中心とした評価者が行う評価である。自己評価や学校関係者評価の実施状況も踏まえ，教育活動その他の学校運営の状況について専門的視点から評価を行う。この第三者評価は，実施者の責任の下，必要と判断された場合に行うもので，法令上に実施の努力義務も明記されていない。しかし，自己評価や学校関係者評価の客観性・妥当性や設置者の指導支援の根拠を担保するためにも，第三者評価の積極的な活用が学校とその設置者には求められる。

ところで，学校評価システムの構築にあたっては，各学校のもつ条件性や長所を明らかにして学校の教育目標や教育課程編成への具体化に活かす視点を提供する視座を保持することが重要な方策となる。そのことによって，次のことが期待される。①「わが校」の教育目標の達成に，どのような校内組織を作るか，どのように役割分担して運営しているかといった透明性の確保を促進させること，②学校のもつ問題点を見出だし，問題構造を解明し，その解決・改善を図るという継続的な学校改善の方向性を示し，学校の提供する教育活動の質的向上を図って学校改善の実行を促すこと，③開かれた学校づくりにとっては，インテリジェンス情報を創出することによって，教職員・保護者・地域住民・教育行政機関等の学校関係者間における「データに基づく対話」を可能にして，たとえば，子どもの教育に関する家庭・学校・地域間の関係の在り方等三者に共有されるべき意思の形成や行政への支援要求の根拠となること等である。

3　学校評価システムの実働課題

一般的に評価の機能をめぐって，①各学校や各学年等の教育目標を実現するための教育実践に役立つこと，②「生きる力」の育成に，児童生徒一人ひとりのよさや可能性を積極的に評価し，豊かな自己実現に役立つようにすることといった意義は了解されていると考えられる。さらに学校評価の視点を踏まえるならば，学校や教職員が指導計画や指導方法，教材，学習活動等を振り返り，よりよい指導に役立つようにすることへの意識化が必要である。すなわち，評価と

は，児童生徒のための評価であると同時に，学校や教職員が進める教育活動自体の評価でもあると捉える視点が，学校評価のための前提条件とされる。

そして，学校に「学び」を重視する組織文化を確立し，教職員間に成長的・挑戦的な組織風土を醸成していくことが不可欠である*。学校評価の取り組みを図式的に示せば，学校のもつ強みや問題点を見出だし，とりわけ，問題構造を解明し，その解決・改善を図るといったプロセスからなる。したがって，自らの守備範囲で日々の実践をこなせれば良いといった組織文化に支配された学校や，問題を問題と捉えられない教職員集団で構成された学校，あるいは，認識された問題を学校組織の課題としてコミュニケーション過程に上げることのできない硬直した組織風土に覆われた学校では，学校評価は機能しない。

それゆえ，学校内外から新しいものを取り入れ有効に活用して，学校の教育活動を高めていこうとする成長的な雰囲気，「学び」重視の文化を教職員間に生成することが必要とされる。たとえば，「総合的な学習の時間」の展開にあたって，教職員それぞれのもち味(専門性)が生かされ，その取り組みの過程や成果をめぐって自由闊達に論議できることが必要とされる。そして，教職員一人ひとりが，学校としての明確な教育方針の下に組織的・一体的な教育活動を展開する担い手として，学校の組織的な取り組みを代表する存在であることが必要である。それを体現していくためには，学校内部を開き，学校内外の情報を共有して，学校管理職のリーダーシップの下，教職員が一丸となって教育活動に取り組む「チームとしての学校」であることが必要とされる。

また，継続的な改善を導く評価システムとして，「子どもはどう変わったか。そのために学校として何をしたか」の視点を評価指標に保持し，「課題意識をもって評価せざるをえない」状況を創出するものであることが必要である。そして，学校のもつ条件性を活かし長所に焦点化して教育活動を見直し，学校や地域等の実態を踏まえ，自校の学習活動に何を優先的に取り入れるのかを検討するのである。そうした検討を通じて，学校のビジョン構築，そのための重点的な取組目標の設定や具体的な年間の教育活動計画と結んだ学校評価システムに進化することが重要である。

---

* 組織風土とは，人間関係や仕事への取り組みによって醸成される雰囲気を，また組織文化とは，成員間に共有される支配的な価値や信念や規範の総体を指す。

4 学校評価システムと特色ある開かれた学校づくりのプロセス

今日求められる学校経営の営みをめぐって，学校評価システムを構築・実働させて，「チームとしての学校」「地域とともにある学校」として「特色ある開かれた学校づくり」を進めるプロセスを素描して，本章のまとめとしたい。

第一は，学校のもつ条件性の自己点検・評価を出発点に，学校のもつ条件性に対する肯定的な関心から，学校のもつ長所としての活用を意識化することである。それには，学校評議員の忌憚のない意見が参考にできる。第二に，学校の条件性を活かし，その長所に焦点化して教育活動を見直し，その際，「あれも・これも」は不可能であることを考慮して，自校や地域等の実情を踏まえ，自校の学習活動に何を優先的に取り入れ，卒業生としての「ウリ」として何を期待するのか，できるのかを検討することが重要である。

そのような検討を通じて得られた教育活動を共有するなかで，第三に，学校に「学び」を重視する組織文化を確立し，教職員間に成長的・挑戦的な組織風土を醸成するよう，学校内部を開き，そのための仕組みづくりを継続することである。そのような努力を通じて，教職員一人ひとりが学校としての明確な教育方針の下に組織的・一体的な教育活動を展開する担い手として，学校の組織的な取り組みを代表する存在であることを体現していくことが必要とされる。第四には，学校の目指す教育目標の達成に必要なインテリジェンス情報，たとえば「わが校」の教育目標の達成にどのような校内組織をつくるか，どのように役割分担して運営しているかといった情報を発信していく取り組みを継続し，学校の透明性の確保を図るのである。

そして，学校評価の取り組みを推進して，目指す教育目標の達成や学校改善に忌憚のない意見の交流を図って，教職員・保護者・住民等の学校関係者間のコミュニケーション手段を確立し実働させて，「特色ある開かれた学校」として，その存在価値・社会的認知を確保していくことが重要である。

とりわけ，学校からの情報発信（学校の教育目標，めざす生徒像，年間教育計画等）が大切である。そのことを通じて，「私たちの学校では，○○が大切にされている」ことの共通認識をもつことが可能となる。とくに，学校評価システムを通じて，評価結果および改善案を情報発信し，「私たちの学校は，□□に取り組み△△の結果を得た。課題は○○である。したがって，次には◎◎を大切に，◇◇の

ように取り組む」という明確さを示すことが重要である。

　また，「特色ある開かれた学校づくり」の推進にあたっては，学校が組織として取り組むことが重要である。そこには，「私たちの学校では，教職員一人ひとりが学校の顔である」という誇りが教職員に生まれる契機も見出だせる。教職員一人ひとりが，「特色ある開かれた学校」として明確な教育方針の下に組織的・一体的な教育活動を展開する担い手として，学校の組織的な取り組みを代表する存在であると自覚する契機を与えるからである。

　さらに，学校評価システムを通じて得られた保護者や地域からの情報に，学校にとっての「異質情報」としての大きな価値を見出だす視点も重要である。たとえば，その情報における学校に対する疑問の提出は，校長や教職員に「学校の常識」を疑ってみる契機を与える。また，積極的なアイディアの提供は校長や教職員の「学校への思い・子どもたちへの夢」を膨らませることができる。

　以上のような視点を保持して，学校評価システムで得られた情報を「特色ある開かれた学校づくり」に活かしていくことが，今日の学校経営の営みにあって不可欠なものとして求められている。

引用・参考文献
青木薫（編）　教育経営学（教職科学講座9）　福村出版　1990
岡東壽隆ほか（編）　学校経営重要用語300の基礎知識　明治図書出版　2000
岡東壽隆（監）　教育経営学の視点から教師・組織・地域・実践を考える　北大路書房　2009
児島邦宏　学校経営　安彦忠彦ほか（編）　新版現代学校教育大事典　第一巻　ぎょうせい　2002
日本教育経営学会（編）　シリーズ教育の経営5　教育経営研究の理論と軌跡　玉川大学出版部　2000
林孝　学校と地域との連携における校長のマネジメント　日本教育経営学会紀要　第54号　2012　pp. 35-45

6章　教育課程経営

1節　教育課程の基本

1　学校の教育課程とは

学校教育の核としての教育課程の重要性は論をまたない。一般に、学校教育の「教育課程」とは、「学校教育の目的や目標を達成するために、教育の内容を児童の心身の発達に応じ、授業時数との関連において総合的に組織した学校の教育計画」（文部科学省『小学校学習指導要領解説 総則編』2008年）と説明される。この定義に照らすと、教育課程の基本的要素は「学校の教育目標の設定」「指導内容の組織」「授業時数の配当」に整理される。

2　教育課程の基準と仕組み

各校種の学習指導要領の総則においては、教育課程の編成主体は、児童生徒の直接的な教育活動を担う各学校であることが規定されている（幼稚園についても、幼稚園教育要領総則に同様の規定がある）。ただし、「公の性質を有する」(教育基本法6条1項) 学校において行われる教育は、全国的に一定の教育水準が確保され、国民に同水準の教育を受ける機会を保障することが要請されるため、教育課程の基準の設定、教育課程の管理及び指導・助言等に関する権限を、国・地方公共団体(教育委員会)に認めている。このように、必要な限度での基準設定等の国・地方の教育課程行政を踏まえて、各学校は地域や学校及び児童生徒の実態に即した教育課程を編成する。以上の教育課程行政の枠組みは、教育基本法・学校教育法・地方教育行政の組織及び運営に関する法律(以下、地方教育行政法)等の国会制定法、文部科学大臣が発する省令・告示(学校教育法施行規則、学習指導要領等)、教育委員会が定める教育委員会規則(学校管理規則等)の法令によって根拠づけられている（図6-1参照）。

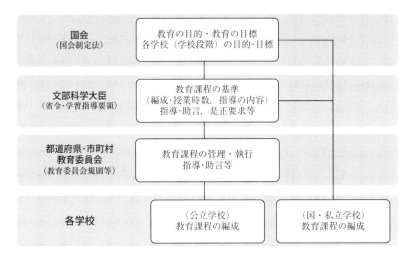

図6-1　教育課程行政と教育課程の基準
（窪田眞二・小川友次著『平成28年度教育法規便覧』学陽書房，2016を参照して作成）

2節　教育課程に関する法制

1　教育の目的・目標

　教育基本法(2006年全面改正)1条及び2条は，学校教育を含む教育の根本的な目的と，これを実現するために達成されるべき教育の目標について規定している。すなわち1条では「教育は，人格の完成を目指し，平和で民主的な国家及び社会の形成者として必要な資質を備えた心身ともに健康な国民の育成を期して行われなければならない」との条文で「教育の目的」を定め，2条はこれに基づく「教育の目標」として，今日重要と考えられる事柄(資質・態度)を5号（知・徳・体の調和のとれた発達（第1号）を基本としつつ，個人の自立（第2号），他者や社会との関係（第3号），自然や環境との関係（第4号），日本の伝統や文化を基盤として国際社会を生きる日本人（第5号），の観点）にわたり規定している。これらと同法5条2項「義務教育の目的」が学校教育の教育課程の基盤となる。

　以上の教育基本法の規定に基づき，学校教育法においては，学校種ごとに当該校種の教育目的・教育目標が定められている（教育目的については22条，29条，

45条, 49条の2, 50条, 63条, 72条, 教育目標については23条, 30条, 46条, 49条の3, 51条, 64条)。この場合重要となるのは, 2007年の学校教育法改正に際して, 同法21条に義務教育の目標(全10項)が新設され, 教育基本法5条2項「義務教育の目的」とあわせて, 学校種ごとの教育目的・教育目標の規定と関連付けられている点と言える。

義務教育の目標規定では, 義務教育段階の学校教育で育成する資質能力の到達目標が, 教科等の教育内容の大枠を示す形で定められており, 学習指導要領における各教科等の教育内容に反映されている。各地方自治体・学校には, これらの規定を踏まえつつ, 地域・学校の実態や児童生徒の特性等も考慮して, 当該地方自治体・学校の具体的な教育目標を設定することが求められる。

2 教育課程の基準

(1) 指導内容の組織・標準授業時数

学校教育法(33条, 48条, 49条の7, 52条, 68条, 77条)においては, 学校の教育課程に関する事項は文部科学大臣が定めることが規定されている。これに基づき, 文部科学大臣は, 学校教育において体系的・組織的な教育が展開されるために必要となる教育課程の基準を設定する。

文部科学省令である学校教育法施行規則においては, 学校種ごとに教育課程の領域構成が示されている。例えば, 同施行規則50条は, 小学校における教育課程を「国語, 社会, 算数, 理科, 生活, 音楽, 図画工作, 家庭及び体育の各教科, 道徳(2015年3月の学校教育法施行規則一部改正により, 2018年度より「特別の教科 道徳」となる), 外国語活動, 総合的な学習の時間並びに特別活動」によって編成すること, そして72条は, 中学校における教育課程を「国語, 社会, 数学, 理科, 音楽, 美術, 保健体育, 技術・家庭及び外国語の各教科, 道徳(小学校と同様), 総合的な学習の時間並びに特別活動」によって編成することを規定している。また, 高等学校の教育課程(83条)は, 各教科に属する科目(別表第三に掲示), 総合的な学習の時間及び特別活動によって編成, 特別支援学校の教育課程(126～128条)は, 小学校, 中学校, 高等学校に準ずる領域構成に自立活動を加えて編成する(児童生徒が有する障害の種別による別規定あり)ことが定められている。

さらに, 学校教育法施行規則では, 小・中学校において各教科等に充てられ

表6-1　小学校の標準授業時数(学校教育法施行規則　別表第一)

区分			第1学年	第2学年	第3学年	第4学年	第5学年	第6学年
各教科の授業時数		国語	306	315	245	245	175	175
		社会	/	/	70	90	100	105
		算数	136	175	175	175	175	175
		理科	/	/	90	105	105	105
		生活	102	105	/	/	/	/
		音楽	68	70	60	60	50	50
		図画工作	68	70	60	60	50	50
		家庭	/	/	/	/	60	55
		体育	102	105	105	105	90	90
道徳の授業時数			34	35	35	35	35	35
外国語活動の授業時数			/	/	/	/	35	35
総合的な学習の時間の授業時数			/	/	70	70	70	70
特別活動の授業時数			34	35	35	35	35	35
総授業時数			850	910	945	980	980	980

表6-2　中学校の標準授業時数(学校教育法施行規則　別表第二)

区分			第1学年	第2学年	第3学年
各教科の授業時数		国語	140	140	105
		社会	105	105	140
		数学	140	105	140
		理科	105	140	140
		音楽	45	35	35
		美術	45	35	35
		保健体育	105	105	105
		技術・家庭	70	70	35
		外国語	140	140	140
道徳の授業時数			35	35	35
総合的な学習の時間の授業時数			50	70	70
特別活動の授業時数			35	35	35
総授業時数			1,015	1,015	1,015

る時間数及び年間の総授業時間数の標準(標準授業時数)が定められている(表6-1, 6-2)。学習指導要領総則では，授業を年間35週(小学校第1学年は34週)以上にわたって行うことが定められており，各学年の教科等の授業時数をこの週数で除したものが，週当たり授業時数の目安となる。各学校においては標準授業時数と学習指導要領総則等で定める取り扱いを踏まえ，地域・学校・児童の実態や各教科等の特質に応じて適切に授業時数を配当する必要がある(なお，義務教育学校や中等教育学校をはじめ校種間一貫教育を行う学校には，小・中学校と同様の標準授業時数が設定されているが，授業時数配当について文部科学大臣が定める特例(小中一貫教

科の設定等) があわせて適用される)。

(2) 学習指導要領

　学校の教育課程については，以上のほか，学校教育法施行規則(52条,74条,79条の6,84条,108条,129条)により文部科学大臣が教育課程の基準として公示する「学習指導要領」(幼稚園については，学校教育法施行規則38条に定める「幼稚園教育要領」)によることとなっている。学習指導要領とは，全国どの地域においても国民が一定水準の教育を受けられるように，各学校が編成する教育課程の基準として，各教科等の目標や大まかな教育内容を定めたものである(幼稚園・小学校・中学校・高等学校・特別支援学校の学校種別で作成される)。図6-2は，小学校学習指導要領(2008年改訂)の構成を示したものである。

　学習指導要領は，戦後新教育発足期の1947年に「試案」として初めて作成されたが，1958年改訂より文部(科学)大臣による官報告示の形式で公示されるようになった。以来，社会や子どもをめぐる状況変化に対応しておよそ10年周期で改訂されている。現在の体制では，学習指導要領は①文部科学大臣の中央教育審議会(以下，中教審)への諮問，②中教審初等中等教育分科会教育課程部会における内容審議とまとめ，③中教審による審議結果の文部科学大臣への答申，④中教審答申を踏まえた学習指導要領等公示，の流れで改訂される(この過程は，文部科学省初等中等教育局教育課程課や国立教育政策研究所教育課程研究センター等からの資料提供等を踏まえて進められる)。

　以上のように，学習指導要領は，学校教育法及び同法施行規則に基づく文部科学大臣の公示(官報告示)の形式を採ることから，行政解釈としては法的拘束力を有するとされている。現在までの裁判例においても，学習指導要領が必要かつ合理的な大綱的基準として法的効力を有することが認められている(最判平2・1・18)。そして，学習指導要領の基準性の内実については，国民として共通に身につけるべき教育内容(各学校で最低限取り扱わなければならない内容)としての「最低基準」との位置づけ(学校において必要がある場合，学習指導要領に示していない内容を加えて指導することもできること)が，2003年学習指導要領一部改正以降明確化されている。

　なお，学校教育法施行規則では，教育課程編成の特例規定も定められている。小学校の場合，私立学校における宗教教育(50条2項)，研究開発学校・教育課程

下線は，中学校学習指導要領には示されていない観点

第1章 総　　　則
教育課程の編成，実施について 各教科等にわたる通則的事項を規定

第2章 各　教　科
各教科等ごとに，目標，内容，内容の取扱いを規定
第1節 国　　語　　第6節 音　　楽 第2節 社　　会　　第7節 図画工作 第3節 算　　数　　第8節 家　　庭 第4節 理　　科　　第9節 体　　育 第5節 生　　活

第3章 特別な教科　道徳＊

第4章 外 国 語 教 育

第5章 総合的な学習の時間

第6章 特 別 活 動

＊ 平成30年度より

第1　教育課程編成の一般方針
　・教育基本法，学校教育法等に示された教育の目的，目標
　・学力の3要素，言語活動の充実，児童の学習習慣の確立
　・道徳教育・体育・健康に関する指導
第2　内容の取扱いに関する共通的事項
　・発展的内容の指導と留意点　・指導の順序の工夫
　・学年の目標及び内容の示し方　・複式学級
第3　授業時数の取扱い
　・年間の授業日数（週数）
　・児童会活動，<u>クラブ活動</u>，学校行事
　・1単位時間の適切な設定
　・創意工夫を生かした弾力的な時間割
　・総合的な学習の時間による特別活動（学校行事）への振り替え
第4　指導計画の作成等に当たって配慮すべき事項
　1　学校の創意工夫を生かし，調和の取れた具体的な指導計画
　　・各教科，各学年間の相互の関連，系統的・発展的指導
　　・<u>2学年を見通した指導</u>
　　・まとめ方や重点の置き方に工夫した効果的な指導
　　・<u>合科的・関連的な指導</u>
　2　その他の配慮
　　・言語活動の充実
　　・体験的な学習，問題解決的な学習，自主的・自発的な学習
　　・学級経営の充実，生徒指導の充実
　　・児童が見通しを立てたり振り返ったりする活動
　　・学習課題の選択や自らの将来について考える機会
　　・個に応じた指導の充実　・障害のある児童への指導
　　・海外から帰国した児童等への適切な指導
　　・コンピュータ等の情報手段の活用，視聴覚教材等の活用
　　・学校図書館の計画的な利用，読書活動の充実
　　・評価による指導の改善，学習意欲の向上
　　・家庭や地域との連携，学校間の連携や交流，障害のある幼児児童生徒との交流及び共同学習，高齢者などとの交流の機会

図6-2　小学校学習指導要領（2008年3月改訂）の構成
（中央教育審議会初等中等教育分科会教育課程部会小学校部会配付資料
「小学校の教育課程に関する基礎資料」2016年2月22日）

特例校における教育課程編成 (55条, 55条の2), 不登校児童生徒を対象とした教育課程編成 (56条), 日本語教育 (56条の2), 特別支援教育 (138条, 140条), 一部各教科の合科 (53条) 等と関わる教育課程編成について示している (中学校は79条, 138条, 140条, 高等学校は85条, 85条の2, 86条に同様の規定)。

3節　教育課程行政

1　教育課程行政の枠組み

　戦後日本の教育行政は, 法律に特段の定めのある場合を除き, 地方自治の原則に立って国と地方がそれぞれ役割分担・協力し, 指揮監督による権力的な作用よりは指導・助言・援助による非権力的な作用を重視して地方の主体的活動を促進する指導行政を基本としてきた。教育課程に関する行政も, この枠組みにおいて展開されている。

　前節までに見てきたように, 全国的に一定水準の教育機会を確保する観点から, 文部科学大臣には教育課程の基準設定の権限が設けられ, 国レベルの教育課程基準としての学習指導要領を作成・公示する。しかし, 公示(告示)後における各地方・学校での教育課程の編成・実施に対しては, 文部科学大臣・文部科学省は原則的に直接指示命令する権限を持たない。文部科学省は, 地方教育行政法48条に基づき, 新たな教育課程の趣旨の周知等を行う説明会・協議会の開催, 同省著作「学習指導要領 解説」(学習指導要領の記述の意味や解釈などを説明)や教育課程実施に伴い必要となる補助教材等の作成(・配付)等を通じて, 学習指導要領の定着に向けた指導・助言・援助を行っている。地方教育行政法は, 以上のほか, 文部科学大臣に対して是正の要求(49条), 指示(50条), 調査(53条), 資料及び報告(54条)等について定めているが, それらの関与は法律上限定されている。なお, 同法は, 都道府県教育委員会の市町村教育委員会(主に義務教育諸学校を所管)への指導・助言・援助, 調査, 資料及び報告等についても同様に定めており, 都道府県教育委員会は, 市町村教育委員会に対して, 教育事務所等を通じた指導助言や連絡調整, 指導資料・手引きの作成等の指導行政を展開している。

　学校を設置管理する教育委員会は, 地方教育行政法21条5号により教育課程の事務に関する事項の権限を有する。また, 法令上, 教育委員会には後述の教科

書・補助教材に関わる権限,学期日・長期休業日の設定の権限が定められている。学校を設置する教育委員会は,教育委員会規則に各学校における教育課程編成の手続き(届け出・報告等)を定めるとともに,参考資料等の作成・配付,(教育課程に関する)説明会・研修会の実施や学校訪問を通じた指導・助言・援助,あるいは自治体レベルでの特色ある教育課程の開発などを通じて,学校での教育課程編成・実施に関与する。

2 教科書行政

(1) 教科書の検定・採択の仕組み

各学校が教育課程に基づく教育活動を組織的に行う際,教科書は重要な役割を果たす。教科書(教科用図書)とは,法規定上「小学校,中学校,義務教育学校,高等学校,中等教育学校及びこれらに準ずる学校において,教育課程の構成に応じて組織排列された教科の主たる教材として,教授の用に供せられる児童又は生徒用図書であって,文部科学大臣の検定を経たもの又は文部科学省が著作の名義を有するもの」と定義される(教科書の発行に関する臨時措置法2条)。学校教育法(34条1項,49条,49条の8,62条,70条,82条)は,学校における教科書の使用義務を定めるとともに,教科書制度の基本として検定・採択の手続きを定めている。この一連の過程も教育課程行政の重要な一部をなす(図6-3)。

教科書の検定とは,民間で著作・編集された図書について,文部科学大臣が教科書として適切か否かを審査することである。検定手続きの概要は次のとおりである。①文部科学大臣は検定の申請を行うことのできる教科用図書の種目及び期間を事前(前年度)に告示する。②発行者から検定申請があった図書に対しては,文部科学省教科書調査官による調査が開始されるとともに,文部科学大臣の諮問機関である教用図書検定調査審議会に教科書としての適切性について諮問される。③審議会は文部科学大臣が公示した検定基準に基づいて専門

| 1年目 著作・編集 (教科書発行者) | 2年目 検定 (文部科学大臣) | 3年目 採択 (採択権者) | 製造供給 (発行者・供給業者) | 4年目 使用 (児童生徒) |

図6-3 教科書検定・採択の基本的な流れ
(文部科学省ホームページ「教科書制度の概要」)

的・学術的な審議を行い，適否の判定を文部科学大臣に答申する。④文部科学大臣は答申に基づき合否の決定を行い，その旨を申請者に通知する（審議会が，必要な修正を行った後に再度審査を行うことが適当と認める場合は，合否の決定を留保して検定意見を通知し，申請者の修正・審議会の再審査が行われる）。

通常，検定済教科書は1つの教科につき数種類作成されるため，各学校で使用される教科書は1種類選択されることとなる。この決定を採択という。教科書の採択の権限は，公立学校については所管する教育委員会，国立・私立学校については当該学校の校長にある（地方教育行政法21条6号，教科書の発行に関する臨時措置法7条1項）。ただし，市町村立の義務教育諸学校の場合，都道府県教育委員会が市町村の区域又はこれらの区域を併せて設定した教科用図書採択地区ごとに，市町村教育委員会は協議して同一の教科用図書を採択する「広域採択制」が採用されている（義務教育諸学校の教科用図書の無償措置に関する法律12条）。この場合，都道府県教育委員会は，教科用図書選定審議会を設置し，この審議会の調査・研究結果を基にした選定資料を作成する等により，採択権者（市町村教育委員会及び国立・私立学校校長）に指導・助言・援助を行わねばならないことが定められている（同法10条）。

教科書が採択されると，教科書の需要数が文部科学大臣に報告され，この需要数の集計結果に基づき発行者に教科書の発行部数が指示され，学校に教科書が供給されることになる。なお，義務教育諸学校（小・中学校，義務教育学校，中等教育学校の前期課程及び特別支援学校の小・中学部）で使用される教科書については，全児童生徒に対し，国の負担によって無償で給与される。

(2) 補助教材の使用

小学校等には教科書の使用義務が課されているが，これは教科の授業での教材として教科書しか用いることができないことを示すものではない。学校教育法34条2項は，「前項の教科用図書以外の図書その他の教材で，有益適切なものは，これを使用することができる」と定めており，主たる教材たる教科書を補充する補助教材の使用を，「有益適切」である限りにおいて認めている。この教材の選定・使用については，地方教育行政法33条2項に「教育委員会は，学校における教科書以外の教材の使用について，あらかじめ，教育委員会に届け出させ，又は教育委員会の承認を受けさせることとする定を設けるものとする」規定が

あり，教育委員会規則等での一定の規制が設けられている。その規制の下で，各学校に選定・使用についての判断が委ねられることになる。補助教材の使用については，著作権法35条1項等の著作権関連規定に留意することも重要となる。

3　教育課程行政の今日的動向

　以上のように教育課程行政の基本的枠組みについて概観してきたが，この枠組みは2000年代以降の教育改革が進展するなかで新たな状況を迎えつつある。教育課程行政をめぐる今日的動向のポイントは，以下の2点に整理できる。

　第一は，現場レベルの裁量拡大に基づく「（地域の実情に応じた）特色ある教育課程編成」の指向である。戦後の日本では，地方自治の本旨を踏まえつつ国・地方の役割分担・連携による教育行政が展開され，教育の機会均等や全国的な教育水準の維持向上が図られてきた。しかし，その制度運用においては，国や都道府県の関与が些末な部分にまで及び地方の主体的な施策展開を妨げているとの課題意識が持たれるようになった。1990年代以降，社会状況の変化や育成すべき資質・力量観の転換（自ら学び考える力などの「生きる力」の提唱）が意識される中で，規制緩和と地方・学校の裁量拡大による現場レベルでの創意工夫を活かした教育課程の推進が施策化された。

　その方向性は，1998年学習指導要領改訂（「総合的な学習の時間」導入，授業の単位時間の運用弾力化等），1999年地方教育行政法等改正（教育長任命承認制度や市町村立学校に関する都道府県の基準設定権の廃止等），2002年構造改革特別区域法制定（特区研究開発学校制度。2008年以降，現行の教育課程特例校制度に改編）などで施策化され，各学校・自治体の独自の教育課程の開発を促進した。これと関わり文部科学省サイドも，2000年代半ば以降，国が全国的な目標設定とその実現のための基盤整備のインプットを担い，プロセスは地方や学校が主体性と創意工夫によって担うとする，国・地方の役割分担の新たな構造を示してきた。

　第二は，「評価・改善を通じた教育の質保障」の指向である。2000年前後より学力低下への社会的関心も高まるなか，国・地方の役割分担の見直しと国民への教育の質の保障を両立する枠組みの構築が求められた。これに対して文部科学省は，2001年の省庁再編以降，学習指導要領の常時点検のための機構改革（中教審・文部科学省・国立教育政策研究所の連携による，データに基づく調査審議）を進め

るとともに，2007年には文部科学省が全国学力・学習状況調査を開始した（また，同年の学校教育法・地方教育行政法改正により学校評価制度及び教育行政事務の点検・評価制度が導入された）。これらにより，国・地方の各レベルにおける，教育の成果（アウトカム）の評価・改善サイクルの確立が期待されることとなった。

4節　各学校での教育課程経営（カリキュラム・マネジメント）

1　各学校での教育課程経営

以上にみた教育課程の基準に基づき，各学校は教育課程を編成し，児童生徒への具体的な学習指導（児童生徒の具体的な学び）を展開する。

学習指導要領の総則には，「各学校においては，教育基本法及び学校教育法その他の法令並びにこの章以下に示すところに従い，児童の人間として調和のとれた育成を目指し，地域や学校の実態及び児童の心身の発達の段階や特性を十分考慮して，適切な教育課程を編成するものとし，これらに掲げる目標を達成するよう教育を行うものとする」（2008年改訂小学校学習指導要領）と，各学校が教育課程の編成主体であること（教育課程編成権の所在）を明示している。

これに基づき各学校では，校長のリーダーシップのもとすべての教職員が連携・協力して，当該校において体系性・組織性を備えた教育課程を編成することになる。具体的には，当該学校における教育目標・各教科等の指導の重点・各教科等の時数等（学校行事等の時数を含む）を定めた学校レベルの教育課程の計画を策定する（公立学校の場合，所管する教育委員会が定めた様式で所定の時期までに届出等を行う）。この教育課程の計画は，各教科・道徳・外国語活動・総合的な学習の時間・特別活動（その他キャリア教育や安全教育・食育等）のそれぞれについての，学年・教科・学級のレベルに落とし込んだ具体的な指導計画（指導目標・指導内容・指導時間の配当・指導方法・使用教材を盛り込んだ年間指導計画）に連なっている。

また，各学校においては，教育課程の編成・実施管理に関わる校内組織体制（校務分掌・委員会等）を設定し，計画された教育課程が適切に実施されているか管理するとともに，定期的に評価を行う。

各学校の教育課程編成においては，①学習指導要領や法令基準・教育委員会の教育方針を踏まえつつ，それぞれの学校や児童生徒の実情も十分に考慮する

こと，②教育内容の領域・範囲（scope），教育内容の順序・系列（sequence）について，児童生徒の発達段階との整合を考慮すること，③学校の権限・責任事項（授業終始時刻設定等法令で定められたものや教育委員会規則で学校に委ねられたもの）を適切に運用することが留意されねばならない。

このような学校レベルにおける教育課程の編成・実施・評価の過程とこれを支えるしくみが，各学校での教育課程経営と捉えられる。

2 カリキュラム・マネジメントの要請

各学校においては，以上の考え方に基づいて教育課程の編成・実施が行われてきたが，国等の規制作用が相対的に強かった過去の教育課程行政のもとでは，学校現場において，教育課程を「時程表で配分された教科時数」「行政に提出する年間指導計画等の公文書」という意味での計画に矮小化してイメージする傾向や，地域や学校の実情や児童生徒の実態や特性への考慮を欠いて教育課程が編成・実施される傾向もみられた。

これに対して，2016年現在進められている次期学習指導要領の改訂作業（中教審初等中等教育分科会教育課程部会「次期学習指導要領等に向けたこれまでの審議のまとめ（報告）」2016年8月26日。以下，中教審部会報告）では，従来の教育課程の編成・実施実態からの転換を図る「カリキュラム・マネジメント」の考え方が示されている（図6-4）。中教審部会報告は，生産年齢人口の減少やグローバル化の進展，人工知能（Artificial Intelligence, AI）の飛躍的な進化等による社会構造の大きな変化を見通して，子どもに育成すべき資質・能力（「生きる力」）を，①生きて働く「知識・技能」の習得，②未知の状況にも対応できる「思考力・判断力・表現力等」の育成，③学びを人生や社会に生かそうとする「学びに向かう力・人間性」の涵養の3要素に再整理している。そして，「何ができるようになるか」（「何を知っているか」からの発展）を意識したうえで，必要な指導内容としての「何を学ぶか」（教科等を学ぶ意義と，教科等間・学校段階のつながりを踏まえた教育課程），学習・指導の改善充実である「どのように学ぶか」（「主体的・対話的で深い学び」の重視）の相互の関連づけを，環境構築の側面を含めて成立させる「教育課程の構造化」の必要性を打ち出している。

以上を背景に，上記の中教審部会報告では，各学校に対して，「学習指導要領

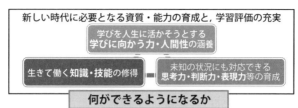

図6-4 学習指導要領改訂の方向性とカリキュラム・マネジメントの要請
（中教審初等中等教育分科会教育課程部会「次期学習指導要領等に向けた
これまでの審議のまとめ（報告）」2016年）

等を受け止めつつ、子供たちの姿や地域の実状等を踏まえて、各学校が設定する学校教育目標を実現するために、学習指導要領等に基づき教育課程を編成し、それを実施・評価し改善していく」（中教審部会報告）、カリキュラム・マネジメントの確立を要請している。この「カリキュラム・マネジメント」の意味内容は、本章で確認した（各学校での）「教育課程経営」とおおむね軌を一にしているが、学習者の経験の総体に着目する「カリキュラム」の考え方を前面に出し、現場に対して「教える側の論理」重視からの意識転換を促していることが分かる。

なお、中教審部会報告では、今後の各学校におけるカリキュラム・マネジメントで留意すべきこととして、①各教科等の教育内容を相互の関係で捉え、学校教育目標を踏まえた教科等横断的な視点で、その目標の達成に必要な教育の内容を組織的に配列していくこと、②教育内容の質の向上に向けて、子供たちの姿や地域の現状等に関する調査や各種データ等に基づき、教育課程を編成し、実施し、評価して改善を図る一連のPDCAサイクルを確立すること、③教育内容と、教育活動に必要な人的・物的資源等を、地域等の外部の資源も含めて活用

しながら効果的に組み合わせること，の3点を提示している。

引用・参考文献
天笠茂（編）　学力を創るカリキュラム経営　ぎょうせい　2011
窪田眞二・小川友次（著）　平成28年度 教育法規便覧　学陽書房　2016
篠原清昭（編）　教育のための法学　ミネルヴァ書房　2013
篠原清昭（編）　スクールマネジメント　ミネルヴァ書房　2006
中央教育審議会初等中等教育分科会教育課程部会（報告）　次期学習指導要領等に向けた
　　これまでの審議のまとめについて（2016年8月26日）
中留武昭（編）　カリキュラムマネジメントの定着過程　教育開発研究所　2005
文部科学省（著）　小学校学習指導要領解説　総則編（2008年6月）

7章　教職員の職務・服務と教員評価

1節　教職員の職務

1　既存職の職務内容

　一般に，教職員というと日々の授業を直接担当する教員を指して使用される場合が多いが，厳密には，それらの教員（職位としては「教諭」や「助教諭」）以外にも，「養護教諭」「栄養教諭」「事務職員」等の専門スタッフや「校長」「教頭」といった学校管理職等も含まれており，その種類は多く，職務内容も多岐に及ぶ。本節では，主要な教職員の職務を中心にその内容を整理しておきたい。

　まず，もっとも主流を占める学級担任等の「教諭」の職務は，「児童（生徒・幼児）の教育（保育）をつかさどる」ことである（学校教育法〔以下，学校法〕27条9項，37条11項，49条，62条，70条，82条）。「教育をつかさどる」の解釈をめぐっては，これを限定的にとらえ「児童と具体的に接する活動（いわゆる「教育活動」）」のみを指し，それ以外の職務は「校務」であって，教諭の責任ではないという考えもある。この考えの背後には，教諭が本来処理すべきではない校務に従事させられている事実が一部あるからである。しかし，一般的な解釈に基づくならば，「教育活動」が教諭の職務の中核的ないしは主たる事項であることは間違いないものの，それ以外の職務の中にも「教育活動」と密接不可分で，それを行う責任が教諭にあるとみることが至当な実態も存在しており，教諭の職務内容をめぐっては，その整理が必要であろう（田原迫，1994）。

　また，この「教育をつかさどる」規定を根拠として，教員の教育権を主張する学説が存在する。しかし，これは，生存権等の基本的人権を行使するために必要な権利としてもっとも尊重されねばならない子どもの学習権を保障するための，責任をともなう権利と解すべきであり，無制限ではない。もちろん，教員免許状を保有した教育専門家たる教員の主体的活動が可能な限り尊重されるべきことはいうまでもなく，それゆえに教員としての強い使命感や教育愛，高い専門性に裏打ちされた力量が求められていることも同時に忘れてはならない。

「教諭」以外の教職員の職務としては、「校長(園長)」は「校務(園務)をつかさどり、所属職員を監督する」とされ(学校法27条4項、37条4項、49条、62条、70条、82条)、学校(園)の統括責任者としての掌理・監督権が規定されている。また、「教頭」は「校長を助け、校務を整理し、必要に応じて教育を行うとともに、校長に事故があるときは校長の職務を代理し、校長が欠けた時は校長の職務を行う」ものとされている(学校法27条6項、37条7項・8項、49条、62条、70条、82条)。つまり、教頭には、校長を補佐する役割(校長「補佐」権)にとどまらず、校務を整理する役割(校務「整理」権)や校長の「代理」「代行」権が付与され、さらに必要な場合、一般教員の主たる職務である直接的な教育活動に従事することまでが求められているわけである。なお、校務「整理」権とは、一般に、校務の調整に関する権限を意味するものとされ、「校務全般を企画、調整、組織化し、教職員への指導助言を行うこと」である。このようなことから、「教頭」は学校の中でもっとも多忙な職であり、隙間産業的な職務の実態も報告されている。

これら管理職以外にも、「養護教諭」は「児童の養護をつかさどり」、「養護助教諭」は「その職務を助ける」こと、「栄養教諭」は「児童の栄養の指導及び管理をつかさどる」こと、「助教諭」は「教諭の職務を助け」、「講師」は「教諭または助教諭に準ずる職務に従事」し、「事務職員」は「事務に従事する」こと等がそれぞれ規定されている(学校法37条12～17項、49条、62条、70条、82条)。

なお、「教務主任」や「学年主任」といった主任職は、以前より学校の内部組織上の職名として設けられていたが、1975(昭和50)年の法改正によって制度化され、前者は「校長の監督を受け、教育計画の立案その他の教務に関する事項について連絡調整及び指導、助言に当たる」ことが、後者は「校長の監督を受け、当該学年の教育活動に関する事項について連絡調整及び指導、助言に当たる」ことがその職務として規定されるようになった(学校教育法施行規則44条4項・5項、79条、104条、113条、135条)。この規定からも明らかなように、主任の職はあくまで指導職であり、校長や教頭のような管理職ではなく、職務命令権の発動も想定されていない。そのため、学校組織は、校長と教頭というわずか2名の管理職がその他大勢の教職員を一括管理監督する「鍋蓋型」の組織と批判され、学校経営上の課題が以前から指摘されていた。

2 新設職の職務内容

　上述のような「鍋蓋型」組織の問題点を改善するために，2006 (平成18) 年の改正教育基本法の成立に連動した2007 (平成19) 年6月の学校法の大幅改正にともなって，各学校 (園) に「副校長 (副園長)」「主幹教諭」「指導教諭」という新たな職を置くことができるようになり，「ピラミッド型」の組織構造を通して学校における組織運営体制や指導体制の確立・充実が図られることとなった。改正された学校法によると，「副校長」は「校長を助け，命を受けて校務をつかさどる」と規定されるとともに，前述の「教頭」に関する規定と同様に「校長に事故があるときは校長の職務を代理し，校長が欠けた時は校長の職務を行う」ものとされている (学校法27条5項，37条5項・6項，49条，62条，70条，82条)。本規定を受けて，「教頭」に関する規定も副校長を置く学校に関しては，「校長及び副校長を助け」と改められ (学校法27条6項，37条7項，49条，62条，70条，82条)，副校長職は教頭の上席職であることが明示された。同様に，「主幹教諭」は「校長 (副校長を置く学校にあっては校長及び副校長) 及び教頭を助け，命を受けて校務の一部を整理し，並びに児童 (生徒・幼児) の教育 (保育) をつかさどる」と規定され (学校法27条7項，37条9項，49条，62条，70条，82条)，教頭職の下位に位置する中間管理職的な役割が明確化された。また，「指導教諭」は「児童 (生徒・幼児) の教育 (保育) をつかさどり，並びに教諭その他の職員に対して教育指導 (保育) の改善及び充実のために必要な指導及び助言を行う」と規定され (学校法27条8項，37条10項，49条，62条，70条，82条)，管理職ではないものの，教諭等に対する指導職として明確に位置づけられることによって，学校組織内の階層化がより一層鮮明となった。

　なお，「校長」や「教頭」は必置職であるが，このたび新設された「副校長」「主幹教諭」「指導教諭」は，前述の規定内容からも明らかなように，あくまで任意設置 (「置くことができる」規定) (学校法27条2項，37条2項，49条，62条，70条，82条) であり，すべての学校に必置しなければならないわけではない。あわせて，前述の「教務主任」「学年主任」は，2007 (平成19) 年の学校法改正以前は「教諭をもって，これに充てる」とされていたが，改正後は「指導教諭又は教諭をもって，これに充てる」ことに変更された。ただし，「主幹教諭」がこれら主任の担当する校務を整理する場合は，これら主任職を置かないことができるようになっており (学校教育法施行規則44条2項・3項，79条，104条，113条，135条)，任意設置を考慮して設

表7-1　教職員等の職務内容一覧

職　名	職務内容	根拠規定
校長	校務をつかさどり，所属職員を監督する	学校法27条4項 学校法37条4項
副校長	校長を助け，命を受けて校務をつかさどる	学校法27条5項 学校法37条5項
教頭	校長（副校長を置く場合，校長及び副校長）を助け，校務を整理し，及び必要に応じ児童の教育をつかさどる	学校法27条6項 学校法37条7項
主幹教諭	校長（副校長を置く場合，校長及び副校長）及び教頭を助け，命を受けて校務の一部を整理し，並びに児童の教育をつかさどる	学校法27条7項 学校法37条9項
指導教諭	児童の教育をつかさどり，並びに教諭その他の職員に対して教育指導の改善及び充実のために必要な指導及び助言を行う	学校法27条8項 学校法37条10項
教諭	児童の教育をつかさどる	学校法27条9項 学校法37条11項
養護教諭	児童の養護をつかさどる	学校法37条12項
栄養教諭	児童の栄養の指導及び管理をつかさどる	学校法37条13項
事務職員	事務に従事する	学校法37条14項
助教諭	教諭の職務を助ける	学校法37条15項
講師	教諭及び助教諭に準ずる職務に従事する	学校法37条16項
養護助教諭	養護教諭の職務を助ける	学校法37条17項
実習助手	実験又は実習について，教諭の職務を助ける	学校法60条4項
技術職員	技術に従事する	学校法60条6項
寄宿舎指導員	寄宿舎における幼児，児童又は生徒の日常生活上の世話及び生活指導に従事する	学校法79条
司書教諭	学校図書館の専門的職務を掌る	学校図書館法5条
学校医	学校における保健管理に関する専門的事項に関し，技術及び指導に従事する	学校保健安全法23条
学校歯科医	同上	同条2項
学校薬剤師	同上	同条2項
学校評議員	校長の求めに応じ，学校運営に関し意見を述べることができる	学校教育法施行規則49条
学校運営協議会委員	教育課程の編成その他教育委員会規則で定める事項に関する基本的な方針について承認するとともに，学校の運営に関する事項については教育委員会または校長に，職員の採用その他の任用に関する事項については任命権者に，それぞれ意見を述べることができる	地方教育行政の組織及び運営に関する法律47条の5

※幼稚園の場合：「校長」を「園長」，「校務」を「園務」，「児童」を「幼児」，「教育」を「保育」と読み替え

置状況に応じた柔軟な対応が可能になっている。

なお，これらの主要な教職員のほか，実習助手や技術職員，寄宿舎指導員といった専門的な職員もいる。さらには学校医や学校歯科医といった非常勤職員の存在もあり，近年では学校改革の一環として，学校評議員や学校運営協議会委員等も配置されるに至っている。それらの職務内容も含めて図表化したものが表7-1である。

2節　教職員の服務

1　服務の根本基準

一般に「服務」とは，「公務員が勤務に服するについての在り方，すなわち被用者としての地位に基づく在り方」を意味する。「服務」については，地方公務員法（以下，地公法）および国家公務員法にその規定があり，当然のことながら，公立学校教職員（教育公務員）にも適用される。このような公務員としての勤務の在り方がなぜ求められるのか。換言すれば，一般の国民にはない特別な義務や行為の制限がなぜ必要なのであろうか。それは，すべての公務員が「全体の奉仕者として公共の利益のために勤務し，かつ，職務の遂行に当たっては，全力をあげてこれに専念しなければならない」存在であるからである（国家公務員法96条，地公法30条）。

もちろん，公務員といえども，国民であり勤労者であるから，憲法上規定された基本的な人権は保障されなければならない。この考えを拡大解釈すれば，市民としての政治的活動の自由や勤労者としての争議権等についても制限すべきではないとの見解も成り立ちうることになる。しかしながら，実際には「公共の利益のために必要と認められる範囲において，基本的人権に対して制限を加えることはやむをえない」とする考え方が一般的であり，その観点から服務規律の解釈はなされている。

なお，私立学校教職員に関しては，各学校法人の就業規則によることになるが，おおむね教育公務員に準じた規則が設けられている場合が通例である。私立学校の教職員といえども，その職務内容の公共性を勘案すれば，ある意味当然であり，教育公務員同様，教職員としての強い使命感や教育愛，高い専門性と

いった資質能力が求められることを傍証しているともいえよう。

2　服務の監督

　上述してきたような服務，すなわち公務員として遵守すべき義務や制限が適正に履行されるよう監督する権限は，一般にはその者を任用する任命権者である。しかしながら，公立小中学校の教職員の場合，任命権者は都道府県教育委員会であるものの，その服務監督権を行使するのは市町村教育委員会となっている(地方教育行政の組織及び運営に関する法律〔以下，地教行法〕37条，43条)。つまり，公立小中学校の教職員は，都道府県によって任用され，その費用で賄われる形をとりながら，実際には市町村において勤務し，当該市町村教育委員会から服務監督されるという複雑な形態をとっているわけである。このような任用形態の教職員を「県費負担教職員」と呼ぶが，任命権者と服務監督権者が分かれているのは，次のような理由によるからである。すなわち，教育の地方自治の原則に基づき，小中学校教職員の勤務する学校は市町村立の学校であり，それら学校を管理するのも市町村教育委員会であるので，彼らの服務監督権が同委員会にあること自体はきわめて合理的である。しかし，都道府県域内には受認し難いほどの人的，財的な市町村間格差があることもまた事実であり，そのため，任命権を都道府県が保有することによって，市町村間の教員待遇の格差を解消するとともに，都道府県全域の人事交流を円滑化し，域内の教育力の平準化を図り，教育の機会均等を確保することが必要であるからである。

　もちろん，各市町村教育委員会の服務監督がバラバラであると，都道府県内の県費負担教職員に関する人事行政の一体化に支障を及ぼすことになる。そのため，「都道府県委員会は，県費負担教職員の任命その他の進退を適切に行うため，市町村委員会の行う県費負担教職員の服務の監督……について，技術的な基準を設けることができる」とし，都道府県教育委員会による一定の関与を認めている(地教行法43条4項)。

3　職務上の服務義務

　服務は，大別すると，職務遂行上において遵守されるべき義務(職務上の服務義務)と職務の内外を問わずに遵守されるべき義務(身分上の服務義務)に分けられ

るが，まずは職務上の服務義務についてみてみよう。

職務上の服務義務は，勤務時間等において職務の遂行に関して遵守すべき義務のことであるから，原則として勤務を離れれば義務づけられる必要はない。具体的な内容としては，「法令等および上司の職務上の命令に従う義務」と「職務に専念する義務」がある。前者は，「職員は，その職務を遂行するに当って，法令，条例，地方公共団体の規則及び地方公共団体の機関の定める規程に従い，且つ，上司の職務上の命令に忠実に従わなければならない」と規定されている（地公法32条）。また，後者は，「職員は，法律又は条例に特別の定めがある場合を除く外，その勤務時間及び職務上の注意力のすべてをその職責遂行のために用い，当該地方公共団体がなすべき責を有する職務にのみ従事しなければならない」と規定されている（地公法35条）。

上司による職務命令の有効要件としては，①権限のある職務上の上司より発せられたものであること，②当該職員の職務の範囲に関する命令であること，③当該職員の職務上の独立を侵すものでないこと，④法律上または事実上，実行可能な命令であること等があり，これらを逸脱した職務命令は無効である。また，通常，身分上の上司と職務上の上司は一致するが，県費負担教職員の場合，身分上の上司は都道府県教育委員会，職務上の上司は市町村教育委員会であり，同時に校長も職務上の上司とされている。職務命令の形式は，文書でも口頭でもよく，通常は校務分掌表等によって，事実上の命令が出されたと解されている。なお，③の職務上の独立性については，裁判官等職務の独立性が保障されている場合に適用されるものであり，教職員については適用外と解されるのが一般的である。

なお，職員は，法律または条例に特別の定めがある場合，上述の職務専念義務が免除されることになっており，これを「職専免」という。職専免の具体的事項としては，休職・停職処分を受けた場合，在籍専従の許可を受けた場合，任命権者の承認を得て教育に関する兼職等に従事する場合，所属長の承認を得て勤務場所を離れて研修を受ける場合等，多くの事項が法定されている。

4　身分上の服務義務

次に，身分上の服務義務であるが，これは公務員としての身分を有する限り

遵守すべき義務であり，勤務時間外といえども適用され，帰宅後はもちろんのこと土曜日，日曜日，休日においても守られなければならない。具体的には，次の5つがある。

第一に「信用失墜行為の禁止」であり，「職員は，その職の信用を傷つけ，又は職員の職全体の不名誉となるような行為をしてはならない」と規定されている（地公法33条）。

第二に「秘密を守る義務」であり，「職員は，職務上知り得た秘密を漏らしてはならない。その職を退いた後も，また，同様とする」と規定されている（地公法34条）。この「守秘義務」に関しては，児童生徒等の個人情報の漏洩等を防止する必要性から，一生涯にわたって義務づけられている点がとくに注目される。

第三に「政治的行為の制限」である。これは，職員の政治的な中立性を保障することによって，地方公共団体の行政の公正な運営を確保するとともに，職員の利益を保護するために設けられたものと解されている。具体的には，①政治的団体に関する勧誘運動，②特定の政治団体または行政機関，または人物や事件を支持，または反対する政治的行為，③政治的行為の要求，そそのかし，あおり等が禁止されている（地公法36条）。この「政治的行為の制限」の一部に関しては，一般の地方公務員の場合，その勤務する地方公共団体の区域外においては制限されない事項があるのに対し，教育公務員の場合は国家公務員の例によるとされ（教育公務員特例法〔以下，教特法〕18条），その規制は国内全域に及ぶことになっている。公教育の政治的中立の重要性，児童生徒への影響を勘案した措置であり，他の地方公務員より厳しい制限が課せられている点をとくに留意しておかなければならない。なお，人事院規則14-7や義務教育諸学校における教育の政治的中立性の確保に関する臨時措置法にも同様に政治的行為の制限に関することが定められている。

第四に「争議行為等の禁止」があげられる。公務員の使用者は，国民・住民であるが，使用者である彼らとは私企業のように利潤配分について争いあう関係にはなく，したがって，公務員の争議行為は法認されていない。具体的な禁止行為としては，「同盟罷業（ストライキ），怠業，その他の争議行為，または怠業的行為」が示されるとともに，そのような行為を企てたり，共謀したり，そそのかしたり，あおったりしてもならないとされ（地公法37条），教育公務員も同様の制約

を受ける。ただし、公務員の団結権は、「職員団体」としては認められている。しかし、「団体協約締結権」は含まれておらず、「書面協定」を結ぶことができるのみである（地公法55条）。そのため、この規定は憲法違反であるとの主張もあり、法廷闘争が展開されてきたが、司法はその主張を認めるには至っていない。ただ、国際的は、組合としての教員団体を認める合意もみられ（教員の地位に関する勧告〔ILO勧告〕）、教職員の権利をめぐる重要な争点であり、課題でもある。

最後に「営利企業等の従事制限」があげられる。一般に、公務員は任命権者の許可がなければ、営利を目的とする私企業を営むこと等は認められない（地公法38条）。ただし、教育公務員の場合、その職務の特殊性から、本務の遂行に支障がないと任命権者（公立小中学校の場合は服務監督権者）が認めるときは、教育に関する他の職または事業、事務に従事することができるようになっている（教特法17条）。

3節　教職員の懲戒と分限

1　懲戒処分

上述のようにさまざまな服務義務のある教職員が、それらの規定に違反した場合、なんらかの処分を受けることになるわけであるが、この処分が懲戒処分である。すなわち、懲戒処分とは、「職員の服務義務違反に対して、公務員法上の責任を追及することであり、公務員関係の規律・秩序を維持する目的で、任命権者が科す制裁処分」である。したがって、懲戒処分は、刑事責任や民事責任とは異なり、公務員の身分を有する者に対してその行政上・道義上の責任を問題とするものであるため、退職・失職等によりその身分が消失した者には懲戒処分を科すことはできないが、反面、懲戒対象となる行為の種類によっては、刑法等を始めとする他の法令による刑罰を併科される場合もある。

当然のことであるが、処分は本人への重大な不利益をともなう行為であるから、慎重かつ公正・公平でなければならず、任命権者の恣意的あるいは独断的な判断によってなされることは許されない。懲戒の対象となる場合は、法律によって規定された①法令義務違反、②職務上の義務違反、③全体の奉仕者としてふさわしくない非行、の場合のみであり、懲戒の種類として、対象事由の内容

や程度により，①戒告(服務義務違反の責任を確認し，戒める処分)，②減給(給与の一定割合を一定期間減じる処分)，③停職(一定期間職務に従事させない処分)，④免職(職員たる地位を失わせる処分)に分かれている(地公法29条)。懲戒処分を発動するか否か，いずれの処分を選択するかは，任命権者の裁量にゆだねられているが，処分の手続きや効果に関しては条例で定めなければならないことになっており(地公法29条4項)，各任命権者においては，懲戒処分の指針等をあらかじめ設け，その基準にそって処分を行っている。近年は，教職員を始め公務員の不祥事(飲酒運転による交通事故やわいせつ事件等)の続発に対する国民の厳しい指弾もあり，厳罰化の傾向にある。

なお，服務監督権者である市町村教育委員会は，任命権者である都道府県教育委員会に対し職員の任免・進退について「内申」する権限を有しているため(地教行法38条)，懲戒処分に関して一定の関与をなし得るものの，同教育委員会が行う「訓告」や「厳重注意」等は，実質的な制裁をともなう懲戒処分ではなく，職員の注意を喚起し業務遂行の改善を求める目的でなされる措置である。

また，任命権者は，懲戒処分を行う場合，その事由を記した説明書を当該職員に交付しなければならず，懲戒処分を受けた職員が処分に不服である場合は，当該処分を了知した日の翌日から60日以内に人事委員会または公平委員会に対して不服申し立てを行うことができる(地公法49条，49条の3)。

2 分限処分

上記の懲戒処分に対して，分限処分とは，「勤務実績，職務遂行，適格性，職制または定数等の問題によって，任命権者が本人の意に反して，降任や免職等の処分を科すこと」である。すなわち，分限処分は，当該職員の道義的な責任を問題とはせず，あくまで公務の能率の維持とその適正な運営の確保のために，公務員がその職責を適正に果たすことができない場合や組織改編によって過員が生じた場合になされる処分である。

分限処分の種類としては，対象事由の内容や程度により，①降任(現に就いている職よりも下位の職に任命すること)，②降給(現行の給料の額よりも低い給料に決定すること)，③休職(公務員としての身分を留保したまま，一時的に職務に従事させないこと)，④免職がある(地公法28条)。また，降任や免職の事由としては，「①勤務の実

績が良くない場合，②心身の故障のため，職務の遂行に支障があり，又はこれに堪えない場合，③前2号に規定する場合のほか，その職に必要な適格性を欠く場合，④職制若しくは定数の改廃又は予算の減少により廃職又は過員を生じた場合」があげられる（地公法28条）。同様に，休職の事由としては，①心身の故障により長期の休養を要する場合，②刑事事件に関して起訴された場合，③条例で定められる場合があり，また，降給の要件も，条例で定められることになっている（地公法28条，27条2項）。

分限処分も，懲戒処分の場合と同様に，処分が本人への重大な不利益をともなう行為であるから慎重かつ公平・公正に行われなければならず，法令に定められた事由に該当しない限りその意に反してなされることはできない（地公法27条2項）。また，分限処分の発動やその処分内容の決定も任命権者の裁量にゆだねられているが，任命権者は該当者に処分事由を書面で示さねばならず，処分を受けた職員は人事委員会または公平委員会に不服申し立てができるほか，それら委員会の裁決に不満足であれば，処分の取り消しを求める行政訴訟を提起することもできる（地公法49条，51条の2）。この点も懲戒処分の場合と同様である。

加えて，上述の分限処分の事由，とくに適格性の欠如に関して，最高裁は「簡単に矯正することのできない持続性を有する素質，能力，性格等に起因」した職務遂行の支障またはその蓋然性がある場合を意味すると判示しており，その軽々な適用にはきわめて慎重である（1973年9月14日）。また，廃職や過員の場合に関しても，合理的な理由を欠いて職制や定数を改廃し分限処分を強行することは，任免権限の濫用であり許されない。公務員の身分保障の観点からある意味当然のことではある。しかし，一方で，それらのことが任命権者による分限処分の適正な実施を逡巡させ，結果的に処分対象となるべき者を過度に擁護してしまっているとの疑念が教職員に対する納税者サイドの不信・不満を増幅させており，後述の「指導力不足教員問題」もこのあたりに起因している。

なお，条件附採用期間中の職員や臨時的任用職員の分限や懲戒の処分も，公正であることが当然求められるが，地公法の分限条項は適用されず，条例で定められることになっており（地公法29条の2），身分保障の観点から正規任用職員と軽重の差がある。

また，外形上分限免職に類似する「失職」は，分限処分ではなく，職員になることができない要件を備えるに至った場合に当然かつ自動的にその職を失うことを意味するものであり，以下のような場合である。①成年被後見人または被保佐人となったとき，②禁固以上の刑に処せられたとき，③日本国憲法または政府を暴力で破壊することを主張する政党等を結成しまたはこれに加入したとき(地公法16条)，④教員免許状の有効期限(教育職員免許法〔以下，免許法〕9条)が満了し失効したとき，である。

4節　教職員評価

1　勤務評定

これまで，教職員の評価といえば，地公法に規定される「勤務成績の評定」いわゆる「勤務評定」のことを意味する場合が通例であった。同法では「任命権者は，職員の執務について定期的に勤務成績の評定を行い，その評定の結果に応じた措置を講じなければならない」と定めている(地公法40条1項)。都道府県立学校教職員は任命権者たる都道府県教育委員会が，県費負担教職員の場合は都道府県教育委員会の計画の下に市町村教育委員会が行うものとされている(地教行法46条)。なお，「結果に応じた措置」とは，評定の如何によって異動，給与，研修，指導等の人事管理に活用することを意味し，一般に人事考課と呼ばれるものである。

地公法の成立当初，教職員の職務を定量的・定型的に評価・測定することはその特殊性からきわめて困難であることを理由に，教職員の勤務評定は事実上行われていなかった。ところが，地教行法が1956年に成立するにともなって，教職員にも勤務評定が実施されるようになった。しかし，上述したような教職員の職務評価の困難性，それにともなう十分な研究や試行の欠如，さらには勤務評定を利用した教職員間の格差づけとそれによる教職員組合運動の弱体化，そして自治体財政の悪化を背景とした人件費総額の抑制といった実施意図に対して，激しい反対闘争が教職員組合を中心に展開され，結果，勤務評定をめぐる問題性が実施者側を含めて広く認識されることとなった。

そのため，勤務評定は，年1回程度校長が他の教職員について，教育長が校長

について形式的に実施するものの，その結果はほとんど人事考課には活用されず，形骸化（けいがい）することになった。換言すれば，これまでの勤務評定に基づく人事考課の実態は，教職員がなんらかの問題（不祥事等）を起こさない限り，横並びであり，昇級等はほぼ平等に実施されるため，学校は校務分掌等実際の職務負担の度合に大きな差があっても，教職員間の処遇にはほとんど差がつかない終身雇用・年功序列の硬直的人事構造をその特徴としていたといえよう。

2　新たな教職員評価

このような形骸化した勤務評定に対して，以前より校内の意欲的かつ有能な教職員からは一部不満の声もあった。しかし，現行の勤務評定制度を抜本的に改革しようとする近年の動向の背景には，国際経済競争の激化にともなう企業経営の転換および終身雇用・年功序列主義の見直し（能力主義的人事管理への移行），さらには国・地方財政の逼迫（ひっぱく）状況とそれに連動した行政改革の進行といった外的要因と，学校教育の低迷・荒廃および教職員の不祥事等に起因した国民の不信・不満の拡大といった内的要因の2つが，学校にもアカウンタビリティ（結果責任）を真剣に求めだしたことが大きく作用しているものと思われる。

具体的に顕在化した動きとしては，1986（昭和61）年から東京都の行政系一般職員に「自己申告制度」と「業績評価制度」が導入されたことから始まった。東京都では，その後，1995（平成7）年から教育管理職へも同様の制度が導入され，2000（平成12）年からは全公立学校教職員へもその対象が拡大され，本格実施に至っている。

一方，国のレベルでは，東京都の取り組みに後押しされる形で，2000（平成12）年12月に「教育改革国民会議」が「教師の意欲や努力が報われ評価される体制づくり」を提言した。これを皮切りに翌年の文部科学省「21世紀教育新生プラン」では「優秀教員表彰制度や特別昇給の実施」が，さらに2002（平成14）年2月の中央教育審議会答申では「信頼される学校づくりのための新しい教員評価システムの導入」が，同年6月の閣議決定でも「早期に新たな教員評価制度を導入すること」が相次いで提言された。これら一連の動向を背景に，文部科学省は2003（平成15）年2月に「教員の評価に関する調査研究」を各都道府県教育委員会等へ委嘱した。前述した東京都の先導的取り組みとこれら国のレベルにおける動向

を受けて，類似の制度が大阪，神奈川，広島，香川等の府県でも本格的に展開され始めた。さらに，2006（平成18）年7月の中央教育審議会答申でも「人事管理及び教員評価の改善・充実」が指摘され，19年度までにほとんどの都道府県や政令市において「新たな教職員評価」制度が実施されるまでになってきている。

「新たな教職員評価」制度自体は，各地方公共団体レベルの規則等で規定され，実施されているため，国の法令レベルにおいて統一的なルールや基準が存在しているわけではない。したがって，各地の制度には，その進捗状況を含め多少の相違はあるものの，東京都の「教職員人事考課制度」に典型的にみられるように，同制度は「自己申告に基づく目標管理」と「業績評価」の二本柱で構成され，被評価者の「能力開発」「人材育成」を主眼として標榜している点が最大の特徴である。もちろん，同制度には「人事上の処遇」といったもう1つの目的が本質的に内包されていることは忘れてはならないが，あくまで被評価者への支援的スタンスに立った「能力開発」「人材育成」的な評価制度であることがこれまでの勤務評定とは大きく異なる点である。

たとえば，広島県の「自己申告に基づく目標管理」では，まず年度当初，教職員は，所属学校の経営目標等を踏まえて自己目標を設定し，校長等との面談を通じて自己目標が正式決定される。目標決定後，各教職員はその達成に向けて，職務を遂行するが，この間，校長等は，目標達成に資する適切な指導・助言を行うために，教諭に対しては授業観察を行い，その他の職員に対しても観察・指導記録等を作成し，日常の勤務状況を把握するよう努めなければならない。そして，年度の中間期に，教職員は，目標の進捗状況を自己評価し中間申告を行う。校長等は，それに基づき教職員との面談を実施，その際，各教職員の進捗度を把握するとともに個人および組織の目標達成に向けた指導・助言を行う。また，必要に応じ，目標や取り組み方法の追加・修正も行われる。年度末になると，教職員は，目標の達成度を自己評価し，最終申告するとともに，申告書の「継続課題」欄に次年度への継続課題が記入される。校長等は「指導・助言」欄に「授業観察」や「勤務評定」を踏まえて記入する。

次に，「業績評価」（広島県では「新たな勤務評定」と呼称）に関しては，各教職員の能力・実績・意欲を的確に把握し評価することにより，資質や指導力を高める研修に生かすとともに，適材適所の人事配置，職員の意欲の向上，組織の活性化

および人材育成等に資することを目的としている。教諭の場合を例にとると，1次評定者は教頭，2次評定者は校長となっており，校長，教頭はそれぞれ，定められた評価項目や評価要素ごとに5段階評価（絶対評価）を行う。その後，これら絶対評価によって一度確定した評価を，各学校単位で校長が相対評価に落とし込んで完了する。評定期間は，評定基準日である12月1日から1年間である。なお，広島県では，条例にもとづき「業績評価」の結果は開示されないことになっている。

このような「能力開発型」の新しい教員評価制度は，ほぼ全国的に普及展開されてきたが，地方公務員法の改正にともない，平成28年度からすべての地方自治体は，同法が規定する新しい人事評価制度を履行しなければならなくなった。同法の基本的な理念や構造は前述してきた内容と大差ないが，国の法令により同制度の実施義務が規定された点は大きい。

いずれにせよ，被評価者の「能力開発」「人材育成」をとおして，業務に対する彼らの意欲を向上させ，学校のアウトカムを高めようとする考え方自体は，アカウンタビリティ要求が厳しくなってきている社会的状況からすれば，一定の合理性を有する考えであり，そのこと自体問題ではない。

ただ，その一方で，警戒しておかなければならない点もある。それは，今般の「新たな教職員評価」制度に額面上「被評価者の能力開発」「人材育成」を目的として装わせながら，その実「人件費の抑制」と「ノルマの自発的な過重化による労働強化」を目論む政治的な思惑の存在であり，「教員同士の連携協力体制を阻害し，孤立化を促進」してしまう結果を招くことである。意図的であれ，無意図的であれ，近年の国家および地方財政の逼迫状況を勘案すると，あながち無警戒ではいられない。この点は，常に厳しい監視の眼差しを持ち続けておかなければならない。今のところ，各地の同制度は，人事上の処遇，とりわけ給与面での処遇への反映については慎重な姿勢をみせているところが多いが，今後は，先導的な東京都の事例のように，給与面を含みさまざまな形での処遇が各地で検討・実施される可能性も多分にあり，予断を許さない状況にあるといえよう。

3　指導力不足教員問題

指導力不足教員の問題に関しても，従前よりその存在は学校関係者間で広く

認識されていたが，この問題が政策レベルで顕在化してくる時期は，やはり前述の「新たな教職員評価」制度の場合とほぼ同じであり，学校教育の成果と責任が厳しく問われだした頃からである。

　まず，1998（平成10）年9月の中央教育審議会答申「今後の地方教育行政の在り方について」で適格性を欠く教員等への対応について「適切な人事上の措置を取ること」や「教育委員会において，継続的に観察，指導，研修を行う体制を整える」とともに，「分限制度の的確な運用に努めること」が提言された。さらに，1999（平成11）年12月の「教育職員養成審議会第3次答申」でも同様に「教育委員会において継続的に観察，指導を実施し，適切に研修を行う体制を整えるとともに，他に適切な職種があれば本人の希望も踏まえて転職について配慮」するよう検討することが求められた。こうした提言を受けて，文部省（当時）は，2000（平成12）年度に「指導力不足教員に関する人事管理の調査研究」を14府県2政令市の教育委員会へ委嘱し，さらに翌年度には「心の問題を抱える教員や指導力不足教員等に対する新しい人事管理の在り方」に関する調査研究を全都道府県と指定都市の教育委員会に委嘱した。一方，首相の私的諮問機関である教育改革国民会議の「最終報告書」（2000年12月）でも，「効果的な授業や学級運営ができないという評価が繰り返しあっても改善されないと判断された教師については，他職種への配置換えを命ずることを可能にする途を拡げ，最終的には免職等の措置を講じる」ことが提言された。

　これらの各種審議会等の提言を受けて，2001（平成13）年7月に地教行法が改正され，指導力不足の教員については「①児童又は生徒に対する指導が不適切であること，②研修等必要な措置が講じられたとしてもなお児童又は生徒に対する指導を適切に行うことができないと認められること」の双方の要件に該当する者を免職した上で，引き続き当該都道府県の教員以外の職に採用することができると規定されるに至ったのである（地教行法47条の2）。さらに，上記の要件に該当するかどうかを判断するための手続きに関し必要な事項は，都道府県の教育委員会規則で定めるものとするとされ，指導力不足教員の具体的な取り扱いは各地の教育委員会にゆだねられることとなった。

　ところが，各地の指導力不足教員の取り扱い（認定状況，認定基準，認定委員会，認定方法等）には大きな差異があることが判明したため，文部科学省では「指導が

不適切な教員に対する人事管理システムのガイドライン」を作成し，統一的な指針を示すこととなった。加えて，2007（平成19）年6月，教員免許の更新制を定めた免許法の改正に連動した教特法の改正において，「指導が不適切であると認定した教諭等に対して，その能力，適性等に応じて，当該指導の改善を図るために必要な事項に関する研修（以下「指導改善研修」という）を実施しなければならない」と規定され（教特法25条の2），初めて国のレベルで指導力不足教員への「指導改善研修」が法的に義務づけられることとなった。

しかも，今回の教特法の改正では，前述した各地における指導力不足教員の取り扱いに関する足並みの不揃いあるいは温度差を受けてか，指導力不足教員の認定に当たって「教育学，医学，心理学等の専門家」と「保護者」の意見を聞くことと，「指導改善研修の実施に関し必要な事項は，政令で定める」こともあわせて規定されており，指導力不足教員の取り扱いに関する全国共通の基本的な枠組みが示されることとなった。加えて，同法では，先に制定された地教行法における規定，すなわち指導力不足教員を「免職し，引き続き他の職に採用することができる（下線筆者）」としていた規定のレベルを超えて，「免職その他の必要な措置を講ずるものとする（下線筆者）」（教特法25条の3）と規定しており，規定強化による該当教員への一層の厳しい姿勢が示されている。

さらに，改正された教免法でも，指導改善研修後の認定の結果，分限免職処分を受けた場合は，「その免許状は効力を失う」ことが新たに規定されており（教免法10条），「懲戒免職でなければ，保有する免許自体は失効しなかった」従前の制度と比べ，明らかに指導力不足教員をめぐる人事管理は全体として厳しくなってきている。

引用・参考文献
田原迫龍磨（編）　現代教育の法制と課題　第一法規　1994
菱村幸彦（編）　よくわかる最新管理職選考教育法規キーワード　教育開発研究所　2001
別冊教職研修　2006年2月号　教育開発研究所
河野和清（編）　教育行政学　ミネルヴァ書房　2006
古賀一博（編）　教師教育講座　第5巻　教育行財政・学校経営　協同出版　2014
小島宏・寺崎千秋（編）　教育三法の改正で学校はこう変わる！　ぎょうせい　2007

8章　児童と生徒の管理

1節　子どもの権利と義務

　子どもの権利とは何か。親や教員ひいては他人や国家がいかなる理由や根拠をもってしても侵すことのできない領域，その領域が子どもの権利であって，成人として扱われる年齢に到達するまでの独自の権利である。この章では児童生徒を主権者として扱い，法規定を根拠に論じる。しかし子どもは権利の主張も方法も理解できない場合が多い。そこに民法上の親権が生ずる(818条)。親権は保護者のわが子に対する権利であり，義務にもなる(820条)。日本では成人すなわち選挙権を得るまでの子どもの義務は限られているが，その代わりに保護者や行政等に子どもの権利を保障する義務が課されている。学校教育においては，児童生徒の権利は即人権につながる。日本の国内では第二次世界大戦後，憲法を初めとして，次々と子どもの権利を保障する法律が出され，1951年の児童憲章に至った。国際的にはまず「児童の権利宣言」があげられる。子どもの権利として，根本的なものに学習権が考えられる。国際的には，1985年3月の第4回ユネスコ国際成人教育会議宣言で「学習権宣言」が出されている。それによると，

　　学習権とは

　　読み，書きできる権利であり，

　　疑問をもち，じっくりと考える権利であり，

　　想像し，創造する権利であり，

　　自分自身の世界を知り，歴史を書き綴る権利であり，

　　教育の諸条件を利用する権利であり，

　　個人および集団の技能を発達させる権利である(市川ほか，2016)。

1　児童の権利に関する条約

　日本の戦前の旧法体制のもとでは子どもの権利に関するものは見られないが，国際的には1924年の「ジュネーブ宣言」があり，戦後は1959年の国連総会によ

る「児童の権利宣言」がある。それから30年たって，1989年には「子どもの権利条約」が第44回総会で採択されるに至った。日本は1994年にこの条約を批准した。これは政府訳の「児童の権利に関する条約」になるので，これを参照する。この条約によると国際連合憲章が原則として考慮されている。「国際連合が，世界人権宣言において，児童は特別な保護及び援助についての権利を享有することができることを宣明したことを」述べたうえで，前文で，児童の権利に関する宣言が引用され，「児童は，身体的及び精神的に未熟であるため，その出生の前後において，適当な法的保護を含む特別な保護及び世話を必要とする」を前提としている。全文54条のうち28条で教育への権利，29条で教育の目的がうたわれている。児童は権利主体として位置づけられているが，その1条によると18歳未満の者が対象である。それに続いて，締約国はその管轄にある児童に対して，「人種，皮膚の色，性，言語，宗教，政治的意見その他の意見，国民的，種族的若しくは社会的出身，財産，心身障害，出生又は他の地位にかかわらず，」差別の禁止(2条)，社会福祉施設，裁判所，行政当局または立法機関のいずれでも児童の最善の利益の考慮(3条)，締約国の立法措置，行政措置等による権利の実現の実施義務(4条)，生命への権利，生存，発達の確保(6条)，児童が自由に自己の意見を表明する意見表明権の確保(12条)，表現の自由，情報を求める自由と発信の自由(13条)，思想・良心および宗教の自由(14条)，結社および平和的な集会の自由(15条)，プライバシー・通信・名誉の保護(16条)，親等による虐待・放任・搾取から保護するためのすべての適当な立法上，行政上，社会上および教育上の措置による保護(19条)，休息・余暇，遊び，文化的な生活・芸術的な生活への参加(31条)の確保を中心的項目として位置づけている(市川ほか，2016)。

2 法に見る子どもの権利

日本国憲法には一般的な国民の教育を受ける権利や保護者としての教育を受けさせる義務は規定してあるが，子どもの学習権に関する直接の規定はない。しかし26条の教育を受ける権利，教育を受けさせる義務，義務教育の無償の項目で，次のように定めている。

「すべて国民は，法律の定めるところにより，その能力に応じて，ひとしく教育を受ける権利を有する。②すべて国民は，法律の定めるところにより，その保

護する子女に普通教育を受けさせる義務を負ふ。義務教育は，これを無償とする」

この26条の規定によって子どもの学習する権利が保障されることになる。他に2006（平成18）年12月に改正された教育基本法（以下，教基法）では，5条「国民は，その保護する子に，別に法律で定めるところにより，普通教育を受けさせる義務を負う」および6条学校教育の2項「学校においては，教育の目標が達成されるよう，教育を受ける者の心身の発達に応じて，体系的な教育が組織的に行われなければならない。この場合において，教育を受ける者が，学校生活を営む上で必要な規律を重んずるとともに，自ら進んで学習に取り組む意欲を高めることを重視して行われなければならない」と強調されている。

他に学校教育法（以下，学校法）や児童福祉法等で教育を受ける権利や福祉の問題が包含されている。子どもとは年齢的に何歳をさすかはいろいろ考えられる。児童と少年を子どもと考えると，日本の少年法では20歳未満で，労働基準法や児童福祉法では18歳未満と定めていて，対象とする児童や少年の年齢が異なっている。しかし，国際的な「児童の権利に関する条約」によると，児童は18歳未満ということになっている。この条約の締結国は主として国際連合の加盟国である。日本の児童憲章は，1951（昭和26）年5月5日，内閣総理大臣が招集した児童憲章制定会議が制定したものがある。これは児童の教育と福祉に関する権利宣言である。加えて各自治体も子どもの権利に関する条例を規定している。つまり，「高知県こども条例」をはじめとして，川崎市には「子どもの人権オンブズパーソン条例」や「子どもの権利に関する条例」があり，東京都には「青少年の健全な育成に関する条例」，他に奈良県には「子どもを犯罪の被害から守る条例」がある。

3　子どもの権利と宗教

教基法10条に「父母その他の保護者は，子の教育について第一義的責任を有するものであって，生活のために必要な習慣を身に付けさせるとともに，自立心を育成し，心身の調和のとれた発達を図るよう努めるものとする」とある。

教基法15条の宗教教育の項目も，児童生徒の権利という点で留意すべきものがある。「宗教に関する寛容の態度，宗教に関する一般的な教養及び宗教の社会

生活における地位は，教育上尊重されなければならない。
2　国及び地方公共団体が設置する学校は，特定の宗教のための宗教教育その他宗教的活動をしてはならない」

このように国公立学校では宗教的教育活動を禁止しているが，児童生徒の宗教的信条は保護者と異なる宗教観も権利として保障されるべきである。子どもの心は親の所有物ではない。たとえば，保護者の宗教や信仰上の理由を根拠として，歴史学習上意義のある修学旅行や社会見学での神社仏閣等の見学を児童生徒に拒否させることは望ましくない。厳密に宗教的主張に固執すると日本的習慣や風習，ひいては文化遺産を無視する場合が出てくる。日本ではお宮参りや，12月になると教科書にも掲載されている賛美歌の練習，それに大晦日(おおみそか)の除夜の鐘を聞く年越し，子どもが楽しみにしている祭り等，宗教にまつわる伝統的行事も寛容な扱いであったが，厳密に解釈すると，国公立学校や公の施設で行われるクリスマスやお寺参り等も，この規定に触れることになる。したがって，保護者といえども介入できない子ども自らの宗教的信条，ひいては精神的・道徳的良心をもつ権利をどのように保障していくかが考慮される必要がある。

4　子どもの人権

子どもの人権を主張することは甘やかすことになるという論もある。この「甘え」は日本独自の精神であり，英語では a spoilt (pampered) child（甘えっこ）になってくる。つまり，子どもを「性格的にだめに」してしまうという論である。この論も確かに正しい。子どもの犯罪には「これぐらいは許してもらえるだろう」という「甘え」の発想が多いことは否めない。まだ養育段階にあって，人生の将来への展望も定まらず，たとえ明確な目的があったとしても，その目的に向かって行く方法や素養を身につけるためには，周りからの目的達成への強力な支援つまり，本人にとっては，理不尽とも思える指示や圧力，苦痛のある訓練が必要になってくる。それを子どもの人権論で排除していたのでは，目的は達成できない。それどころか，しつけを初めとする養育や教育，それに訓練も成り立たなくなる。ここに子どもの人権論の限界が生じる。

2節　在学管理

　児童生徒の在学管理は学校経営の要である。その出発点は子女が満6歳になった日の翌日以後の最初の学年の初めから始まる。つまり，義務教育の最初の年で，学校法17条の就学させる義務から次のような在学管理が始まる。

　学校教育法施行令の1条によって，住民基本台帳を根拠に学齢簿の編製が行われるが，その前提として，学齢に達しない子は，小学校に入学させることはできない(学校法36条)。続けて学校教育法施行令の関係条項をあげると，学齢簿の作成期日や加除訂正(2, 3条)，児童生徒等の住所変更に関する届け出に関する届け出の通知(4条)，入学期日等の通知，学校の指定や区域外就学等(5条, 9条)，中退児童生徒の教育委員会への通知(10条)があり，校長の義務として，小学校，中学校，義務教育学校，中等教育学校，特別支援学校の校長は，常に，その学校に在学する学齢児童または学齢生徒の出席状況を明らかにしておかなければならない(19条)。加えて校長の教育委員会への届け出は長期欠席者(20条)や全課程修了者(22条)に関するものも必要である。

　学齢児童の就学に関する在学管理は標準定数の40人学級を編成することから始まり，同時に学校教育および学校行財政はこの40人から出発していると言えよう。それを根拠に，校長は「当該学校に在学する児童等について出席簿を作成しなければならない」(学校教育法施行規則25条)。

　学齢簿の様式として記載するものは個人情報が多く，学齢児童または学齢生徒に関する事項や保護者に関する事項，両者の関係，就学する学校に関する事項，就学の督促等に関する事項，就学義務の猶予または免除に関する事項その他必要な事項として市町村の教育委員会が学齢児童または学齢生徒の就学に関し必要と認める事項等があげられる(学校教育法施行規則30条)。

1　指導要録

　学校教育法施行規則28条に学校に備え付けの表簿やその保存期間が規定してある。その中に，学則や日課表それに学校医や学校歯科医等の記録に関する規定の他に，①「指導要録，その写し及び抄本並びに出席簿及び健康診断に関

する表簿」、②「入学者の選抜及び成績考査に関する表簿」に関する規定がある。指導要録は児童生徒等の「学習及び健康の状況を記録した書類の原本をいう」（学校教育法施行規則24条）。これらの表簿は進学先や転学先に送られた抄本または写しを除いて、5年間保存しなければならないことになっている。しかし、「指導要録及びその写しのうち、入学、卒業等の学籍に関する記録の保存期間は、20年間とする」。ただし「指導要録及びその写しを保存しなければならない期間は、前項のこれらの書類の保存期間から当該学校においてこれらの書類を保存していた期間を控除した期間とする」（学校教育法施行規則28条）。

　この指導要録は児童生徒の在学および卒業生の管理のもっとも重要な記録である。これは1900（明治33）年に学籍簿として規定されてから始まったものである。指導要録に関して旧文部省は、児童または生徒の学籍並びに指導の過程および結果の要約を記録し、指導および外部に対する証明等のために役立たせるための原簿として、指導機能と証明機能をもたせている。これは各学年の累積記録になっている。これに対していわゆる通知表は主に指導機能と保護者に対する連絡機能の役割が中心である。学校教育法施行規則の指導要録の項目には、「校長は、その学校に在学する児童等の指導要録を作成しなければならない」（24条1項）。加えて「校長は、児童等が進学した場合においては、その作成に係る当該児童等の指導要録の抄本又は写しを作成し、これを進学先の校長に送付しなければならない」（24条2項）。この指導要録および指導要録の抄本の様式に関する記入要領および取扱要領の決定は公立学校の場合、教育委員会である（地方教育行政の組織及び運営に関する法律〔以下、地教行法〕23条）。同様の趣旨は転校（転学）の場合も適用される（同法24条3項）。

　この指導要録やそれをもとにした内申書等の開示要求の裁判で「開示すれば、生徒と教員の信頼関係が破壊されるという主張によって、高校入試の資料としての指導要録や内申書の所見欄や評定欄の開示を拒むことはできない」と大阪高裁の判決が出ている（1999年11月26日）。この問題に関してはこれ以外にも種々の情報公開や開示の問題等が裁判で争われている。

2　個人情報保護

　指導要録は在学管理に欠くべからざるものであるが、児童生徒ひいては保護

者の家庭の個人情報の扱い方に，今までの管理より厳格なものが要求される。

　周知のごとく，個人情報の保護に関する法律が2003（平成15）年に可決された。それ以後，一般社会や企業で個人情報の漏洩がマスコミで話題になるようになった。当然この法律は学校教育現場にもかなりの影響をもたらした。その代表的なものが，児童生徒の在学中および卒業後の個人情報の扱いである。その基本理念は，3条によると「個人情報は，個人の人格尊重の理念の下に慎重に取り扱われるべきものであることにかんがみ，その適正な取扱いが図られなければならない」。この個人の人格尊重は憲法の13条を背景にしている。今までも地方公務員法（以下，地公法）34条の秘密を守る義務として「職員は，職務上知り得た秘密を漏らしてはならない。その職を退いた後も，また，同様とする」の範囲内で児童生徒のかなりの個人情報は保護されていた。したがって，児童生徒の個人情報や家族の状況および構成に関する事項は守秘義務があった。しかし，この個人情報の保護に関する法律によって対象がかなり広範囲になり，しかも厳密になっている。住所や電話番号のように，以前は公開されていたものも該当するようになってきた。卒業生の同窓会名簿や卒業アルバムはその典型である。現在考えられる対象は，指導要録，通知表，学業成績，生徒指導の内容，生徒指導に不可欠な家庭環境調査票およびそれに付随して，最近頻発している家庭内暴力や児童虐待，DV等の関係機関等の情報交換，保護者や関係機関等の連絡先，保護者の職業や経済状況，本籍等の情報，保健・健康指導に必要な学校医による診断表，高校の授業料納入状況，奨学金関係，国立や私立中学校および高校の入学試験の成績や判定資料，内申書，調査書，入学願書等の情報があげられる。これらのうち，児童生徒本人に開示できる項目とできない項目は前もって周知徹底しておくべきである。児童生徒の個人情報は第三者ではなく，本人もしくは保護者からのみの取得が原則である。ただし，学校教育法に基づく指導要録等の記載や写しの作成は本人の同意を得なくても良いが，当然情報の目的外利用は禁止されるべきで，通常の教育活動である学習指導，生活指導，保健指導以外の利用は慎重に行われるべきものである。法に基づく指導要録やそれに匹敵する公簿はいままでも各学校で「禁帯出」の最重要書類として校長の管理下におかれ，保護されてきたが，教職員の不注意による通知表の紛失あるいは同窓会名簿の流出や売買等も行われてきた。不注意は車での書類の持ち出しに多

かった。最近多発している「車上荒らし」は単なる金銭や物品の損害にとどまっていない。自宅での成績記載や採点のために持ち帰ろうとして被害に遭うことが多い。そのために，関係書類の自宅等への持ち出しには校長の許可が必要になってきた。

　最近，きわめて大きな問題になってきたのは，コンピュータによる情報流出である。これは瞬時にして大きな影響を及ぼすものである。学校もコンピュータの情報管理は緊急を要する。東京都教育委員会は「都立学校における情報セキュリティ対策について」(2007年12月25日)において，生徒の個人写真や歯の検査表等の持ち出しも禁止し，個人情報の取り扱い中は離席する場合もUSBメモリに一時保存して，施錠できる保管庫に入れるよう求めている。

　これからも情報化社会は急激に進展していき，しかも変容している。現時点ではまったく予想できない個人情報の問題が生じる可能性もある。時代に対応した方策を迅速に考えていく必要がある。

3節　児童生徒の懲戒

　学校教育に懲戒は不可欠である。根本的に違った私的環境で育った児童生徒にそれまで身近になかった公共社会での価値観を啓培(けいばい)し，知育，徳育，体育という観点から，理想的人格者に向かって育て上げようと努力すればするほど葛藤(かっとう)が生じる。その葛藤が単なるトラブルでなく，客観的に正しい教育理念に基づくものであれば，指導する側に道義的にも法的にも懲戒権が生ずる。学校教育法11条に「校長及び教員は，教育上必要があると認めるときは，文部科学大臣の定めるところにより，児童，生徒及び学生に懲戒を加えることができる。ただし，体罰を加えることはできない」と規定してある。

1　懲戒

　懲戒には元来，営造物を背景にした特別権力関係論を根拠に，組織内の秩序

維持のために必要とされる教育指導上の制裁も考えられてきた*。しかし，この節で扱う懲戒は，教員が児童生徒に対して行う学校教育上の叱責を中心とした罰を加えることである。現在の懲戒はその考えを背景に校則や学則違反等が根拠とされる場合が多い。一般に「特別の身分関係における規律，秩序を維持するために一定の義務違反に対して行われる制度」であり，懲戒には，叱ったり，起立させたりする事実行為としての懲戒と，退学・停学・訓告の法的効果をともなう懲戒とがある (山崎ほか, 2003 ; p. 377)。日本では戦前の権力を背景にした強圧的な教育の反動で，民主的な，時には行き過ぎた民主化の影響で叱らない教育が広まり，懲戒を避け，ただほめることだけを理想的な教育のように言ってきた時期もあったが，学校の規範を順守するためには，懲戒が必要である。違法な体罰と言われるのを危惧して，合法的な懲戒をおそれてはならない。児童生徒は年齢的にも自分の本意とは逆の軽はずみな行動をとりがちである。彼らも心では温かい叱責を期待している。

児童は，100人の子どもがいれば100通りの家庭での養育や教育を数年間受けてきている。4～5歳になって，保育所や幼稚園である程度団体生活を経験してきているが，幼稚園等の教育方針が「のびのびと育てる」や「厳格な規律を重んじる」等多様になっているため，小学校の新入生から学級崩壊になる可能性をもって入学してくる。それを1つの学級として1年以上統率していかねばならないのが学校教育の宿命である。過去の「一人ひとりを大切に」のスローガンは「一人ひとりのわがままを大切」になりやすい。小学校のうちは説得と指導で何とかなるにしても中学校や高校になると，学校や担任の思いどおりにはならないことも多い。そのため，校則が必要になってきた。懲戒を考えるのに根拠となる校則は不可欠である。

2 校則

明治以来，日本の近代学校制度は静粛な環境で主に教科指導を徹底するとい

---

* 営造物は国または地方公共団体が公共・公衆の使用のため設置する人的物的施設で，国公立の病院をはじめ学校や図書館等がある。特別権力関係においては，特定の者が，国や地方公共団体の特別の権力による特殊な包括的支配に服する関係で，設立目的の達成に必要な範囲と程度において，とくに具体的な法律の根拠なく，命令や強制をなすことができる。

う趣旨で発達してきた。その教科指導の過程で，集団生活に適応できるような指導や訓練が行われてきた。いわば生徒指導や生活指導は副次的なもので，手段であった。少なくとも昭和の前半まではめったにトラブルはなかった。教室での授業はあらゆる面で平穏な環境がなければならない。現在は，本来の学校教育以外の業務に学校関係者が忙殺されることが多くなった。

　校則は1887(明治20)年ごろから自然発生的に生まれたものである。とくに法制度的根拠もなかったが，戦前の国家体制や教育行政当局からの後押しもあって，学校教育において歴史的に重要な意味をもってきた。戦後は校則の根拠として特別権力関係論による包括的支配権や在学契約論で論じられることが多い(日本教育法学会)。

　とくに高校生のバイク事故の多発に伴い，けがをさせないための「(二輪免許を取らない，二輪車は買わない，乗らない)三ない運動」や，華美な流行に伴う「服装の乱れは心の乱れ」を根拠とした正当なものも多かった。ただ，時を経ていくうちに，生徒規則や学則が独り歩きをして，生徒指導の万能のものとして扱われ，生徒取り締まりのための規則になり，生徒が管理されすぎた状況になっているという批判も生じた。しかも現実離れして，社会の実態に合わない規則もあった。しかし，1986(昭和61)年の臨時教育審議会の「教育改革に関する第二次答申」以来，校則が全面的に見直され，現在は可能な限り縮小されるか，簡略化される傾向にあり，「三ない運動」も現在では道路交通法の遵守指導に変わりつつある。

　学校教育法11条の具体的規定の留意点として，学校教育法施行規則26条1項の懲戒の項目に「校長及び教員が児童等に懲戒を加えるに当っては，児童等の心身の発達に応ずる等教育上必要な配慮をしなければならない」とある。懲戒権は当然個人に対して行われるものであるが，生徒個人に関しては親の権利がかなり強くなる。個人の場合は教員の教育権は親の教育権に次ぐものであり，民法による親権者の保護監督義務に次ぐものである(820条)。イギリスには教員の懲戒権を行使するに当たって，子どもに対するIn loco parentis(両親の地位に代わって，両親の代わりに，両親にあらずして両親としての，子に対する権利義務を行う人)論を根拠に論じる場合が多かった。後見人(guardian)の地位としても用いられる。

　この「懲戒のうち，退学，停学及び訓告の処分は校長が行う」ことになってい

る（学校教育法施行規則26条2項）。退学は，公立の小学校，中学校（学校法71条の規定により，高等学校における教育と一貫した教育を施す併設型中学校を除く），特別支援学校に在学する学齢児童または学齢生徒にはできないが，国立あるいは私立の義務教育段階の児童生徒は退学も可能である。退学は次のような事由に該当する児童生徒等に対して行うことができる（学校教育法施行規則26条3項）。

「①性行不良で改善の見込がないと認められる者
　②学力劣等で成業の見込がないと認められる者
　③正当の理由がなくて出席常でない者
　④学校の秩序を乱し，その他学生又は生徒としての本分に反した者」

懲戒による停学は，義務教育期間中の学齢児童または学齢生徒に対しては，国公私立すべての学校で行うことができなかった。これに対して2000（平成12）年12月の教育改革国民会議の（教育を変える17の提案）事項で，問題を起こす子どもへの指導や教育をいい加減にせずに，出席停止等の適切な措置をとるとともに，それらの子どもへの教育について十分な方策を講じることが主張されている。

3　ゼロトレランス（zero-tolerance policing）

1990年ごろから，アメリカでは児童・生徒の管理方式としてゼロトレランスの傾向が進んでいる。これはそれまでの管理で，寛容・寛大の趣旨のもとでの甘い指導，場合によってはあいまいな指導を批判する立場から生じたものである。これにはそれまでの教育思潮によって，いじめ等の問題行動，ひいては犯罪を引き起こした反省も含まれている。具体的には，規則遵守と懲戒を厳格にしてそれに関する罰則を定め，校内暴力等による重大な問題行動に対し，違反者には出席停止等の毅然とした処罰を行うことになる。わが国の文部科学省も平成17年からこの方針の導入を検討してきた。

学校法35条によると，

「市町村の教育委員会は，次に掲げる行為の一又は二以上を繰り返し行う等性行不良であって他の児童の教育に妨げがあると認める児童があるときは，その保護者に対して，児童の出席停止を命ずることができる。
　①他の児童に傷害，心身の苦痛または財産上の損失を与える行為

②職員に傷害又は心身の苦痛を与える行為
　③施設又は設備を損壊する行為
　④授業その他の教育活動の実施を妨げる行為」
　結城 (2007) は義務教育制度の趣旨からただちに，退学処分はともかく，「停学処分の禁止」が必然的に帰結されるわけではないとして，アメリカ，ドイツ，フランス，オーストリア等を例として紹介している。
　出席停止の手続きに関して，市町村の教育委員会は，上記の規定により出席停止を命ずる場合には，あらかじめ保護者の意見を聴取するとともに，理由および期間を記載した文書を交付することになっている。この規定以外に出席停止命令の手続きに関し，必要な事項は教育委員会規則で定めることになっている。
　これらの規定は，当該の児童生徒以外の児童生徒の学習する権利を妨害，あるいは侵害するような授業妨害が前提になったものである。この背景にあるものは学校の秩序維持である。児童生徒は権利の主体であるが，他の児童生徒の権利を保障するためにも学校の秩序を守る義務がある。したがって，このような措置には問題を起こした児童生徒に対する制裁の趣旨は入っていない。秩序がなければ学校教育は成り立たない。とくに最近はいじめによる他の児童生徒の教育を受ける権利の侵害，場合によっては自殺に至らしめる行為に対する懲戒が今後の課題になろう。金銭の伴う恐喝に匹敵するいじめは当然，警察司法当局の処理事項であるが，1996 (平成8) 年7月26日，当時の文部省「いじめの問題に関する総合的な取組について」では，いじめる児童生徒に対し出席停止の措置を講じたり，警察等適切な関係機関の協力を求め，厳しい対応策をとることも必要であるという趣旨の通知を出している。逆にいじめられている児童生徒には，いろいろな状況を考慮して転校等の対策が取られることが望ましいとされている。出席停止の児童生徒に対する指導としても，市町村の教育委員会は，出席停止の命令による期間の学習に対する支援その他の教育上必要な措置を講ずることになっている。
　通常の児童生徒に係る懲戒は校則違反が主である。その最高の罰則は停学や退学であるが，懲戒権の行使は適正である限り，たとえそれが，「監禁罪，強要罪等の刑法上の犯罪の構成要件に該当したとしても違法性はなく，犯罪も成立し

ないし，民法上の不法行為 (709条) も成立しない」(坂東，2005; p.85) といわれる。

4　親権と懲戒

　民法の親権の条項では監護・教育権として「子の監護及び教育をする権利を有し義務を負う (820条)」と規定されている。続いて懲戒権として「必要な範囲内で自らその子を懲戒」できることになっている (822条)。この親の懲戒には精神的・肉体的に苦痛を与えるような私的懲戒手段も考えられており，学説や判例でも体罰等の有形力の行使が認められている。学校や学級という集団組織の中での秩序を中心とする教員の懲戒権に対して，親のわが子に対する懲戒権は法的には教員より強い。しかし最近は，「しつけ」の名のもとに行きすぎた懲戒が「虐待」として頻繁に生じている。以前は家庭教育に警察が介入することはなかったが，この種の事件のために，マスコミで報道されることが多くなった。

5　体罰

　最近は学校法11条の意義徹底や人権論の趣旨の浸透によって以前ほど極端な体罰はなくなったが，それでも児童生徒の体調を無視して，懲戒を含む無理な運動等で事故につながった例も多い。体罰によって死亡もしくは重症となった場合，犯罪として事件になり，教員や学校関係者が裁判にかかわることも生じ，判例も残されている。小さい事例のほとんどは表面に出ないが，かなりあると推測される。これは教育界に伝統的な「穏便に解決」や「愛のむち」論，それに保護者の間にも積極的ではないが，「体罰容認論」があるためである。体罰に関しては，政府レベルでも古くから種々の見解が述べられている。古いものであるが，体罰か否かの目安として現在もよく引用される当時の法務府が発表した「生徒に対する体罰禁止に関する教師の心得」(1949年8月2日) を以下に紹介する。

「①用便に行かせなかったり，食事時間が過ぎても教室に留め置くことは肉体的苦痛を伴うから体罰となり，学校教育法に違反する。

②遅刻した生徒を教室に入れず，授業を受けさせないことはたとえ短期間でも義務教育では許されない。

③授業中怠けたり，騒いだからといって生徒を教室外に出すことは許されない。教室内に立たせることは体罰にならない限り懲戒権内と認めてよい。

④人の物を盗んだり，こわしたりした場合等，こらしめる意味で，体罰にならない程度に，放課後残しても差し支えない。

⑤盗みの場合等，その生徒や証人を放課後尋問することはよいが，自白や供述を強制してはならない。

⑥遅刻や怠けたことによって掃除当番等の回数を多くするのは差し支えないが，不当な差別待遇や酷使はいけない。

⑦遅刻防止のための合同登校は構わないが軍事教練的色彩を帯びないように注意すること」

ただ，この基準は児童生徒の体調や周囲の状況によっても判断が困難になってくる。年齢，教室や廊下の内外等の場所，炎天下や寒風の中等の条件が考慮されねばならない。食事を含む生理的なものや授業を受ける権利の侵害等が体罰になる。⑥に関しては，罰として作業や掃除当番の回数を多くするのは体罰にはならなくても，別の教育的な悪影響が考えられる。掃除はアジアでは，身辺を片づけ，清潔にすることはそのまま精神の浄化になるという宗教的意義がある。それを罰として使うと本来の道徳的意義が失われ，掃除ひいては肉体労働に対して悪感情をもちかねない。

体罰禁止に関しては，幕末・明治維新当時の殺伐とした風潮が残っている1879(明治12)年の教育令46条にも規定がある。「むちを惜しめば子どもは駄目になる」という根拠で体罰を容認していたイギリスをはじめ，諸外国も「児童の権利宣言」や「児童の権利に関する条約」締結によって禁止の傾向にある。いずれにしても，懲戒は教育的配慮に基づいてなされなければならない。

引用・参考文献
市川須美子ほか(編)　教育小六法　平成28年版　学陽書房　2016
解説教育六法編修委員会(編)　解説教育六法2016　平成28年版　三省堂　2016
田原迫龍磨ほか(編)　教育法規要説　コレール社　1998
日本教育法学会　教育法学辞典　学陽書房　1993
坂東司朗ほか　学校生活の法律相談　学陽書房　2005
細谷俊夫ほか(編)　新教育学大事典　第一法規　1990
文部科学省　教育委員会月報　平成13年2月号　2001
山崎英則ほか(編)　教育用語辞典　ミネルヴァ書房　2003
結城忠　生徒の法的地位　教育開発研究所　2007

9章　就学前教育制度

1節　小学校就学前教育の歩み

1　幼稚園と保育所の制度的二元化

　現在，小学校就学・進学前の乳児・幼児を教育，保育する機関としては，幼稚園，保育所，幼保連携型認定こども園があるが，特に，幼稚園，保育所はそれぞれ目的，機能を異にする別系統の機関として存在してきた。

　幼稚園の歴史は，1840年にフレーベル(Fröbel, F.)によってドイツのブランケンブルクに創設された「一般ドイツ幼稚園」に始まる。幼稚園とはフレーベルが考案した名称であり，ドイツ語でキンダーガルテン(Kindergarten)という。文字どおり子どもの園の意味であり，そこでは子どもを植物に，教育を植物栽培になぞらえることによって，それまでの学校的な教育を行う幼児学校とは異なる幼児の自然の発達を援助する教育がめざされた。その後，幼稚園はフレーベルの後継者たちの努力によってヨーロッパ各地に広がり，さらにアメリカ，日本等にも普及していった。

　日本の幼稚園は，1876(明治9)年に東京女子師範学校に付設された附属幼稚園がその最初のものである。同園ではドイツの幼稚園教員養成所を卒業した松野クララが主席保姆となり，フレーベルが考案した教育玩具(恩物)を中心にフレーベル主義の幼稚園教育が実施された。以後，同校附属幼稚園をモデルとして各地に幼稚園が設立されたが，それらは中上流層の幼児のための施設となる傾向が強く，また保育内容に読み書き計算を加えたため，幼稚園は小学校の予備校的性格を色濃く有するものとなった。これに対して，文部省は1882(明治15)年以降，簡易幼稚園(貧民幼稚園)の設置を奨励し，1892(明治25)年には女子高等師範学校附属幼稚園に分室を設置してそのモデルを示すなど，幼稚園を労働者・貧民層の幼児の保育施設として普及させようとしたが，その試みは不首尾に終わった。1890(明治23)年頃から，幼稚園は官吏や商業者など富裕層の支持を得て都市部を中心に普及し，1895(明治28)年に全国の幼稚園数は200を超えた。

1899 (明治32) 年, 文部省は「幼稚園保育及び設備規程」(文部省令32号) を制定し, 幼稚園の法的設備を行った。ここで幼稚園は満3歳から小学校就学前の幼児を1日5時間以内,「遊嬉, 唱歌, 談話, 手技」の4項目によって保育する教育施設として制度化された。

　他方, 1890年代から1900年代にかけての産業革命の進行は都市下層社会を膨張させ, 劣悪な環境におかれた子どもの問題が顕在化していった。そうしたなかで, キリスト教徒や進歩的知識人らによって貧民幼稚園設立の動きがおこった。1900 (明治33) 年には野口幽香, 森島峰により東京麹町に二葉幼稚園が設立され, 貧民幼稚園として遊びを中心としながら衛生や生活習慣等の生活面にも重点をおいた保育を行った。また, 大阪では石井十次によって 1909 (明治42) 年に愛染橋保育所が作られている。

　1910年代に入ると, 内務省は「慈恵救済事業」の一環として「幼児保育事業」の推進に乗りだし, 1920 (大正9) 年には社会局を新設して, 児童保護に関する事項を組織的に取り扱うこととした。都市では公立託児所が設置され, また女性労働者確保のための工場付設託児所も各地に設けられた。託児所の設置には治安対策や貧民対策, 安価な労働力としての女性労働者の確保という目的があったのである。その後, 託児所は内務省による補助金制度ともあいまって増加し, しだいに文部省の幼稚園とは異なる別系列の施設として発展していった。そうしたなかで, 二葉幼稚園は 1916 (大正5) 年に名称を二葉保育園に変更して, 内務省所管の保育施設となった。こうして労働者子弟の保育は幼稚園ではなく, 内務省所管の託児所 (保育所) によって担われることになり, しだいに幼稚園と託児所 (保育所) の二元化が進んでいったのである。

　大正期に入ると, 私立幼稚園を中心に幼稚園は早いテンポで増加していった。大正デモクラシーの高揚に伴う児童中心の自由主義教育の紹介や実践は幼稚園教育にも影響を及ぼし, モンテッソーリ法の紹介ともあいまって, 従来の恩物中心から子どもの遊びを尊重する保育への改善もなされた。そうしたなかで, 1926 (大正15) 年には, 幼稚園に関する最初の勅令である「幼稚園令」が制定され, 保姆の資格向上や待遇改善, 保育内容の見直し等, 幼稚園の教育施設としての資質向上が図られた。また, 社会政策的見地から幼稚園に託児所的性格をもたせるべく, 長時間保育や3歳未満児の入園も認めた。しかし, 財政的保障を欠き,

また既存の託児所との調整も行われなかったため，一部を除いては受け入れられず，その精神は生かされなかった。

日中戦争の勃発とともに，社会事業は戦時政策の一翼を担うものとされ，1938(昭和13)年に内務省から厚生省が独立すると，同年制定の「社会事業法」において託児所は児童保護事業の一分野として法的に位置づけられた。戦時体制下においては，軍事動員による労働力不足に対応して女性労働の強化が行われた。それに伴い，託児所の必要性が生じ，農村では季節託児所が，都市では戦時託児所が増設された。

第二次世界大戦後，幼稚園は1947(昭和22)年制定の学校教育法において，学校の一種として制度化された。その77条で「幼稚園は，幼児を保育し，適当な環境を与えて，その心身の発達を助長することを目的とする」と規定され，その対象は満3歳から小学校就学の始期に達するまでの幼児とされた(88条)。幼稚園は義務教育ではなく，その就園は保護者の自由とされているが，1960年代以降幼稚園は急速に普及し，5歳児の就園率も1960(昭和35)年の28.7％から70(昭和45)年には53.8％と年々高くなっていった。1971(昭和46)年，文部省は「幼稚園振興計画要項」を発表し，10年間に希望する4,5歳児すべてを幼稚園に就園させるべく幼稚園の整備を行った。その結果，1981(昭和56)年には5歳児の就園率は全国平均で64.4％となった。

他方，託児所は1947(昭和22)年制定の「児童福祉法」により厚生省所管の「保育所」として制度化され，「日日保護者の委託を受けて，その乳児又は幼児が保育する」施設となった。1951(昭和26)年からは「保育に欠ける乳児又は幼児」を対象とするものに限定されたが，1960年代から70年代にかけて，高度経済成長と社会変動に伴う保育需要の増大により著しく普及した。その後も勤労女性の増加や核家族化という状況のもとで，保育所の果たす役割は大きくなり，量的な充実はもとより，乳児保育や延長保育，夜間保育，さらには地域の子育て支援事業等，保育ニーズの多様化に対応した保育サービスや施設運営が求められるようになった。

2　子ども・子育て支援に係る制度及び財源の一元化に向けて

日本の幼稚園と保育所は制度的に二元化したまま発展を遂げ，2008(平成20)

年の幼稚園と保育所を合わせた5歳児の就園率は95％に達した。その一方で少子化の進行や保育ニーズの多様化により，幼稚園と保育所の在り方の再検討が求められるようになった。また，地域によっては収容定員に満たない幼稚園，保育所も現れ，自治体の財政難に拍車をかけている。こうした状況を踏まえて1998（平成10）年3月，文部省と厚生省は「幼稚園と保育所の施設の共用化に関する指針」を策定し，2005（平成17）年5月には当該指針を改正し，指針により共用化された施設における幼稚園児及び保育所児の合同活動並びに保育室の共用化についても可能とした。また，文部省は1997（平成9）年以降，幼稚園での「預かり保育」事業を推進して，保育ニーズの多様化に対応している。

しかし，保護者の就労の有無によって，幼稚園・保育所の利用施設が限定されること，少子化の進むなか，幼稚園・保育所別々では，子どもの育ちにとって大切な子ども集団が小規模化してしまうこと，保育所待機児童が激増する一方，幼稚園利用児は減少していること，育児不安の大きい専業主婦家庭への支援が大幅に不足していること等，これまでの幼稚園・保育所の連携促進等の取り組みだけでは対応できない状況が顕在化してきた。

就学前の教育・保育を一体として捉えた一貫した総合施設の設置については，2004（平成16）年5月以降，中央教育審議会幼児教育部会と社会保障審議会児童部会の合同の検討会議において審議がなされ，同年12月に「審議のまとめ」が出された。2005（平成17）年度に35ヵ所の総合施設事業が実施され，「総合施設モデル事業評価委員会」による教育・保育内容，職員配置，施設設備等に関する評価を経て，「就学前の子どもに関する教育，保育等の総合的な提供の推進に関する法律」（以下，認定こども園法）が制定された。そして，2006（平成18）年10月から，幼稚園，保育所等のうち，教育・保育を一体的に提供し，地域における子育て支援を実施する施設を都道府県が認定する「認定こども園」の制度が始まった。

「認定こども園」は，幼稚園，保育所等のうち，保護者の就労にかかわらず受け入れ，小学校就学前の子どもに教育・保育を提供する機能，またすべての子育て家庭を対象に，子育て不安に対応した相談活動や，親子の集いの場の提供等，地域における子育て支援を行う機能を備えるもので，認定基準を満たす施設は，都道府県知事から「認定こども園」の認定を受けることができることとなった。認定こども園には，地域の実情に応じて，「幼保連携型」「幼稚園型」「保育所型」

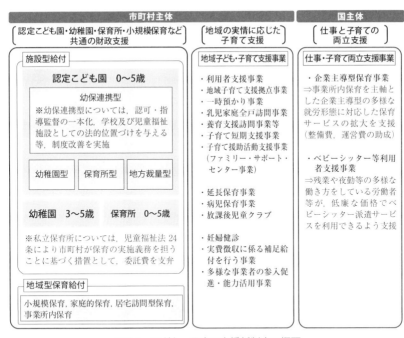

図9-1 子ども・子育て支援新制度の概要

「地方裁量型」のような多様なタイプが認められたが，認定こども園の認定を受けても，幼稚園や保育所等はその位置づけを失うものではなかった。

2012（平成24）年8月には，子ども・子育て家庭を社会全体で支援するため，子ども・子育て支援に係る制度及び財源を一元化し，質の高い学校教育・保育の一体的な提供などを図るため，「子ども・子育て支援法」「認定こども園法の一部改正法」「児童福祉法の一部改正等関係法律の整備法」の子ども子育て関連3法が成立し，保護者が子育ての第一義的責任を有するという基本的認識の下に，幼児期の学校教育・保育，地域の子ども・子育て支援を総合的に推進することとした（図9-1）。その際，認定こども園，幼稚園，保育所を通じた共通の給付である施設型給付及び小規模保育等への地域型保育給付を創設するとともに，認定こども園制度の改善を行い，幼保連携型認定こども園の認可・指導監督の一本化を図った。幼保連携型認定こども園は，幼稚園，保育所と並ぶ学校教育機能と児童福祉機能を併せ持つ独立した教育・保育機関として法的に位置づけられ，そ

れに伴って，2014（平成26）年4月には幼保連携型認定こども園教育・保育要領も策定された。また，この新制度では，市町村が実施主体となり，地域の実情に応じた子ども・子育て支援の充実を図ることや，子ども・子育て会議を設置することなども示された。そして，2015（平成27）年4月に子ども・子育て支援新制度が施行され，認定こども園制度の改善が本格実施された。これにより二重行政の解消による手続きの一本化・簡素化がなされ，子ども・子育て支援の総合的な提供と質の維持・向上が図られるようになった。

2節　幼稚園教育制度

1　幼稚園行政制度

教育基本法11条において，幼児期の教育は「生涯にわたる人格形成の基礎を培う重要なもの」とし，「国及び地方公共団体は，幼児の健やかな成長に資する良好な環境の整備その他適当な方法によって，その振興に努めなければならない」と規定されている。これを受け，学校教育法1条に定める学校として幼稚園がある。

幼稚園は，「義務教育及びその後の教育の基礎を培うもの」であり，「幼児を保育し，幼児の健やかな成長のために適当な環境を与えて，その心身の発達を助長することを目的」（学校教育法22条）としている。また，学校教育法23条には，22条に規定する目的を実現するため，幼稚園の目標が規定されている。さらに，学校教育法24条では，「幼児期の教育に関する各般の問題につき，保護者及び地域住民その他の関係者からの相談に応じ，必要な情報の提供及び助言を行うなど，家庭及び地域における幼児期の教育の支援」を想定し，幼稚園にいわゆる「子育ての支援」を求めている。

学校教育法25条では，幼稚園の教育課程，またいわゆる「預かり保育」について，文部科学大臣が定めるとしている。これにより，学校教育法施行規則38条で「教育課程その他の保育内容の基準」として「幼稚園教育要領」を文部科学大臣が公示するものとしている。

幼稚園に入園することができる者は，満3歳から小学校就学の始期に達するまでの幼児である（学校教育法26条）。ただし，これまで構造改革特別区域法（2002

年12月法律189号）14条によって，満2歳になった後の初めての4月から，幼稚園に入園ができるとしていた。しかし，2歳児については，幼稚園児として集団的な教育（幼稚園教育）になじまないため，幼稚園の人的・物的環境を適切に活用し，親子登園等，個別の関わりに重点を置いた子育て支援としての受け入れという形態に変更し，全国にその普及を図っている（同法の一部改正［2007年3月31日公布，2008年4月1日施行］14条の削除）。また，毎学年の教育週数について，学校教育法施行規則37条では特別の事情のある場合を除き，39週を下ってはならないとしている。教育時間は1日4時間が標準とされ，1学級の幼児数は35人以下を原則としている。

施設基準として，園舎及び運動場は同一の敷地内または隣接する位置に設けることを原則とし（幼稚園設置基準8条），職員室，保育室，遊戯室，保健室，便所，飲料水用設備，手洗用設備，足洗用設備を備えなければならない。ただし，特別の事情があるときは，保育室と遊戯室及び職員室と保健室とは，それぞれ兼用することができる（幼稚園設置基準9条）。

幼稚園の教職員は，学校教育法27条2項により，園長，教頭及び教諭を置かなければならない。ただし，特別の事情のあるときは，教頭を置かなくてもよい。また，副園長，主幹教諭，指導教諭，養護教諭，栄養教諭，事務職員，養護助教諭その他の必要な職員を置くことができるとしている。設備，編制その他設置に関する事項は，学校教育法施行規則36条により，「幼稚園設置基準（1956年文部省令32号）」によることとされる。その設置については，学校教育法附則6条により，学校教育法2条1項に定める他，当分の間，学校法人以外でも設置できる。

2　幼稚園の保育内容等

中央教育審議会答申「幼稚園，小学校，中学校，高等学校及び特別支援学校の学習指導要領等の改善及び必要な方策等について」（2016年12月）を踏まえ，2017年3月に幼稚園教育要領が公示（改訂）された。

幼稚園教育要領は，学校教育法25条及び学校教育法施行規則38条に基づき，学校教育法22条及び23条によって幼稚園教育の目的及び目標をさらに具体化し，公の性質を有する幼稚園における教育水準を全国的に確保するために，幼稚園の教育課程の基準を大綱的に定めたものである。各幼稚園においては，こ

の幼稚園教育要領に述べられていることを基にして，幼児期にふさわしい教育の展開を目指す幼稚園教育の在り方を理解し，幼児の心身の発達，幼稚園や地域の実態に即し，教育課程を編成することとしている。また，各幼稚園がその特色を生かして創意工夫を重ね，長年にわたり積み重ねられてきた教育実践や学術研究の蓄積を生かしながら，幼児や地域の実態や課題を捉え，家庭や地域社会と協力して，幼稚園教育要領を踏まえた教育活動のさらなる充実を図っていくことになる。

　幼稚園教育要領の構成は，前文，総則，ねらい及び内容，教育課程に係る教育時間の終了後等に行う教育活動などの留意事項である。2017年の改訂では，次のような事項を改善の基本方針として示した。

　すなわち，幼稚園教育において育みたい資質・能力を「知識・技能の基礎」「思考力・判断力・表現力等の基礎」「学びに向かう力・人間性等」から整理，明確化する。5領域のねらい及び内容に基づく活動全体を通して資質・能力が育まれている幼児の幼稚園修了時までに育ってほしい具体的な姿を「健康な心と体」「自立心」「協同性」「道徳性・規範意識の芽生え」「社会生活との関わり」「思考力の芽生え」「自然との関わり・生命尊重」「数量や図形，標識や文字などへの関心・感覚」「言葉による伝え合い」「豊かな感性と表現」の10項目にまとめ，「幼児期の終わりまでに育ってほしい姿」として明確化し，小学校と共有することにより幼小接続を推進する。幼児一人ひとりのよさや可能性を把握するなど幼児理解に基づき，幼稚園教育要領等に示す各領域のねらいのほか，「幼児期の終わりまでに育ってほしい姿」を踏まえた視点を加え，幼児期にふさわしい評価を実施する。特別な配慮を必要とする幼児への指導を充実するとともに，近年の子供の育ちをめぐる環境の変化を踏まえ，教育内容の改善・充実を図る。

　これらを踏まえ，新幼稚園教育要領では，環境を通して行う教育，遊びを通した総合的な指導等をはじめ，幼稚園教育の基本的な考え方や内容を引き継ぎ，また子供の育ちの変化や幼稚園に求められている役割に対応して，幼稚園教育を一層充実発展させている。

　また，従来どおり，5つの領域を編成している。すなわち，幼稚園教育において育みたい資質・能力を幼児の生活する姿から捉えたものをねらいとし，またねらいを達成するために指導する事項を内容とし，これらを幼児の発達の側面

から，心身の健康に関する領域「健康」，人との関わりに関する領域「人間関係」，身近な環境との関わりに関する領域「環境」，言葉の獲得に関する領域「言葉」，感性と表現に関する領域「表現」としてまとめ，示している。

なお，各領域に示している事項は教師が幼児の生活を通して総合的な指導を行う際の視点であり，幼児が関わる環境を構成する場合の視点でもあることから，それぞれ独立した授業として展開される小学校の教科とは自ずと異なるものであることに留意する必要がある。

さらに，幼稚園教育は，幼児が自ら意欲を持って環境と関わることにより作り出される具体的な活動を通して，その目標の達成を図るものであることを踏まえ，幼児期におけるふさわしい生活が展開され，適切な指導が行われるよう，調和のとれた組織的・発展的な指導計画を作成し，幼児の活動に沿った柔軟な指導を行うこととしている。

3節　保育所保育制度

1　保育所行政制度

保育所は児童福祉法39条の規定に基づき，保育を必要とする子どもが日々保護者の下から通わせて保育を行い，その健全な心身の発達を図ることを目的とする児童福祉施設である。所管は厚生労働省である。入所対象児は0歳児から小学校就学前の乳児または幼児である。また，同法同条2項にあるように，特に必要があるときは，保育を必要とするその他の児童を日々保護者の下から通わせて保育をすることができるとしている。

保育所における保育時間は，1日につき8時間を原則とし，その地方における乳幼児の保護者の労働時間その他家庭の状況等を考慮して，保育所の長が定める（児童福祉施設の設備及び運営に関する基準34条）。

保育所には，「認可保育所」と「認可外保育所」がある。後者は，児童福祉法35条3項の届出を行っていない，または同条4項の認可を受けていない，保育を必要とする乳幼児を保育することを目的とする施設をいう。

保育所では，保育士となる資格を有する者で，都道府県に備える保育士登録簿に，厚生労働省令で定める事項を登録し，登録証を交付された保育士が専門

的知識・技術をもって児童の保育及び児童の保護者に対する保育に関する指導を行う(児童福祉法18条の4，同条の18)。保育士資格は，指定保育士養成施設の卒業，あるいは保育士試験に合格することで取得できる(児童福祉法18条の6)。

保育所には，保育士，嘱託医及び調理師を置かなければならない。ただし，調理業務の全部を委託する場合には，調理員を置かないことができる。また，保育士の配置基準について，保育士1名につき，0歳児3人，1・2歳児6人，3歳児20人，4・5歳児30人程度となっている(児童福祉施設の設備及び運営に関する基準33条)。施設基準について，乳児または満2歳に満たない幼児を入所させる保育所には，乳児室またはほふく室，医務室，調理室，便所を設けること，また満2歳以上の幼児を入所させる保育所では，保育室または遊戯室，屋外遊戯場(保育所の付近にある屋外遊戯場に代わるべき場所を含む)，調理室，便所を設けることとされる(児童福祉施設の整備及び運営に関する基準32条)。

2 保育所の保育内容等

保育所保育指針は1965年に保育所保育のガイドラインとして制定され，1990年，2000年の改定を経て，2008年の改定によりこれまでの局長通知から厚生労働大臣による告示となり，2017年で4度目の改定を迎えた。

保育所保育指針は，児童福祉施設の整備及び運営に関する基準35条の規定に基づき，保育所における保育の内容に関する事項及びこれに関連する運営に関する事項を定めたものである。また，各保育所は，この指針において規定される保育の内容に係る基本原則に関する事項等を踏まえ，各保育所の実情に応じて創意工夫を図り，保育所の機能及び質の向上に努めなければならない。保育所保育指針の構成は，総則，保育の内容，健康及び安全，子育て支援，職員の資質向上である。特に，養護に関する基本的事項を総則にあげるとともに，幼児教育を行う施設として共有すべき事項として，幼稚園教育要領で示された育みたい資質・能力，また幼児期の終わりまでに育ってほしい姿を同様に示した。

保育の目標について，生命の保持及び情緒の安定を図ること，基本的な習慣や態度を養い，心身の健康の基礎を培うこと，自主，自立及び協調の態度を養い，道徳性の芽生えを培うこと，自然等についての興味や関心を育て，豊かな心情や思考力の芽生えを培うこと，生活の中で，言葉への興味や関心を育て，言葉の

豊かさを養うこと，豊かな感性や表現力を育み，創造性の芽生えを培うこととしている。この目標を達成するための方法として，子どもの主体としての思いや願いを受け止めること，健康，安全で情緒の安定した生活ができる環境や，自己を十分に発揮できる環境を整えること，個人差に十分配慮して，一人ひとりの発達過程に応じて保育をすること，集団における活動を効果あるものにするよう援助すること，子どもが自発的，意識的に関われるような環境を構成し，子どもの主体的な活動や子ども相互の関わりを大切にし，特に，乳幼児期にふさわしい体験が得られるように，生活や遊びを通して総合的に保育すること，一人ひとりの保護者の状況やその意向を理解，受容し，さまざまな機会をとらえ，適切に援助することとしている。

保育の内容については，乳児保育，1歳以上3歳未満児の保育，3歳以上児の保育に分け，ねらい及び内容，内容の取扱い，保育の実施に関わる配慮事項から示し，健康，人間関係，環境，言葉，表現の5領域から構成されている。

また，子どもの発達過程を踏まえて保育内容を組織的・計画的に構成し，保育所生活の全体を通して総合的に展開されるよう全体的な計画を作成することや，これを具体化した指導計画を作成することなど，保育の計画に基づいて保育することが求められている。さらに，保育の内容の評価に基づいて改善に努め，保育の質の向上を図ることが必要とされる。

4節　認定こども園教育・保育制度

1　認定こども園行政制度

認定こども園は，小学校就学前の子どもを，保護者が働いている，いないにかかわらず受け入れて教育及び保育を一体的に行う機能や，すべての子育て家庭を対象に子育て相談や親子の集いの場の提供等，地域における子育て支援の機能を備える施設で，幼稚園と保育所の両方の良さを併せ持つ施設である。幼稚園・保育所のうち，認可・認定基準を満たす施設は，都道府県知事等から認可・認定を受けることができる（表9-1）。認定こども園の類型には，「幼保連携型」「幼稚園型」「保育所型」「地方裁量型」がある（図9-2）。「幼保連携型」認定こども園は，

表9-1 幼稚園，保育所，認定こども園の比較

	幼稚園	保育所	幼保連携型認定こども園
根拠法令	学校教育法	児童福祉法	就学前の子どもに関する教育，保育等の総合的な提供の推進に関する法律
国の所管	文部科学省	厚生労働省	内閣府・文部科学省・厚生労働省
目的	義務教育及びその後の教育の基礎を培うものとして，幼児を保育し，幼児の健やかな成長のために適当な環境を与えて，その心身の発達を助長すること（学校教育法22条）	保育を必要とする乳児・幼児を日々保護者の下から通わせて保育を行うこと（児童福祉法39条）	義務教育及びその後の教育の基礎を培うものとしての満3歳以上の子どもに対する教育並びに保育を必要とする子どもに対する保育を一体的に行い，これらの子どもの健やかな成長が図られるよう適当な環境を与えて，その心身の発達を助長するとともに，保護者に対する子育ての支援を行うこと（就学前の子どもに関する教育，保育等の総合的な提供の推進に関する法律2条7項）
対象児	満3歳児から小学校就学の始期に達するまでの幼児	0歳児から小学校就学前の始期に達するまでの保育を必要とする児童	0歳児から小学校就学の始期に達するまでの子ども
開設日数	39週以上（春夏冬休みあり）（学校教育法施行規則37条）	約300日	※教育週数は39週以上
教育・保育時間	4時間を標準（預かり保育実施）	8時間を原則（延長保育，一時保育を実施）	教育時間は4時間を標準。保育時間は8時間を原則とするが，その地方における園児の保護者の労働時間その他家庭の状況等を考慮して園長が定める
教育・保育内容の基準	幼稚園教育要領	保育所保育指針	幼保連携型認定こども園教育・保育要領
設置主体	国（国立大学法人を含む），地方公共団体，学校法人（ただし，私立幼稚園については，当分の間，学校法人によって設置することを要しない）（設置に当たっては，市町村立幼稚園の場合は都道府県教育委員会，私立幼稚園の場合は知事の許可が必要）	地方公共団体，社会福祉法人等（児童福祉法35条），他に宗教法人，学校法人，NPO，その他の法人企業など，制限なし（設置に当たっては知事の許可が必要）	国，地方公共団体，学校法人，社会福祉法人
教諭・保育士の配置基準	1学級35人以下（幼稚園設置基準3条）	0歳　　　3：1 1・2歳　　6：1 3歳　　　20：1 4・5歳　　30：1 （児童福祉施設の整備及び運営に関する基準33条）	0歳　　　3：1 1・2歳　　6：1 3歳　　　20：1 4・5歳　　30：1 （幼保連携型認定こども園の学級の編制，職員，設備及び運営に関する基準5条） ※満3歳以上の教育時間相当利用時及び教育及び保育時間相当利用時の共通の4時間程度については学級を編制
教諭・保育士の資格	幼稚園教諭専修・1種・2種免許	保育士資格（国家資格）	保育教諭（幼稚園教諭免許及び保育士資格併有） ※満3歳児未満は保育士資格が必要
設置運営の基準	学校教育法施行規則，幼稚園設置基準等	児童福祉施設の整備及び運営に関する基準	幼保連携型認定こども園の学級の編制，職員，設備及び運営に関する基準

○認定こども園法の改正により,「学校及び児童福祉施設としての法的位置付けを持つ単一の施設」を創設（新たな「幼保連携型認定こども園」）
　・既存の幼稚園及び保育所からの移行は義務づけず,政策的に促進
　・設置主体は,国,自治体,学校法人,社会福祉法人（株式会社等の参入は不可）
○財政措置は,既存3類型も含め,認定こども園,幼稚園,保育所を通じた共通の「施設型給付」で一本化
　→消費税を含む安定的な財源を確保

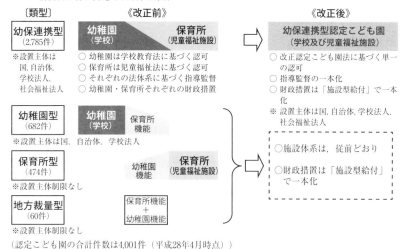

（認定こども園の合計件数は4,001件（平成28年4月時点））

図9-2　認定こども園法の改正について

　幼稚園的機能と保育所的機能の両方を併せ持つ単一の施設として,認定こども園の機能を果たすタイプ,「幼稚園型」認定こども園は,幼稚園が,保育を必要とする子どものための保育時間を確保するなど,保育所的な機能を備えて認定こども園の機能を果たすタイプ,「保育所型」認定こども園は,認可保育所が,保育を必要とする子ども以外の子どもも受け入れるなど,幼稚園的な機能を備えることで認定こども園の機能を果たすタイプ,「地方裁量型」認定こども園は,認可保育所以外の保育機能施設等が,保育を必要とする子ども以外の子どもも受け入れるなど,幼稚園的な機能を備えることで認定こども園の機能を果たすタイプである。
　特に,「幼保連携型」認定こども園は,就学前の子どもに関する教育,保育等の総合的な提供の推進に関する法律,いわゆる認定こども園法を改正し,幼稚園や保育所と並ぶ,学校及び児童福祉施設としての法的位置づけをもつ単一の施

設として創設されたものである。認定こども園法12条により，設置主体は，国，自治体，学校法人，社会福祉施設であり，財政措置は，既存の3類型も含め，認定こども園，幼稚園，保育所を通じた共通の施設型給付で一本化された。幼保連携型認定こども園の設備及び運営に関する基準については，認定こども園法13条2項の規定に基づき，幼保連携型認定こども園の学級の編制，職員，設備及び運営に関する基準に定められている。

幼保連携型認定こども園に入園できる者は，満3歳以上の子ども及び3歳未満の保育を必要とする子どもである（認定こども園法11条）。ちなみに，市町村が客観的な基準に基づき，教育・保育の利用時間を認定することとされ，認定区分については，教育標準時間認定（満3歳以上）を1号認定（認定こども園，幼稚園），保育認定（満3歳以上）を2号認定（認定こども園，保育所），保育認定（満3歳未満）を3号認定（認定こども園，保育所等）としている。

幼保連携型認定こども園には，園長及び保育教諭を置かなければならない（認定こども園法14条）。その他，副園長，教頭，主幹保育教諭，指導保育教諭，主幹養護教諭，養護教諭，主幹栄養教諭，栄養教諭，事務職員，養護助教諭などを置くことができる（同法14条2項）。保育教諭は，幼稚園教諭の免許状と保育士資格を併有することを原則とする（同法15条及び附則5条）。

2　認定こども園の教育及び保育内容等

幼保連携型認定こども園教育・保育要領は，認定こども園法10条1項の規定に基づき，幼保連携型認定こども園の教育課程その他の教育及び保育の内容に関する事項を規定している。その際，幼稚園教育要領と保育所保育指針との整合性の確保並びに小学校及び義務教育学校における教育との円滑な接続に配慮することになっている（同法10条2項）。なお，ここでいう「教育」とは，義務教育及びその後の教育の基礎を培うものとしての満3歳以上の子どもに対して，教育基本法（平成18年法律120号）に規定する法律で定める学校において行われる教育であり，また，ここでいう「保育」とは，保育を必要とする子どもに対して行われる児童福祉法（昭和22年法律第164号）に規定する保育である。

幼保連携型認定こども園教育・保育要領は2015（平成27）4月に策定され，2017（平成29）年が初めての改訂となった。その構成は，総則，ねらい及び内容並びに

配慮事項，健康及び安全，子育ての支援である。

　幼保連携型認定こども園における「乳幼児期の教育及び保育は，子どもの健全な心身の発達を図りつつ生涯にわたる人格形成の基礎を培う重要なものであるとの立場に立ち，その「教育及び保育は，認定こども園法2条第7項に規定する目的及び目標を達成するため，乳幼児期全体を通して，その特性及び保護者や地域の実態を踏まえ，環境を通して行うものであることを基本とし，家庭や地域での生活を含めた園児の生活全体が豊かなものとなるように努めなければならない」とされる。

　また，幼保連携型認定こども園教育・保育要領では，幼保連携型認定こども園の教育及び保育において育みたい資質・能力，幼児期の終わりまでに育ってほしい姿が明記されており，改訂幼稚園教育要領，改定保育所保育指針とともに，教育・保育内容に関する整合性が一層図られることになった。さらに，教育及び保育の内容並びに子育ての支援に関する「全体的な計画」についてもより明確化され，改訂幼稚園教育要領，改定保育所保育指針との共通化も図られている。

引用・参考文献
お茶の水女子大学開発途上国女子教育協力センター The History of Japan's Preschool Education and Care：日本の就学前教育の歴史　2006
厚生労働省　保育所保育指針の改定に関する中間とりまとめ　社会保障審議会児童部会保育専門委員会　2016年8月
内閣府　幼保連携型認定こども園教育・保育要領の改訂に関する審議のまとめ　幼保連携型認定こども園教育・保育要領の改訂に関する検討会　2016年12月
中央法規出版編集部（編）　認定こども園運営ハンドブック　平成28年度版第2版　中央法規　2016
中央法規出版編集部（編）　保育所運営ハンドブック　平成27年版　中央法規　2015
文部科学省　中央教育審議会答申　幼稚園，小学校，中学校，高等学校及び特別支援学校の学習指導要領等の改善及び必要な方策等について　2016年12月
湯川嘉津美　日本幼稚園成立史の研究　風間書房　2001

10章　特別支援教育制度

1節　第二次世界大戦後の障害児教育の展開

　第二次世界大戦後新たに構築された学校制度では，障害児を対象とする教育は「特殊教育」として組み込まれることになった。戦前は各種学校として扱われていた盲学校・聾学校に加えて養護学校が規定され，「幼稚園・小学校・中学校・高等学校に準ずる教育を行」うこととされたのである（旧学校教育法71条）。

　しかしながら，盲学校・聾学校は1948（昭和23）年の「中学校の就学義務並びに盲学校及び聾学校の就学義務及び設置義務に関する政令」（1948年4月7日，政令第79号）により，義務就学が実施されたが，養護学校に関しては戦前には存在していなかった学校種であったことから，教員の資質・教育課程・教育方法等学校の基盤整備が模索の段階であり，また財政的に逼迫していた上に新制中学の整備が急務であったため，「実施の期日は政令でこれを定める」として先送りされてしまった。

　戦後の日本国憲法26条に「その能力に応じて，ひとしく教育を受ける権利を有する」と教育を受ける権利が明記されたことは評価されて良い。このことは，「能力に応じた教育を受ける権利」「ひとしく教育を受ける権利」の両面で根拠づけるものであった。そして2項に国民は「その保護する子女に普通教育を受けさせる義務を負ふ」と規定している。この条文を素直に読めば，たとえ障害があろうとも「普通教育」の範疇で「能力に応じた教育」を「ひとしく」受ける権利が認められていることが読み取れる。こうした理念をもちながらも，当時の社会的事情により，養護学校への就学義務の実施は先送りされたのである。

　1960年代後半から世界的に高まった障害児の教育要求は，70年代から80年代にかけてアメリカ・フランス・イギリス・ドイツ等の先進国で次々に障害者教育法の制定として結実した（アメリカ1975年，フランス1975年，イギリス1981年，西ドイツ（当時）1986年）。わが国でもそれまでに1956年の「公立養護学校整備特別措置法」以降，各種政策により整備を進め，「学校教育法中養護学校における

就学義務及び養護学校の設置義務に関する部分の施行期日を定める政令」(1973年11月20日,政令第339号)が出されるに至り,1979年より養護学校への就学義務制が実施されることになった(文部省,1999年)。

ノーマライゼーションの進展やインクルーシブ教育へ向けての世界的動向を意識して,わが国でも交流教育の推進や通級教室の導入(1993年),個別の指導計画の策定(1995年)等,施策や試行を経て準備され,2001年1月の「21世紀の特殊教育の在り方について(最終報告)」(以下,2001年報告)で概念的変革の方向性が示され,2003年3月の「今後の特別支援教育の在り方について(最終報告)」(以下,2003年報告)で具体策が提示された。さらに2005年12月の中央教育審議会答申「特別支援教育を推進するための制度の在り方について(答申)」(以下,2005年答申)では実情に応じた具体的施策が提言された。これらを受けて,2006年6月に学校教育法が改正され,8月には教育職員免許法が改正され,2007年度からの特別支援教育の本格的実施へと整備された。

これら一連の報告書・答申を通じて提案されたのは,福祉・医療・労働といった領域の諸機関との連携体制確立と障害概念の拡大であった。そして,従来「特殊教育を行う場」を規定することで限定的に「場」でとらえていたものが,個々人のニーズに合わせて柔軟に行う教育へと「個人」に焦点づけた考え方へと転換が図られたのである。

2012年7月,「共生社会の形成に向けたインクルーシブ教育システム構築のための特別支援教育の推進(報告)」(以下,共生社会報告書)が文部科学省によってとりまとめられたが,これは障害者の権利に関する条約(以下「権利条約」と略称する)批准に向けて国内の体制整備の一環として教育改革の方向性を示したものといえる。並行して障害者基本法改正(2011年8月),障害者総合支援法成立(2012年6月),障害を理由とする差別の解消の推進に関する法律成立および障害者雇用促進法改正(2013年6月)等,障害者のためのさまざまな制度改革が行われた。そして2013年11月19日の衆議院本会議,12月4日の参議院本会議において,全会一致で締結が承認され,これを受けて2014年1月20日,吉川元偉国連代表部大使が,批准書を国連に寄託し,日本は140番目の締約国となったのである。

障害は個々人によって病態像が異なるために,限定された場で受け止めてそこで実現する機能の範囲での対応では不充分なことも多く,また状況に応じた

諸検査・訓練・医療的ケア・補装具等をはじめとする諸側面での支援など，教育領域単独では対応できない事項が多く関係しており，他領域と連携したサービス提供が必要とされる。さらに長期にわたり問題状況を抱えることから，生涯を見通した視点での対応が必要とされる。このようなことから，個別対応のメニュー作りや連動したサービス提供のために，他領域との連携態勢構築・情報交換が必要とされたのである。そして，軽度発達障害児者をも対象として含めていくことから，学校教育後の社会での自己実現に向けた準備として，学校教育段階での適性伸長のためのキャリア教育や就労前教育・就労準備教育の重要性が，これまで以上に強く認識されることになったのである。そしてこれら一連の動きは，権利条約採択・署名以後の批准に向けた整備を通じてさらに加速されてきている。

　本章では，こうした障害児教育の概念的変革，いわばパラダイム転換を踏まえつつ，特別支援教育の意義，特別支援教育体制の制度的概要，権利条約との関連，インクルーシブ教育システム構築に向けた特別支援教育の課題について，みていくことにする。

2節　特別支援教育の意義

1　特別支援教育構想

　2001年報告では，「特別支援教育」の語は使用されておらず，「特殊教育」をどのように変革していくかが論じられた。そこでは，「障害のある幼児児童生徒の視点に立って一人一人のニーズを把握し，必要な支援を行う」(第1章2)という基本的な視点を示し，これまでの就学保障から教育保障への転換を図ろうとしている。その上で，教育・福祉・医療・労働の連携を推進し，同時に特殊教育と通常教育のシームレス化を目指すという2つの大きな転換を提言している点に注目できる。

　2001年報告で述べられた4領域の連携の視点は，「障害者基本計画」(2003年度を初年度とする計画で2002年12月24日に策定)などに盛られた「障害のある者一人一人のニーズに対応して総合的かつ適切な支援を行う」という視点と軌を一にするものであり，障害のある者の自立や社会参加まで見通した教育的支援を意

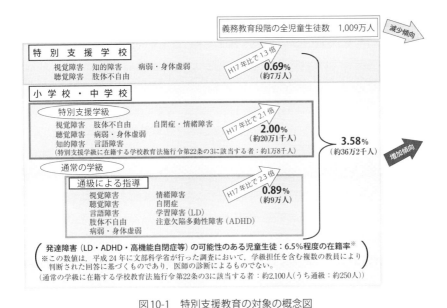

図10-1　特別支援教育の対象の概念図
(出典：教育再生実行会議「全ての子供たちの能力を伸ばし可能性を開花させる教育へ」
(第9次提言)資料4-2, p. 22)

図している。そうした支援の展開は，個々の教員や学校では対応しきれない状勢にあるという認識に依っている。子どもたちの生活において起こりうるさまざまな局面に即し，生涯を見通した視点での支援が求められており，そのためには関連領域の各機関が連携しながら支援を展開する必要性がある，という認識への転換であった。

こうした基本的な考え方の下，従来は特殊教育の対象外とされてきた学習障害（LD：Learning Disabilities），注意欠陥／多動性障害（ADHD：Attention-Deficit/Hyperactivity Disorder），高機能自閉症などの子どもたちも教育的支援の対象に含まれることとなった。特別支援教育の対象の概念図を図10-1に示す。

2　調査研究協力者会議報告書・中央教育審議会答申の概要と特別支援教育構想の骨子

2001年報告書第1章で，

　①障害のある児童生徒の自立と社会参加を社会全体として，生涯にわたって支援

②教育，福祉，医療等が一体となった相談及び支援を行う体制の整備
③障害の重度・重複化や多様化を踏まえた，盲・聾・養護学校等における教育の充実と，通常の学級の特別な教育的支援を必要とする児童生徒への積極的な対応
④就学指導の在り方の改善
⑤特殊教育に関する制度の見直し，市町村や学校に対する支援の充実
が必要とされた。

　その上で，第2章では就学指導の在り方の改善について，第3章では特別な教育的支援を必要とする児童生徒への対応について，第4章では特殊教育の改善・充実のための条件整備について，提言がなされている。

　また「第2章　就学指導の在り方の改善について」で，「教育委員会や学校，医療機関，児童相談所，保健所等の関係者で構成する特別の相談支援チームのような組織を作り，教育・発達相談の機会の充実を図ること」「盲・聾・養護学校においては，その専門性や施設・設備を活かして地域の特殊教育の相談センターとして，市町村教育委員会，特殊教育センターや福祉，医療関係機関等と連携しながら教育相談を実施したり，特別の相談支援チームに参加するなどその役割を果たすこと」と述べ，センター的機能のイメージと相談支援に重点を置くことが述べられている。

　2003年報告書では，第1章で現状と情勢の変化を整理し，第2章で特別支援教育の基本的な考え方や視点が示された。以下，第3章で盲・聾・養護学校等特殊教育諸学校の在り方，第4章で小中学校の在り方，第5章で特別支援教育体制の専門性の強化について示されており，教育制度における改革の骨子が示されている。2001年報告を踏まえながら，教育制度に視点を移した場合の改革の眼目について，より詳細なイメージが提示されたのである。

　質の高い教育的対応のためには，教員の専門性向上と関係機関の有機的な連携が必要であるという認識から，ツールとして「個別の教育支援計画」の必要性が認識され，また特別支援教育コーディネーターが重要な役割を果たすとされた。こうした整備の結果地域の総合的な教育的支援体制が構築されるとし，地域における他領域の専門機関との連携協力を視野に入れながら教育支援機関の再編を図るための方向性が示されている。

実は，2002年12月24日に策定された「新障害者プラン」において「個別の支援計画」を2005年度までに策定することが示されていたのである。軽度発達障害児者まで含め，生活全般をとらえた対策を講じ，他領域の専門機関との連携協力を通じて「個別の支援計画」を策定するために，教育の領域においては，従来は緩やかな結びつきしかなかった特殊教育諸学校と特殊学級・通常学級を強く関係づけ，構造的な関係に再編する必要性があった。その上で「個別の教育支援計画」，すなわち教育領域における「個別の支援計画」を策定していく必要があったのである。

　2005年答申では，2003年報告で示された方向性に現実的側面を重ね合わせ，具体的施策を提示している。特別支援教育構想に沿った方策の提案を行い，特別支援学校教員免許の保有促進を要請し，教育職員免許法附則16項の廃止を視野にとらえた提言を行っている等，評価できる点は多い。しかしながら，特別支援学校のセンター的機能を重視する一方で，特別支援教育コーディネーターは校務分掌をもって充てるとするなど，その機能や専門性は重視されていなかったり，特殊学級を特別支援教室へと構造改革するまでには至らなかったり，と現実的制約に意識を向けすぎた印象はぬぐえない。また，後述するが特別支援教育担当教員の専門性に関しても正しく認識していないように思われる部分も含まれている。

3　インクルーシブ教育実現に向けた制度改革としての意義

　これら一連の報告書等で提示された構想は，サラマンカ声明(1994)に盛られたインクルーシブ教育を目指したものといって良い*。

　個々人で異なるさまざまなニーズに対応するためには，生活基盤に密着した支援態勢が講じられなければならない。その内容は，情報提供レベルから専門家を派遣して指導するレベルまで，多岐にわたっている。またライフステージに従ってニーズの内容は変化し，各領域の関与する比重は変容すると同時に，子どもたちの人生設計に連動して異なる方向性をもつことになることから，生涯を見通した視点でとらえる必要がある。

---

*　サラマンカ声明については，下記のURLなどに全文訳が掲載されている。
　http://www.nise.go.jp/blog/2000/05/b1_h060600_01.html

特別支援教育構想は，個別の教育支援計画を立案することを通じて，地域リソースの活用を含め，地域の実情に応じた連携の在り方を模索することを要請しており，子どもたち個々人を地域で受け止め，生活基盤と密接に関わる課題に対応しようとしている点で意義あるものといえる。

しかしながら，構想を具現化していくプロセスで，制度的実態や財政的制約により，充分な進捗を見たとはいえないのが現状である。それは「タテ割り行政」の壁を超えた連携を必要としていることや，それに伴って個人情報保護や守秘義務との関連で児童生徒を巡る情報の共有や活用の方法・範囲が充分に検討されていないためである。今後，権利条約への対応に向けた条件整備を通じて整合性がとれるよう調整が図られ，子どもたちのニーズに応えうるような情報の有効活用の道が模索されなければならない。

3節　特別支援学校とその職員

1　特別支援教育制度の概要

特別支援教育とは，従来の障害児教育の対象の障害だけでなく，軽度発達障害（LD, ADHD, 高機能自閉症等）を含めた障害のある児童生徒の個に応じた教育的ニーズに対応できる教育的支援を行うものとされている。そのためには，現行の障害児教育システムにはなかった「特別支援教育コーディネーター」を中心としたシステム作りが明記されている。特別支援教育コーディネーターとは教育的支援を専門的に実行できる人材であり，かつ学校・家庭および福祉・医療・労働の関係機関を連携協力の強化のための人材である。以下，特別支援教育制度について概観しておく。特別支援教育の具体的イメージは図10-2に示すとおりである。

(1) 特別支援学校

従来の特殊教育では，盲学校・聾学校・養護学校の3校種が置かれ，さらに養護学校は対象により，知的障害養護学校・肢体不自由養護学校・病弱養護学校に分類されていた。これが2006年6月の学校教育法の改正により，特別支援学校へと統一的に再編成されたのである。しかしながら，それぞれの校種の特殊性を考慮して，当面，聴覚特別支援学校・視覚特別支援学校・特別支援学校へと

10章　特別支援教育制度　157

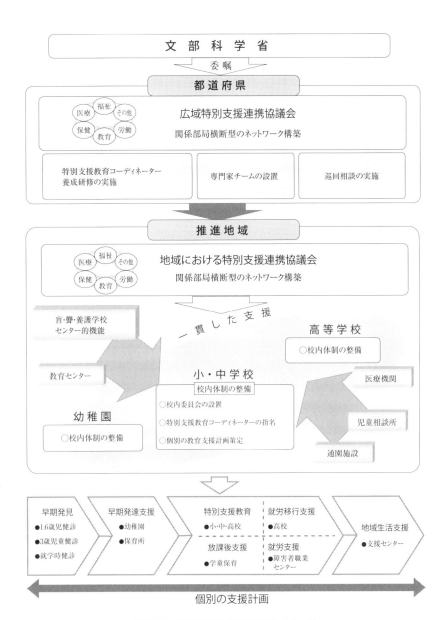

図10-2　特別支援教育の具体的イメージ

表10-1 特別支援学校対応障害種別学校数，設置学級基準学級数及び在籍幼児児童生徒数
－国・公・私立計－（平成27年5月1日現在）

	学校数 (学校)	学級数 (学級)	在籍幼児児童生徒数				
			計 (人)	幼稚部 (人)	小学部 (人)	中学部 (人)	高等部 (人)
視覚障害	83	2,269	5,716	215	1,767	1,229	2,505
聴覚障害	118	2,859	8,625	1,174	3,139	1,943	2,369
知的障害	745	29,569	124,146	218	34,737	27,987	61,204
肢体不自由	345	12,248	32,089	132	13,541	8,316	10,100
病弱	145	7,568	20,050	32	7,490	5,604	6,924

※この表の学級数及び在学者数は，特別支援学校で設置されている学級を基準に分類したものである。複数の障害種を対象としている学校・学級，また，複数の障害を併せ有する幼児児童生徒については，それぞれの障害種ごとに重複してカウントしている。
（出典：「特別支援教育資料（平成27年度）」(2016)）

移行された。

特別支援学校は幼稚部・小学部・中学部・高等部を設置できることとなっており，必要に応じて多様な形態で設置したり，専攻科を併設しているところもある。最近では知的障害者の社会自立を目指して職業教育に比重を置いた高等部単独の高等特別支援学校も設置数を増やしている。また，障害が重いため通学できない子どもに対しては，教員が家庭，施設，病院などに出向いて指導する訪問教育を行っている。

特別支援学校の2015年5月1日現在の状況は表10-1に示すとおりである。2015年5月1日現在では，学校数1,114校，在学者数137,894人，本務教員数80,905人となっている。学級編成の標準は6人（障害を2以上併せ有する児童又は生徒の学級の場合は3人）となっており，実態は平均的には3人程度である。

(2) 特別支援学級

特別支援教育構想においては，「特別支援教室」として担任教員を置かない形で提案されたが，通常学級の定員を削減するなどの条件整備策が提示されなかったことから，教員・保護者から不安の声が強く，従来の特殊学級を継承する形で特別支援学級として置かれることとなった。本来，「特別支援教室」は従来の特殊学級と通級による指導とを発展的に融合させ，日常的には対象児は通常学級に所属し，必要に応じて特別支援教室で抽出指導（必要に応じて特定の教科内容・トレーニングのために特別支援教室へ抽出して別室（特別支援教室）の特別支援教育専任の教師から個別的に指導を行う形態）を受ける形態を目指したものであった。そのた

表10-2 小・中学校における特別支援学級に在籍する児童生徒数 ―国・公・私立計―
(平成27年5月1日現在)

障害種別	小学校		中学校		合計	
	学級数(学級)	児童数(人)	学級数(学級)	生徒数(人)	学級数(学級)	児童生徒数(人)
知的障害	16,927 (45.4%)	66,720 (47.8%)	8,505 (49.3%)	33,495 (54.1%)	25,432 (46.6%)	100,215 (49.7%)
肢体不自由	2,061 (5.5%)	3,286 (2.4%)	785 (4.5%)	1,086 (1.8%)	2,846 (5.2%)	4,372 (2.2%)
病弱・身体虚弱	1,237 (3.3%)	2,112 (1.5%)	555 (3.2%)	918 (1.5%)	1,792 (3.3%)	3,030 (1.5%)
弱視	350 (0.9%)	407 (0.3%)	90 (0.5%)	103 (0.2%)	440 (0.8%)	510 (0.3%)
難聴	699 (1.9%)	1,075 (0.8%)	297 (1.7%)	443 (0.7%)	996 (1.8%)	1,518 (0.8%)
言語障害	479 (1.3%)	1,541 (1.1%)	110 (0.6%)	150 (0.2%)	589 (1.1%)	1,691 (0.8%)
自閉症・情緒障害	15,571 (41.7%)	64,385 (46.1%)	6,920 (40.1%)	25,772 (41.6%)	22,491 (41.2%)	90,157 (44.7%)
総計	37,324	139,526	17,262	61,967	54,586	201,493
担当教員数(人)	40,003		18,878		58,881	
設置学校数(校)	16,085		7,851		23,936	

※中等教育学校の特別支援学級は無し。
※情緒障害者を対象とする特別支援学級については,「「情緒障害者」を対象とする特別支援学級の名称について」(平成21年2月3日付20文科初第1167号 文部科学省初等中等教育局長通知)において,「自閉症・情緒障害」と改称。
(出典:「特別支援教育資料(平成27年度)」(2016))

めには通常学級の条件整備や特別支援教育担当教員の活動の柔軟性を確保するなどの対策が講ぜられる必要があったのである。

特別支援教育への移行により,教育の目的などの面で法規定に連動した変更はあったものの,実態としては大きくは変容していないものと思われる。ただし,担当教員が特別支援教育コーディネーターとしての指名を受けた場合,通常学級に在籍する軽度発達障害児の指導や外部機関との情報交換等の窓口としての業務が負担増になっているものと思われる。

特別支援学級の現状を表10-2に示す。

(3) 通級による指導

通級による指導は,学校教育法施行規則140条および141条の規定に基づき,小・中学校の通常の学級に在籍している障害の軽い子どもが,ほとんどの授業を通常の学級で受けながら,障害の状態等に応じた特別の指導を特別な場(通級指導教室)で受ける指導形態である。通級の対象となる障害の種類は,言語障害,自

閉症，情緒障害，学習障害(LD)，注意欠陥多動性障害(ADHD)，弱視，難聴，肢体不自由，病弱・身体虚弱である。1993年度から開始されている。2006年度からLD・ADHDが新たに加わった。自校通級・他校通級の形態があり，地域の実情に応じて拠点校方式などを採用していることもある**。

　これら設定されている教育の場のどこを拠点に対象とする子どもの教育を考えるか，また拠点以外で提供される教育内容をどのように組み合わせていくかということについての方向性を定めるために，就学指導が行われている。

　従来は，学校教育法施行令22条の3に定められた障害の程度を基に通達で教育措置との対応を示した判断基準を適用し，就学指導が行われていた。手続きとしては，就学指導委員会を設置し，判断基準と保護者等の希望等を勘案した上で就学校を決定していたのである。

　ところが2000年度から施行された「地方分権の推進を図るための関係法律の整備等に関する法律」(略称：地方分権一括法，1999年成立)により，国の公共事務・団体委任事務・行政事務及び機関委任事務が自治事務あるいは法定受託事務へと切り替えられることになり，これまでの通達が失効したことにより，上記判断基準は根拠を失うこととなった。

　そこで文部科学省は「障害のある児童生徒の就学について（通知）」(2002年5月27日付，14文科初第291号)という通知を出し「特に，障害の判断に当たっては，障害のある児童生徒に最もふさわしい教育を行うという視点に立って，教育学，医学，心理学等の観点から専門家の意見を聴いた上で総合的かつ慎重に行うこと」と指示した。そして特別支援教育への移行後は，就学基準に該当する児童は就学に関するガイダンスを経て教育支援委員会による総合的判断がなされ，「本人・保護者の意見を最大限尊重し，教育的ニーズと必要な支援について合意形成を行うことを原則とし，最終決定」されることとなった。

　最後に，財政的側面について，簡単に示しておく。児童生徒一人あたり教育費の現状について，2013年度の児童生徒一人あたり学校教育費をみると，特別支援学校で7,043,301円となっており，これに対して小学校で912,044円，中学校で1,043,471円となっており，特別支援学校は小学校の7.7倍，中学校の6.7倍の教

**　例えば，日本特殊教育学会特殊教育システム検討委員会自治体研究班編『「特別支援教育」への転換——自治体の模索と試み』などに模索の様子がうかがえる記述がある。

育費がかかっていることが分かる。

2 他領域の諸機関との連携と協働

これまで述べてきたように，今後は子どもの生活をめぐって，他の関係機関と連携し，情報交換を行うとともに，子どもの生活に根ざす課題をとらえながら，個別に支援内容を明らかにしていかなければならない。特別支援教育体制では，それらの支援のうち，特に学校教育に関連する支援でのリーダーシップを執るべく，システム整備が進められなければならない。

学校内での医療的ケア・日常の健康管理・療育機関との連携した発達支援・就労支援に向けた取り組み等，従来も現場的にある程度は行われてきたことであるが，さらに積極的にとらえて，医療機関のプログラムや福祉・保健機関のプログラム，療育機関のプログラムと学校での実践活動とを有機的に結びつけ，より実効性の高い支援となるよう，連携態勢を整えていかなければならない。

特別支援教育構想では，広域特別支援連携協議会や地域における特別支援連携協議会を設置し，環境整備に充てると考えられているが，現状は連携の在り方を模索している状況で，実務者レベルでの有機的な連携態勢にまで成熟しているとはいえない。

3 特別支援教育教員に求められる資質

特別支援学校教員には，ある程度カテゴリー化された障害領域に即した専門的力量が必要とされ，特別支援教育コーディネーターとして位置づく場合には，特別支援学校教員としての力量にあわせて特別支援教育コーディネーターとしての力量が要請される。

このようなことから，特別支援学校教員免許では，従来の障害種別の5領域が設定され，教員免許取得の際に修得した単位の種別によって，「5領域での一種免許」「3領域での一種免許」等と専門性を表現しようとしている。免許法改正の際には，特別支援教育の基礎理論に関する科目の単位数が減じられ，指導法に関する単位数が新たに枠づけられてかなり比重をかけた形で設定された。このことは，実践的力量養成を重視する方向を示しているといえなくもないが，一種免許で修得すべき専門性の内容としては均衡を著しく欠き，同時に養成機関

の実情からすれば問題が多いといわれている。専修免許では，保有する一種免許に係る領域のうちから1つの領域を選択して専門性を深めることになっている。特別支援教育コーディネーターに関しては，特別支援教育構想の基軸となる要素であるにもかかわらず，特別な枠組みは規定されていない。

特別支援学級担当教員に関しても，なんら資格を求めていない。今後，軽度発達障害を含めた軽度障害児に対する指導に関する実践的力量や専門性が求められることが予測されることから，免許等での枠づけが必要と思われる。

加えていえば，通常学級担当教員に関して，自ら障害を理解するとともに，健常児に対する障害理解教育を実践していく力量が求められる。さらに特別支援教育に関するある程度の知識と指導法に関する力量が必要とされることになる。特別なニーズをもつ児童生徒が通常学級を基盤とした学習活動を展開しようとするとき，基盤となる集団での受容が重要である。軽度発達障害は，「障害」として明確に認識される症状が少なく，いじめなどの対象にされやすいのでなおさらである。これらの児童生徒は，特別扱いは必要ないかもしれないが，指導法の工夫など特別な配慮は必要としている。この点は従来の養成教育・現職教育で見過ごされがちであった点であり，教員の基礎的力量として必須の要件となる。

4 教員以外の関連職員

従来から，障害児の教育には，リハビリテーション関連のスペシャリストとして，作業療法士(Occupational Therapist : OT)，理学療法士(Physical Therapist : PT)，言語聴覚士(Speech Therapist : ST)等のセラピスト，メディカルスタッフとしての医師(学校医)・看護師，ソーシャルワーカー，心理判定員，学校心理士，補装具関連のスペシャリスト，寄宿舎指導員等，関連領域の専門家やスペシャリスト，指導員がかかわってきた。そのかかわり方は，日常的な教育実践とはかかわりが薄く，対象児の将来を展望した内容とはなりにくいケースも多かった。

特別支援教育体制では，個別の教育支援計画を策定し，さらに個別の指導計画で詳細を検討しながら実践活動を進めることになっている。これらのプロセスを通じて，上記の専門家たちの所見を得たり，意見交換しながら検討を進める必要がある。保護者から対象児の状況や将来に向けての保護者の願いを聴き取り専門家に伝えたり，専門家からの所見を検討し，指導内容をともに検討し

たりする必要性が予測される。保護者への情報提供は就学前だけでなく，就学後もこれまで以上に重要な事項となるのである。

　こうした観点からいえば，教員以外の専門職員には，これまで以上に子ども理解や生活上の課題への認識，子どもの将来を展望する視点が求められるといえよう。

5　障害者の権利条約と関連した改革の方向性

　共生社会報告書 (2015年) は，権利条約で求められる合理的な配慮条項に基づく完全なインクルージョンに対するわが国の立場を説明したものといえる。本条約は障害のある者も障害のない者も同じ場で活動することを意図しており，そのために合理的配慮がなされなければならず，これが提供されないことも差別に含まれる，としている。本人の意向が表明され，過度の財政負担とならない場合に，別異(べつい)の処遇が妥当なものとなる。このことは社会におけるあらゆる制度・体制において実現されなければならず，教育制度においては，とくに重要である。この点，わが国の教育制度における特別支援学校や特別支援学級の設定は，条約の趣旨から外れるものと批判があった。それに対して共生社会報告書では段階的に改善していく姿勢を示し，さらに第3章で「なお，障害者の権利に関する条約において，『合理的配慮』の否定は，障害を理由とする差別に含まれるとされていることに留意する必要がある」と盛り込まれた。

　今後わが国の教育体制は，「完全なインクルージョン」に向けて急ピッチで改革するよう迫られることになるだろう。国際条約は憲法よりは下位に位置するが，国内法の上位とされるから，条約の意図を反映していない国内法や制度は条約の理念を実現するよう改正される必要性が生じるからである。これまでの障害児者を無意図的にしろ排除した体制を「普通の状態」として採用してきたことの負の遺産の解消が急務とされているのである。とくに基礎的環境整備が急務となる。人々の意識や信条は一朝一夕には変容させることが難しいが，制度・組織や施設設備等物理的に整備が進められ，並行して啓発が十分に行われることで，地域社会ひいては社会全体での理解が進み，受容が浸透していくものと思量されるのである。

　「合理的配慮」(Reasonable Accommodation) とは新しい概念であり，米国で「障

害のあるアメリカ人法(Americans with Disabilities Act of 1990)」(1990)において初めて示された概念である。元来は教育に関する用語ではなかったが，権利条約では24条の「教育」において教育についての障害者の権利を認め，この権利を差別なしに，かつ，機会の均等を基礎として実現するため，障害者を包容する教育制度(inclusive education system)等を確保することとし，その権利の実現にあたり確保するものの1つとして，「個人に必要とされる合理的配慮が提供されること」を位置づけている。

　「合理的配慮」という表現では責務という意味が欠落する危険性があるため，義務性の強い概念として受け入れなければならない。先述のとおり合理的配慮の有無が，障害を理由とした差別に大きく関係しており，合理的配慮を国や学校設置者，各学校における「責務」ととらえ，その責務を怠ることが障害者に対する差別へとつながることをはっきりと認識しておかなければならない。また，合理的配慮を行うにあたって基礎的環境整備の充実は欠かせないものであり，実際的には財政的，物理的，人的な課題も出てくる。そのため現状を示すだけでなく，短期・長期的な整備計画が必要とされる。一人ひとりに応じた合理的配慮とするためには，各障害特性のみにとらわれマニュアル化されたものとならないよう留意する必要がある。また，すべての教員は特別支援教育についての理解と専門性を身につけておく必要がある。そして，単に各障害の障害特性や支援方法についての知識・技能を高めていくだけでなく，基底にはインクルーシブ教育システム構築という目標があり，そのための合理的配慮ということも認識しなければならない。

4節　特別支援教育制度の課題

　特別支援教育構想は，将来的にはすべての子どもが通常学級に在籍することを基本に，子どものもつニーズに応じて柔軟かつ選択的にサービス内容を変更・移動できるよう対応していこうとするものである。今後，通常教育に対応する基盤的部分と特別支援教育の内容に対応する部分との階層化された態勢へと組み替えが必要となる。

　特殊教育から特別支援教育へと制度的枠組みの変革は実現したが，理念的な

パラダイム転換はまだ達成できているとはいえない状況である。以下，今後の課題を概観しておくことにする。

1 制度的課題

制度面からとらえた場合には，インクルーシブ教育実現までの課題が注目される。学校制度への「入口」「出口」，そしてその間にある学校の改革課題として残されている特別支援教室実現に向けての課題である。

第一に，就学以前の態勢の再編が挙げられる。従来はそれぞれ異なる目的で幼稚園・保育所の2種類の機関でサービスが提供されて来ており，それぞれ対象や条件・設置基準が異なっていた。ところが，2006年10月，認定こども園制度が創設され，2012年4月に成立した子ども・子育て支援法など関連3法により，幼保一元化に向けた整備が進められることとなった。幼児期には問題性の早期発見が可能であり，早期療育へと繋げることができる。これらの機関では子ども達の日常のきめ細やかな観察が期待でき，子どもたちの活動を生活ベースでとらえようとするならば，認定こども園のような施設で幼児教育・保育両面のニーズが充足されるよう，さらなる充実が望まれるところである。

2点目の特別支援教室実現に向けての課題は，次のようにとらえられる。

現状では特別支援学級として，従来と同様の固定式の担任教員がいる形態が採用された。学校教育法の改正経過でも課題とされたが，最終的には特別支援学級となり，「特別支援学級に関しては，対象となる子どもの増加，教育の困難性等に十分配慮した施設設備に努めるとともに，特別支援教室にできるだけ早く移行するよう十分に検討を行うこと」という附帯決議を行うにとどめられた。インクルーシブ教育では，特別支援教育担当教員は通常学級を巡回し，該当児童生徒の指導に加わるケースも考慮されるべきである。当然のことながら，必要に応じて特別支援教室で指導を展開する時限もある。こうした条件が整備されてはじめて，特別支援教室は意義あるものとなる。

特別支援教育担当教員に通常学級間を移動しながら指導に加わる柔軟性を付与するためには特別支援教育担当教員の定数増を必要とし，同時に通常学級担当教員の負担減を考慮した学級定員削減やティームティーチングその他の方法が採用できるような活動の柔軟性の確保等，標準法レベルでの整備の必要性が

あろう。

さらに就労をめぐる変革を挙げておきたい。

個別の教育支援計画には，障害に由来する支援を必要とする医療・福祉・療育面での事項とそれらの情報を基盤にすえた児童生徒の発達課題・学習課題やそれに対する指導計画等の事項が関連づけられて含まれる場合が考えられるが，生涯を見通した視点に立てば，学校卒業後の社会での自立や自己実現のための課題，職業生活に向けての適性や性格特性とそれらに対する学校段階での指導計画なども含まれる必要がある。このように見ていくと個別の教育支援計画は，教育実践にかかわって個別の指導計画とある程度重なることが理解されるが，具体的詳細に関して個別の指導計画で明確化しておく必要があることも多い。すなわち，個別の指導計画は個別の教育支援計画に全面的に包含される関係にはない場合も多いことが想定される。同様に就労支援に関しても，「個別の移行支援計画」として，教育支援とは別の側面の支援とも重なり合いながら，教育支援計画に含めて考慮される必要性があるという性格を有している。

特別支援教育構想では，教育部局以外の関連機関との有機的な連携がシームレスに進められるような体制作りを提言している。これと並行して，福祉・労働領域では障害者生活・就労支援センターが委託設置されたり，また障害者職業能力開発校などを窓口としながら，2004年度には「障害者委託訓練事業」が開始されたりしている。特別支援学校でもこうした動きに合わせた取り組みが要請されており，高等部を中心に個別の移行支援計画の作成が行われている。

このように生涯を見通した支援の在り方の模索も始まったが，就労に向けた適性の明確化や職場実習，就労先での受け入れ体制作り等，移行時期に直面する就労前教育にとどまっている。今後は，就労や勤労の意義を理解したり，社会的活動を通じて自己実現しようとしたり，自己選択・自己決定する力を修得し自立への基盤を培う等，職業や社会的活動と向き合う姿勢を形成する職業前教育も含めた中・長期的な個別の移行支援計画が検討されなければならない。

2 機関間連携をめぐる課題

機関間連携をめぐっては，まず協働態勢確立に向けての課題が挙げられよう。

特別支援教育は緒に就いたばかりであり，関係機関も横並びの状態である。

また，それらの間には長年の間に形成されてきた領域間の壁が存在する。こうした各機関内で完結していた業務から特別なニーズ支援のためのコンセンサスを得て必要な情報を引き出し，またこれと連動した支援サービスを提供できる態勢が構築されなければならない。現状では広域特別支援連携協議会や地域における特別支援連携協議会等が設置され，各都道府県教育委員会がリーダーシップを執ることになろうが，教育以外の領域でのサービスに関して，サービス内容や機能の範囲，障害児者関連制度の概要等の理解を深めると同時に，互いに地域リソースの1つとして位置づくことを意識した態勢作りが求められている。

今後，個別の支援計画やその下位計画の作成・実施・検証等を通じて実質的な協働態勢構築が目指されなければならない。支援を受ける側からは，シームレスなサービスが展開されてはじめて，実質的な支援となるのである。

次にコーディネーターの位置づけと権限に関する課題が指摘できる。

現時点では，特別支援教育コーディネーターにはとくに資格条件が設定されておらず，校務分掌をもって充てることとされている。こうした状況ではコーディネーターは校長の指揮の下にあり，校長が必ずしもコーディネーターとしての専門性を必要としないために，児童生徒の状況に対する判断が分かれたり他機関との調整結果に対して校長が学校側の都合を優先させようとした場合に，コーディネーターの専門性が抑制される危険性がある。コーディネーターの専門性の内容を明確にし，専門職としての資格を確立し，校長と適切な協議のできる位置づけを与える方策を講ずるべきである。

3　教員に関する課題

教員に関する課題は，通常学級担当教員と特別支援教育担当教員の専門性に関する段階的な問題としてとらえられる。

現在，小・中学校，高等学校の教員免許では，特別支援教育関連の専門性を設定しておらず，特別支援教育に関しては特別支援学校教員免許として独立した設定になっている。特別支援学校免許自体は，小学校・中学校・高等学校のいずれかの教員免許を基礎免許とし，あわせて取得して初めて有効となるいわば「2階建て免許」である。このため，通常学級担当教員には特別支援教育関連科目の

学修経験をもたない者も多く，特別なニーズのある子どもを担任してはじめて特別支援教育に関する専門性の欠如を自覚するケースも多い。

　特別支援教育担当資格に関しては，特別支援学校教員免許が校種別免許として枠づけられているために，特別支援学級担任者には，特別支援教育関連の専門性についての資格要件が定められていない状況である。特別支援教育への移行決定時にも，このことについての新たな措置はなされておらず，このため特別支援学級担任者を選任する際に，特別支援教育関連の専門性とは無関係に選任されてしまう危険性がある。2014年度の免許状保有率を見ると，小学校で32.4％，中学校で26.4％にとどまっており，選任された教員個人が，研修や教育職員免許法認定講習等により，専門性向上に向けて努力するに任されているのが現状といえる。

　また，特別支援学校の教員免許状保有率は，2014年5月1日現在で，視覚障害教育56.7％，聴覚障害教育48.7％，知的障害教育75.2％，肢体不自由教育75.1％，病弱教育72.8％となっており（「特別支援教育資料」，文部科学省初等中等教育局特別支援教育課2016年6月），充分に対応できるとは言いがたい状況である。特殊教育諸学校免許の取得義務づけの方針が示され，免許法認定講習受講などでの取得が奨励されてはいるものの，教育職員免許法附則16項の「幼稚園，小学校，中学校又は高等学校の教諭の免許状を有する者は，当分の間，3条1項から3項までの規定にかかわらず，特別支援学校の相当する各部の教諭又は講師となることができる」という経過措置のために設けられた規定は残され，保有義務づけを完全実施に移せる状態にはないと言える。

　今後，小・中・高等学校教諭免許状にも特別支援教育に関する単位を設定すると同時に，特別支援教育担当教員には専門免許保有を義務づける等，研修の在り方や免許の構造も含めた検討が進められなければならない。

　最後に今後顕在化してくると予想される，異職種職員との協働をめぐる課題についても触れておきたい。これまで，これらの職員は校内に常駐するのではなく，定期的に来校したり，必要に応じてサービスを提供したり，という形態でかかわることが多かった。特別なニーズ概念の検討が進み，定着していく中で，たとえば医療的ケアのように，看護師が常駐するようになったり，医師との連絡体制が強化されたり，といったことが見られるように，教員以外の専門的技

量を有する職員が一定常駐したり，それらの職員と連携したりする必要が増加してくることも考えられる。

　そうした場合には，学校側にも他領域の職種に対する基礎的理解が求められるようになると予測される。従来の「教職」の範疇外の技能修得や基礎的理解（医療的ケアや，学校心理士・ST資格等）の要請が生じてくると思われるのである。教員が専門的技量を修得するというものではなく，専門的技量を有する職員との連携方法を模索する意味での研修ニーズの明確化が検討課題となるのである。

4　基礎的環境整備と合理的配慮をめぐる課題

　まず，子どものもつ課題に対する保護者・学校・福祉関係機関・医療関係機関・療育関係機関のスタッフ間での共通認識を形成する仕組みが必要である。各領域で子どもの特別なニーズに対して認識を一致させ，各々の領域の専門的見地からのアプローチを行う。このようなプロセスにおいて情報交換は円滑に効率よく行われ，充実した支援が展開できる。日々の実践の成果や進捗状況を把握することで，専門スタッフが自己の担当領域に関して，新たな調整を加えることができる。

　次に地域の人々の理解と受容が必要である。共生社会の形成は，地域を基盤として実現するのはいうまでもないが，教育体制においては地域リソースの活用や教育リソースが連携したサービス体制を採る必要がある。多様な学びの場とその連続性が確保される必要性がある。具体的には，学校以外の施設利用や校内の通級指導教室等の活用，およびそれらの組み合わせによる方策などである。その際に地域の人々の協力体制によって，活動の充実度は影響を受けるからである。また，対象児の周囲の児やその家族において，受容ができていることも肝要である。障害理解教育やPTAなどでの理解啓発活動が重要である。

　同時に家族の力量形成・向上についても指摘しておく必要がある。ここでいう家族の力量とは，専門知識等をいうのではなく，問題の本質がどういうところにあり，知りたい情報がどのようなものかを可能な限り明確にできる力量のことである。また，自分たちが知りたい情報の所在を知る方法について理解していることもこれに含まれる。ICTの有効活用が望まれる。

○特別支援センター──ワンストップ型システムの整備

　トータルケアのための情報の一元管理，相談への助言・連動した支援内容の一貫性の確保，相談者の見通しの良さの確保という意味で，特別支援センターでのワンストップ型の支援体制構築が模索されている。関係領域が協働態勢をとりながら業務を進める上でワンストップ型の特別支援センターの枠組みが整備されることは好都合である。

　ワンストップ型システムとは，窓口を一本化し，一連の相談業務に諸手続きや情報提供などの付加的な選択肢も用意した体制で子育て相談等を受け止めようとするものである。インテーク***窓口は1ヵ所に限定する必要はなく，自治体の規模等に合わせて複数箇所設置することが考えられる。インテーク窓口で受け付けた相談内容は「特別支援センター」に集約され，内容によって，適切な対応に振り向けられることになる。

　「特別支援センター」は，必ずしも独立した施設である必要はない。データの管理と記録の保存が基本的な機能であり，各領域の専門スタッフから寄せられる情報を集約し，ICT活用により整理するようにすればよい。重要なことは，関係者から情報提供の依頼があった際に，必要な情報を速やかかつ適切に提供できることである。

　このようなシステムが構築されれば，関係各機関で得られたデータや所見がリアルタイムに反映され，データが共有され，しかも情報提供における即時性が確保される。ただし，個人情報の外部流出がないよう，セキュリティが確保されることと，こうした情報を扱う関係者全体の意識や専門性向上が肝要となる。所属する部署により子どもたちにかかわっていく主目的は異なるので，その相違を認識し，さらに立場の違いを考慮しつつ連携・協働の方向性を調整することができるよう，研修などで修得しておく必要がある。

　これらの地域を基盤とした社会体制を整備した上で合理的配慮の範囲や提供の在り方が模索される必要がある。不可欠の視点としては，支援を受ける側の立場で支援の方法や内容が検討されることであり，すべての生活場面で障害児者が普通に活動している状況が「通常の状態」であるよう確保されることである。

***　援助を求めて相談機関を訪れたものに、ソーシャルワーカー等が行う面接。ケースワークの最初の段階。

参考文献

外務省　わかる！国際情勢　Vol.109　障害当事者の声が実を結ぶとき——障害者権利条約の締結　2014
　　http://www.mofa.go.jp/mofaj/press/pr/wakaru/topics/vol109/index.html
厚生労働省　職業能力開発情報　障害者の態様に応じた多様な委託訓練　2006
　　http://www.mhlw.go.jp/bunya/nouryoku/career-syougaisya/itaku-kunren.html
参議院文教科学委員会　学校教育法等の一部を改正する法律案に対する附帯決議　2006年4月25日
中央教育審議会　特別支援教育を推進するための制度の在り方について（答申）　2005年12月8日
特別支援教育の在り方に関する調査研究協力者会議　今後の特別支援教育の在り方について（最終報告）　2003年3月28日
特別支援教育の在り方に関する特別委員会　共生社会の形成に向けたインクルーシブ教育システム構築のための特別支援教育の推進（報告）　2012年7月23日
内閣官房　教育再生実行会議　全ての子供たちの能力を伸ばし可能性を開花させる教育へ（第9次提言）資料4-2 p. 22
　　http://www.mext.go.jp/b_menu/shingi/chukyo/chukyo0/gijiroku/__icsFiles/afieldfile/2016/05/31/1371616_04_02_01.pdf
21世紀の特殊教育の在り方に関する調査研究協力者会議　21世紀の特殊教育の在り方について——一人一人のニーズに応じた特別な支援の在り方について（最終報告）　2001年1月15日
日本特殊教育学会特殊教育システム検討委員会自治体研究班（編）　「特別支援教育」への転換——自治体の模索と試み　クリエイツかもがわ　2003
文部科学省　特別支援教育資料（平成27年度）　1-(1)　2016
文部科学省　特別支援教育について　7. 少人数の学級編制　2008
　　http://www.mext.go.jp/a_menu/shotou/tokubetu/007.htm
文部科学省初等中等教育局長通知　障害のある児童生徒の就学について　2002年5月27日（14文科初第291号）
文部省　特殊教育120年の歩み　1999（MESSC 3-9908）
ユネスコ・スペイン政府共催　サラマンカ声明　1994
　　http://www.nise.go.jp/blog/2000/05/b1_h060600_01.html

11章　教員養成・研修制度

1節　教職の性格

1　教職の独自性

　日本における教育の根本的な理念や原則を定めた教育基本法(以下,教基法)は,9条1項により,「法律に定める学校の教員は,自己の崇高な使命を深く自覚し,絶えず研究と修養に励み,その職責の遂行に努めなければならない」と規定している。これは,学校教育の直接の担い手である教員が,単に知識・技能を伝達するだけではなく,児童生徒との人格的な関わり合いを通して,その能力の育成を図り,教育を受ける者の「人格の完成」をうながすといった自らの使命について十分に理解することを求めるものである。さらに,変化の激しい現代社会においては,児童生徒の生活状況も複雑化・多様化してきており,教員が自らの職責を適切に遂行するためには,常に研究と修養(研修)に励むことが不可欠であることを明確にしている。

　この規定の背景には,教員のあるべき姿として,児童生徒や保護者だけでなく,広く社会から尊敬・信頼されなければならないとの考えがある。また,社会から尊敬・信頼されるためには,教員としての使命感,子どもの発達についての理解,児童生徒に対する愛情,教育内容並びに教育方法に関する専門的な知識,幅広い教養などに基づく「実践的指導力」をもつことが求められている。

　たとえば,中央教育審議会「教職生活の全体を通じた教員の資質能力の総合的な向上方策について(答申)」(2012年8月)は,これからの社会で求められる人材像を踏まえた教育の展開や学校現場の諸課題への対応を図り,教職生活全体を通じて「学び続ける教員像」の確立を目指す観点から,教員に求められる資質能力を次のように整理している。

（ⅰ）教職に対する責任感,探究力,教職生活全体を通じて自主的に学び続ける力(使命感や責任感,教育的愛情)

（ⅱ）専門職としての高度な知識・技能

・教科や教職に関する高度な専門的知識（グローバル化，情報化，特別支援教育その他の新たな課題に対応できる知識・技能を含む）
　・新たな学びを展開できる実践的指導力（基礎的・基本的な知識・技能の習得に加えて思考力・判断力・表現力等を育成するため，知識・技能を活用する学習活動や課題探究型の学習，協働的学びなどをデザインできる指導力）
　・教科指導，生徒指導，学級経営等を的確に実践できる力
（ⅲ）総合的な人間力（豊かな人間性や社会性，コミュニケーション力，同僚とチームで対応する力，地域や社会の多様な組織等と連携・協働できる力）

　これらの資質能力は，相互に関連し合いながら，どのような時代であっても普遍的に求められるものであり，教職への使命感・責任感や児童生徒の指導に必要な専門的知識と並んで，社会の形成者としての人間性が教員に求められている点が注目される。このことは，教員が，児童生徒の人格形成に直接的にかかわるという意味で，他の職業と大きく異なることをあらわしている。

2　専門職としての教員

　教員の人間性の重要性は，教職の独自性から疑いのないところであるが，それを国などが一元的に設定することについては，教員の個性を抑圧し，学校の多様で自律的な教育活動を妨げることにつながるとの懸念が生じる。

　そのため今日の教員は，ことさら人間性のみが強調されるのではなく，使命感や指導力とを合わせてトータルに備えた「専門職」ととらえられている。教員を専門職とする考えは，1966年に国際労働機関（ILO）と国際連合教育科学文化機関（UNESCO）の共同勧告「教員の地位に関する勧告」で提示されたことにより重視されるようになった。この勧告は，教育という職業を「厳しい，継続的な研究を経て獲得され，維持される専門的知識および特別な技術を教員に要求する公共的業務の一種」とした上で，「責任をもたされた生徒の教育および福祉に対して，個人的および共同の責任感を要求するもの」としている。

　一般には，医師や弁護士などが専門職とみなされるが，それらに共通する特色は，①高度な知識・技術に基づく免許資格制度とそれを支える養成教育・研修が確立していること，②社会的に不可欠な仕事に独占的に従事し，業務にあたっては広範な自律性と自己決定権を有していること，③業務上の判断や行為

について直接的な自己責任を負うこと，④独自の倫理綱領をもつ職能的団体による自治が行われていることなどである。これらを教員に照らし合わせてみると，特に自律性という意味において必ずしも合致しているとはいえない。

　教員は，教育公務員特例法（以下，教特法）によって一般公務員とは異なる特殊性が認められているものの，一般公務員と別の身分に位置づけられているわけではない。また，教員は，校長などの監督を受けることなく，授業などの教育活動を自律的に行うが，その内容や取り扱いの大枠が学習指導要領や学校の方針などによって決められ，教科書の選択，教育課程の決定，学習計画などについて個々の教員の裁量が及ぶ範囲は限られている。さらに，職能的団体としての教員組合は，加入そのものが任意なだけでなく，医師会や弁護士会のような構成員の懲戒権をもった強固な自治組織としては機能していない。

　こうした状況を踏まえ，教員を伝統的な専門職に劣る「準専門職」と位置づける意見が見受けられるが（市川，1969），教員が専門職であるかどうかは，教員自身のあり方にかかっている。なぜならば，専門職として不十分とされる自律性については，教員がその使命を自覚し，絶えず研究と修養に励むことによって補うことが可能だからである。先に示した教基法9条の規定や中央教育審議会が示した「学び続ける教員像」も，そうした趣旨を踏まえて明らかにされたものであると考えなければならない。

3　反省的実践家としての教員

　それでは，「教員の地位に関する勧告」で提示された「厳しい，継続的な研究を経て獲得され，維持される専門的知識および特別な技術」とは何だろうか。

　これまで，教員の専門性は，教育学や心理学で明らかにされてきた知識や技術をさまざまな教育場面に上手に適応する熟練的な実践力としてとらえられてきた。しかし，授業を中心とした学校の教育活動においては，教員が予想しなかった児童生徒の反応があることも多い。そうした時，教員は，児童生徒の考えていることを素早く理解し，より高い教育効果が生み出されるように即興的・創造的に対応していくことが求められる。教員は，児童生徒一人ひとりの考えが複雑に絡み合う状況の中で，積極的に児童生徒と関わり，その時々の自らの教育活動を現在進行形でかえりみながら，教育目標の達成や問題の解決に導いて

いくのである。

こうした教員の実践は，知識や技術を教育場面に適用するものではなく，児童生徒との関係性に基づいた「行為の中の省察」を繰り返していくものである。アメリカの哲学者ドナルド・ショーン (Schön, D. A.) は，これを「反省的実践」と呼び，既存の知識や技術だけでは対処しきれない不確実な現実に対応する専門職に必要な資質能力としている (Schön, 1983)。この「反省的実践」は，教員自らが資質能力の向上と自律性の確保に責任をもつことを促すことから，専門職としての教員に求められる重要な資質能力といえる。

4　教育課程の実践者としての教員

現代社会は，新しい知識・情報・技術が，社会のあらゆる領域での活動の基盤として飛躍的に重要性を増していく知識基盤社会であるといわれる。特に，ICT（情報通信技術）を基盤とした情報化や社会・経済のグローバル化などが加速度的に進展し，将来の様相が複雑で予測困難となることから，事前に定められた問題や手続きを効率的にこなしていくための知識や技能を伝達・転移するだけでは，児童生徒に十分な学力を身につけさせることが困難になる。

このようななか，学校には，教育を通じてよりよい社会を創るという目標を社会と共有し，連携・協働しながら，未来の創り手となるために必要な学力を育む「社会に開かれた教育課程」の実現が期待されている。そこでは，今後の初等中等教育に関係する学びのキーワードとして，「何を学ぶか」「どのように学ぶか」「何ができるようになるか」が挙げられ，学校が組織として力を発揮できる体制を充実させながら，教育の直接の担い手である教員の資質能力をより高度なものに向上させていくことが不可欠となる。

中央教育審議会「これからの学校教育を担う教員の資質能力の向上について（答申）」中教審第184号（2015年12月）は，教員に求められる資質能力について，各教科等の指導に関する専門知識を保持した「教えの専門家」としての側面に加えて，教員自身の学習観の転換を伴った「学びの専門家」としての側面を強調している。つまり，これからの学校で編成される教育課程の実践者として，教員には，「教科等を越えたカリキュラム・マネジメントのために必要な力，アクティブ・ラーニングの視点から学習・指導方法を改善していくために必要な力，学

習評価の改善に必要な力など」を備えることが期待されている。さらに、学校の教育力・組織力を向上させる観点から、教員には、学校内の多様な専門性を持つ人材等と連携・分担し、学校というチームの一員として職務を担うことができる資質能力が必要とされている。

2節　教員養成

1　教員養成の原則

戦前の日本では、小学校教員を師範学校で、中学校教員を高等師範学校で養成する体制がとられ、国が選定した教育内容に基づく「順良（おとなしく素直なこと）」「信愛（信用して大切にすること）」「威重（威厳をもって振る舞うこと）」の気質を養う教員養成が行われた。また、入学定員は教員需要に応じて決定され、生徒には学費・生活費が支給される代わりに、卒業後の数年間、国や地方長官が指定する学校で教員として勤務することが義務づけられていた。この体制は、教員の資質能力の維持や適正な配置を実現できる一方で、教員養成が、国によって直接的にコントロールされる特定の学校に限定されたため、視野の狭さや適切な批判的精神の欠如などを特徴とした「師範タイプ」と呼ばれる画一的な人格の教員を輩出することになったといわれる。

これに対する反省から、戦後の教員養成は、①大学における教員養成と②開放制の教員養成の2つの原則にしたがって行われている。

①大学における教員養成とは、文字どおり大学で教員を養成するということであるが、単に高等教育レベルでの養成を意味するものではない。戦後の民主主義社会にふさわしい学校教育の担い手として、幅広い教養を基礎とした専門的教育を行う「新制大学」の理念に沿った教員養成を実現しようとする原則である。別な言い方をすれば、教員には、大学での教養教育によって育まれる主体的な態度や豊かな人間性が期待されているといえる。

②開放制の教員養成とは、教員養成だけを目的とした特別の学校を設けずに、どのような大学（学部・学科）であっても、必要な単位を取得すれば教員資格（免許状）を取得できるという原則である。それぞれの学問分野の専門的な知識や技術を身につけた教員は、各教科の内容に関する深い理解や科学的な知見に基づ

く批判的精神を伴うと考えられている。さらに，1つの学校にさまざまな専門性をもった多様な教員が集まり，お互いを補完し合い，また個性を発揮することによって，学校全体の質を向上させることが期待されているといえる。

この原則は，戦後を通じて重視され続けており，2015年12月に示された中教審第184号においても，「大学における養成の原則（教員養成は大学において行うことを基本とする）及び開放制の原則（教員養成を目的とする学位課程に限らず，あらゆる学位課程において教職課程を設置し，教員養成を行うことができる）を維持する」といった方針が明記されている。ただし，この原則に基づく養成教育を受けた免許状取得者の教職に対する意識や指導力の格差などが問題とされていることも事実であり，たとえば，1965年には，教養教育を中心に提供する大学として設立された学芸大学・学芸学部が，教員養成を目的とした教育大学・教育学部に改編された。さらに1978年には，現職教育の充実を目的の1つとした新構想教員養成大学・大学院が新設された。また，教員養成を目的としない一般大学・学部に対しても，教育大学・教育学部と共通に適用される教職課程認定の基準の数次にわたる改正を通じて，教員に求められる実践的な指導力の向上・強化を図る取り組みが継続的に課せられている。

2 教員免許制度の概要

教員になるためには，教育職員免許法（以下，免許法）に定められた要件を満たした者に対して，都道府県教育委員会より授与される相当の教員免許状を取得することが必要である（相当免許状主義）。具体的には，幼稚園，小学校，中学校および高等学校の教員は，原則として学校の種類ごとの教員免許状を取得していなければならず，中学校または高等学校の教員については，学校の種類および教科ごとの教員免許状が必要となる。したがって，中等教育学校の教員には，中学校と高等学校の両方の教員免許状が求められる。また，特別支援学校の教員は，特別支援学校と特別支援学校の各部（幼稚部・小学部・中学部・高等部）に相当する学校種の両方の教員免許状が求められる（免許法3条）。

こうした相当免許状主義は，学校教育の直接の担い手である教員が，児童生徒との人格的な関わり合いや教科指導を通じて，将来の国家・社会の形成者に相応しい人格形成に大きな影響を与えるとともに，適切に社会生活・職業生活

を営むために必要な知識・技能の基礎・基本を身につけさせるといった使命を担っていることによる。そこには，教員に求められる専門性が，児童生徒の発達段階に対応した学校の種類ごとに異なるものであるといった考え方を認めることができる。

　教員免許状は，普通免許状，特別免許状および臨時免許状の3種類があり，基礎資格である学位を有し大学等で必要な単位を修得した者，または人物，学力，実務及び身体について都道府県教育委員会が行う教育職員検定に合格した者に授与される（免許法4, 5, 6条）。また，普通免許状については，特例として，文部科学大臣又は文部科学大臣が委嘱する大学が実施する教員資格認定試験に合格した者にも授与される（免許法16条の2）。

　もっとも基本的な普通免許状は，義務教育学校，中等教育学校および幼保連携型認定こども園を除く学校の種類ごとの免許状，養護教諭の免許状および栄養教諭の免許状であり，授与する都道府県教育委員会に関わりなく全国で有効である。これらは，それぞれ基礎資格（学位）によって，専修免許状，一種免許状，二種免許状（高校を除く）に区分される。つまり，大学における教員養成の原則を踏まえ，免許状の区分にしたがって，大学院（修士課程・専門職課程），大学または短期大学を卒業することが，教員の普通免許状を取得するための第一要件とされている。

　特別免許状は，幼稚園，義務教育学校，中等教育学校及び幼保連携型認定こども園を除く学校の種類ごとの免許状であり，都道県教育委員会の教職員検定試験に合格した者に授与される。優れた知識や技術を有する社会人を学校教育に活用することを意図しており，当該の都道府県でのみ有効である。

　臨時教員免許状は，義務教育学校，中等教育学校及び幼保連携型認定こども園を除く学校の種類ごとの助教諭の免許状と養護助教諭の免許状である。普通免許状を有する者を採用できない場合に限り，都道府県教育委員会の教職員検定試験に合格した者に授与される。

　なお，特別支援学校の教員の普通免許状及び臨時免許状は，小学校，中学校，高等学校又は幼稚園の教員の普通免許状の取得が基礎資格とされる。

　これら教員の免許状の有効期間は，普通免許状と特別免許状が10年間，臨時教員免許状が3年間と定められている（免許法9条）。普通免許状と特別免許状は，

有効期間の満了の際，その免許状を有する者が免許管理者(勤務する学校の所在する都道府県教育委員会)に申請することにより更新される。こうした教員免許更新制は，教員免許状を保持する現職教員および教員就職予定者を対象として，教員の職務の遂行に必要な「最新の知識・技能」の修得を通じ，その時々で教員として求められる資質能力の確保・確認を行うことを目的としている(中教審第184号，2015年；p. 25)。

免許状の更新にあたっては，一部の免除対象者を除き，大学等において開設される免許状更新講習の中から2年間で30時間以上を選択・受講し，修了認定を受けることが求められる。修了認定は，免許状更新講習の開設者が修了認定試験を実施し，免許状更新講習規則で定める到達目標に掲げる内容について適切な理解が得られていることが認められた場合に行われる。免許状更新講習の内容は，すべての受講者が受講する必修領域講習については6時間以上，受講者が所有する免許状の種類，勤務する学校の種類又は教育職員としての経験に応じ，選択して受講する選択必修領域講習については6時間以上，受講者が任意に選択して受講する選択領域講習については18時間以上とされている。

なお，免許状更新講習は，長期休業期間中や土曜・日曜の開講を基本とするとともに，遠隔地の学校に勤務する教員の利便性に配慮して，通信・インターネットや放送による形態も認められている。

3 教員養成教育の内容

教員免許状(普通免許状)を取得する場合，文部科学省から教職課程の認定を受けた大学において，基礎資格である学位と所定の単位を修得するのが一般的である。教員に求められる資質能力は，教員自身が自律的に学ぶ姿勢をもち，教職生活の全体を通じて継続的に高めていかなければならない。そのため，養成段階においては，教員となる際に必要な最低限の基礎的・基盤的な学修を行う観点から，学生が修得すべき知識・技能を明確化し，「何を教えるか」よりも「何ができるようになるか」に重点が置かれる必要がある。したがって，教員の養成段階である教職課程においては，「反省的実践」に必要となるような，実践的な知識・技能を身につける素地となる学修が中心になる。

教員免許状の取得に必要な単位数や学修内容の基準等は，免許状の種類や区

表11-1 教員免許状の種類と最低修得単位数(教育教員免許法より筆者作成)

免許状の種類		基礎資格	最低修得単位数			
			教科に関する科目	教職に関する科目	教科又は教職に関する科目	特別支援教育に関する科目
幼稚園教諭	専修免許状	修士の学位を有すること	6	35	34	
	一種免許状	学士の学位を有すること	6	35	10	
	二種免許状	短期大学士の学位を有すること	4	27		
小学校教諭	専修免許状	修士の学位を有すること	8	41	34	
	一種免許状	学士の学位を有すること	8	41	10	
	二種免許状	短期大学士の学位を有すること	4	31	2	
中学校教諭	専修免許状	修士の学位を有すること	20	31	32	
	一種免許状	学士の学位を有すること	20	31	8	
	二種免許状	短期大学士の学位を有すること	10	21	4	
高等学校教諭	専修免許状	修士の学位を有すること	20	23	40	
	一種免許状	学士の学位を有すること	20	23	16	
特別支援学校教諭	専修免許状	修士の学位を有すること及び小学校,中学校,高等学校又は幼稚園の教諭の普通免許状を有すること				50
	一種免許状	学士の学位を有すること及び小学校,中学校,高等学校又は幼稚園の教諭の普通免許状を有すること				26
	二種免許状	短期大学士の学位を有すること及び小学校,中学校,高等学校又は幼稚園の教諭の普通免許状を有すること				16

分などに応じて免許法に定められている。これによれば,教員免許を取得するためには,「教科に関する科目」と「教職に関する科目」に分類・開設された所定の授業科目を履修することが必要である。それぞれの最低修得単位数も提示されており,この単位数を超えて履修する授業科目は,「教科又は教職に関する科目」に位置づけられる。これらの合計は,一種免許状の場合,小学校,中学校及び高等学校の教員については59単位,幼稚園の教員については51単位となっている(表11-1参照)。

特に,「教職に関する科目」は,取得する免許状の教科等の違いにかかわらずすべての教員に共通して求められる資質能力を育成するためのものである。その内容は,「教職の意義等に関する科目」「教育の基礎理論に関する科目」「教育課程及び指導法に関する科目」「生徒指導,教育相談及び進路指導等に関する科目」「教育実習」「教職実践演習」の各領域から構成される。これらの単位の修得

方法については，免許法施行規則（文部科学省令）で定められている。なお，養護教諭と栄養教諭についてもほぼ同様の内容であるが，それぞれの専門性を反映し，「指導法」や「進路指導等」が領域から外されるなど若干の違いがある。

　こうした教員免許状取得のための基準等は，教育公務員特例法等の一部を改正する法律（2016年11月28日）による免許法改正に伴って，「教科に関する科目」と「教職に関する科目」の区分が取り払われ，「教科及び教職に関する科目」に統合された。これは，2019年度以降の入学者に適用されるが，教員免許状の取得に必要な最低単位数の合計に変更がないように設定されている。その学修内容や単位の修得方法については，免許法施行規則において，「教科及び教科の指導法に関する科目」「教育の基礎的理解に関する科目」「道徳，総合的な学習の時間等の指導法及び生徒指導，教育相談等に関する科目」「教育実践に関する科目」「大学が独自に設定する科目」の各領域が，それぞれの最低修得単位数とともに設定されている。

　また，これらのほかに，日本国憲法，体育，外国語コミュニケーション，情報機器の操作（各2単位）の修得が必要とされる。

4　教職大学院の設立

　教職大学院は，中央教育審議会「今後の教員養成・免許制度の在り方について（答申）」（2006年7月）の提言を踏まえ，複雑・多様化する学校教育の諸課題に対応できる教員の輩出を目指した専門職大学院として，2008年度に設置された。修業年限は2年間であり，学部段階からの進学者と一定の教職経験を有する現職教員を対象に，より高度な専門的知識や技能を備えた教員の養成に特化した「『理論と実践の融合』を強く意識した教員養成教育」を行うとされている。

　学部段階からの進学者を対象とした教育については，教員としての基礎的・基本的な資質能力を修得した者の中から，さらにより実践的な展開力・指導力を備え，新しい学校づくりの有力な一員となることのできる新人教員の養成が目指される。一定の教職経験を有する現職教員を対象とした教育については，地域や学校における指導的な役割を果たすことのできる教員として不可欠な，確かな指導理論と優れた実践力・応用力を備えた「スクールリーダー（中核的中堅教員）」の養成が目指される。

教職大学院におけるカリキュラムは，①すべての学生が共通に履修する「共通科目」部分，②「学校における実習」部分(10単位・400時間程度)，③各コースや専攻分野等により選択されるその他の部分から構成され，合計45単位以上を取得することが修了要件とされている。「共通科目」部分は，専門職大学院設置基準等により，「教育課程の編成・実施」「教科等の実践的な指導方法」「生徒指導・教育相談」「学級経営・学校経営」「学校教育と教員の在り方」に関する5領域とすることが明確にされている。また，指導方法として，典型的な事例についてのワークショップ，授業観察・分析，フィールドワーク等を積極的に導入することとされている。

　こうした教職大学院の教育は，学校教育における理論と実践の往還・融合を通じて，①教員に必要な実践的な指導技術の習得，②その指導技術の背景，必要性，意味づけ及び現状・問題点の理解，③教育現場における実証という点に特色がある。教育職大学院は，単に教員養成を目的とした専門職大学院という位置づけにとどまらず，教育研究活動において教育現場と直接的に関係することによって，学校教育そのものに良い影響を与えることが期待されている。

3節　教員研修

1　研修の意味

　教員は，教基法9条や教特法21条などにより，その職責を遂行するために「絶えず研究と研修」に努めなければならないと規定されている。これは，すでに述べたとおり，専門職として求められる教員の資質能力が，養成段階のみで形成されるものではなく，教職に就いた後も継続的に向上させる必要があることを踏まえている。

　その一方で，教基法9条2項では，教員について，「その使命と職責の重要性にかんがみ，その身分は尊重され，待遇の適正が期せられるとともに，養成と研修の充実が図られなければならない」と規定されている。教特法21条2項では，任命権者(都道府県教育委員会又は指定都市教育委員会)に対し，教員の研修に必要な「施設，研修を奨励するための方途及びその他研修に関する計画を樹立し，その実施に努めなければならない」と規定している。これらは，教員が使命を果たす

には，その身分が社会的・制度的に尊重されるべきことを明らかにした上で，質の高い教員を確保する観点から，国や地方公共団体に研修の機会と内容の充実を図る責任を負わせるものである。そのため，任命権者は，文部科学大臣が定める指針を参酌(さんしゃく)しつつ，大学等が加わった協議会において，教員が経験年数などに応じて身に付けるべき資質能力の目安となる指標を策定し，これに基づいて，毎年度，体系的かつ効果的に実施するための教員研修計画を定めることとされている（教特法22条の2, 3, 4）。

また，教特法22条は，教員に「研修を受ける機会が与えられなければならない」と明記し，授業に支障のなければ校長の承認を受けて勤務校を離れて研修を行ったり，任命権者の定めに基づいて現職のままで長期にわたる研修ができるとしている。したがって，教員にとっての研修は，自らの資質能力を向上させるための義務であると同時に権利でもあるといえる。教員は，国や地方公共団体が整備を進める研修条件を活用しつつ，専門職として自主的・主体的に研修を行うことが求められる。

なお，教特法は，法人によって設置される学校（私立学校や法人化された国立学校）の教員に適用されない。しかし，その規定は，すべての学校の教員に適用される教基法9条に合致する。公教育に携わる教育の専門職として，求められる資質能力に違いがないことから，法人によって設置される学校の教員にも，公立学校の教員に準じて適用されると考えられる。

2　主な研修の種類と内容

国や地方公共団体は，教員に研修の機会を適切に提供するため，多様な研修を実施している。国レベルでは，教職員支援機構において，各地域の中核となる教職員に対する学校管理研修（中堅教員研修，校長・教頭研修等）や喫緊の重要課題について地方公共団体に先行して行う研修（学校組織マネジメント研修等）などが実施される。地方公共団体レベルでは，教職経験に応じた研修，専門的知識・技術に関する研修，職能に応じた研修などに分類される研修が実施されている。

こうした多様な研修の中で，すべての教員が法定研修として行うのが初任者研修と中堅教諭等資質向上研修である。

初任者研修は，教特法23条に定められ，任命権者が，対象となる教員に1年間

を通して実施するものである。初任者の教職への自覚を高めるとともに、スムーズに教育活動に携わっていけるよう、職務の遂行に必要な幅広い知見や力量を得させる実践的な研修と位置づけられる。学校内外でのさまざまな研修から構成されるが、勤務校では、初任者の職務遂行に必要な事項について指導・助言する指導教員の下で実践を通じた研修を行うこととなる。

中堅教諭等資質向上研修は、教特法24条に定められ、任命権者が、学校等における教育に関して「相当の経験」を有する教員に対して実施するものである。そこでは、個々の能力や適性等に応じて、教育活動や学校運営の円滑かつ効果的な実施に中核的な役割を果たす中堅教員としての職務を遂行する上で必要となる資質の向上が図られる。

これらのほか、教特法25条では、任命権者が、指導が不適切であると認定した教員に指導改善研修を実施することを義務づけている。その内容は、当該教員の能力・適性等に応じて指導の改善を図るために必要な事項に関することとされ、研修期間は1年を超えてはならないとされている。

3　服務からみた研修の分類

教員の研修は、服務との関係から、職務研修、職専免研修および自主研修に分けることができる。

職務研修は、研修を行うこと自体が職務の遂行となるような研修である。初任者研修や中堅教諭等資質向上研修などがこれにあたり、勤務校を離れて研修を行う場合には、校長等の職務命令による公務として扱われる。

職専免研修は、勤務時間内に職務専念義務を免除されて行う研修である。授業に支障がないことと校長の承認を受けることが条件となるため、夏季・冬季などの長期休業期間中に、勤務場所を離れて行う研修に適用されることが多い。

自主研修は、勤務時間外に自主的に行う研修である。放課後や休日など勤務時間外に行うものであり、校内外で開催されるさまざまな研修会・勉強会等への参加だけでなく、教員個人の日常的な自己学習なども含まれる。そうした意味では、専門職としての教員にもっとも期待される研修であるといえる。

なお、広い意味での研修制度として、2001年度より大学院修学休業制度が導入されている。これは、教特法26条に定められ、任命権者の許可を受けた教員

が，3年を超えない年単位の期間，その身分を保有したままで休業し，大学院に修学できる制度である。これにより，教員の意欲と自発性を尊重しつつ，多くの現職教員が大学院レベルの教育を長期の「研修」として受けることが期待される。

引用・参考文献
市川昭午　専門職としての教師　明治図書　1969
Schön, D. A.　*The Reflective Practitioner : How Professionals Think in Action.*
　Basic Books　1983（佐藤学・秋田喜代美（訳）専門家の知恵　ゆみる出版　2001）
中央教育審議会　今後の教員養成・免許制度の在り方について（答申）　2006年7月11日
中央教育審議会　教職生活の全体を通じた教員の資質能力の総合的な向上方策について（答申）　2012年8月28日
中央教育審議会　これからの学校教育を担う教員の資質能力の向上について〜学び合い，高め合う教員育成コミュニティの構築に向けて〜（答申）　中教審第184号　2015年12月21日
中央教育審議会　幼稚園，小学校，中学校，高等学校及び特別支援学校の学習指導要領等の改善及び必要な方策等について（答申）　中教審第197号　2016年12月21日

12章　社会教育行政

1節　社会教育行政の概念

1　第二次世界大戦前の社会教育行政の特質

　今日の社会教育行政の概念の成立背景を理解するために，まず，戦前の社会教育行政の特質をまとめておきたい。

　1886（明治19）年の文部省官制による規定以後，当時の社会教育一般を指す法制上の概念として「通俗教育」という用語が用いられていた。社会教育という用語が政府によって公式に用いられるのは1921（大正10）年である。

　一方，近代的な公教育制度の1つの柱として社会教育が意識されるのは明治期以降のことである。たとえば，社会教育施設として，1872（明治5）年に図書館（書籍館）と博物館が設立された。また，学校施設としては，1893（明治26）年に，初等学校を修了した勤労青年を対象として「小学校教育ノ補習ト同時ニ簡易ナル方法ヲ以テ其職業ニ要スル知識技能ヲ授クル」教育機関として実業補習学校が青年教育組織化のために設立された。1926（大正15）年には，16歳から20歳までの男子青年に，軍事教練や修身・国民教育や職業教育等を行う青年訓練所が設置された。これら実業補習学校と青年訓練所は，1929（昭和4）年に文部省に設置された社会教育局の所管となり，1935（昭和10）年には青年学校に統合された。

　ところで，戦前の社会教育行政の特質をあげるならば，まず1つは，近代化を目指す政府による国民の知的水準の向上と，当時深刻な問題として取り上げられた義務教育を終えた後の学力剝落現象の対策のために学校教育の補習を目指した社会教育政策推進を目的とすることであった。そして，もう1つは，当時の中央集権的教育行政体制の下で，教育勅語の理念に基づいて「思想善導」を図る国民教化を目指した国家政策を推進するための社会教育行政であったことを指摘できる。

　とくに，日中戦争勃発後から太平洋戦争の激化にかけて，挙国一致体制を組織・強化するために，社会教育政策は国民に対する教化としての性格を強めて

いった。そして，強力な権限を有する中央政府が，国民教化的内容を普及・宣伝するために，青年団や婦人会等の地域諸団体を直接的に支配することを通して，社会教育行政は，戦争遂行のための役割を担うに至ってしまったのである。

2　今日の社会教育行政の役割と原則

　社会教育とは，社会教育法（以下，社教法）2条によると「学校教育法又は就学前の子どもに関する教育，保育等の総合的な提供の推進に関する法律に基づき，学校の教育課程として行われる教育活動を除き，主として青少年及び成人に対して行われる組織的な教育活動（体育及びレクリエーションの活動を含む）をいう」と定義される。社会教育は，人の出生から死亡までを含めた時系列的な生涯学習の枠で見た場合，生涯の前半部分に集中する家庭教育・学校教育，あるいは就業期間に限定される企業内教育等と比べると，人のあらゆる年齢にわたって学習の場を提供するものとなっている。

　社会教育行政の役割は，教育基本法（以下，教基法）12条の文言を使って説明すると，「個人の要望や社会の要請にこたえ，社会において行われる教育は，国及び地方公共団体によって奨励」すること，そして，「国及び地方公共団体は，図書館，博物館，公民館その他の社会教育施設の設置，学校の施設の利用，学習の機会及び情報の提供その他の適当な方法によって社会教育の振興に努め」ることである。

　このことから，社会教育行政は，国民の自発的な意志による自己教育を支えることが第一の原則となる。今日，憲法に定めるとおり，教育を受けることは国民の基本的人権の1つである。そして，教基法16条（教育行政）で，教育に対する不当な介入が禁じられ，後述する，社会教育行政に重要な機能を有する社会教育主事は，専門的技術的助言と指導を行うが，命令および監督はしてはならないことになっている。

　また，社教法3条の文言で社会教育行政の役割を説明するなら，「国および地方公共団体は，この法律および他の法令の定めるところにより，社会教育の奨励に必要な施設の設置および運営，集会の開催，資料の作成，頒布その他の方法により，すべての国民があらゆる機会，あらゆる場所を利用して，自ら実際生活に即する文化的教養を高め得るような環境を醸成するように努め」ることであ

る。そのため、社会教育行政は国民の自主的学習活動を支えるための学習環境の醸成および条件整備を行うことが第二の原則となる。

そして、社会教育行政は、後に見るとおり、一般行政から独立した教育委員会の管轄にあり、制度上、教育・文化活動の中立性・主体性を確保している。また、必置ではないが社会教育委員に地域において社会教育に優れた知見を有する人材が含まれるようになっていることや、社会教育の中心的施設である公民館の設置・運営が第一義的に市町村に課されている等、地域を重視した運営が第三の原則となる。

2節　社会教育行政の組織

1　国の社会教育行政組織

社会教育行政を含む国の行政全般の最高機関は、日本国憲法65条に「行政権は、内閣に属する」と規定されているとおり内閣である。内閣の構成員である文部科学大臣が国の教育行政機関である文部科学省の事務を統括する。文部科学省は、「教育の振興及び生涯学習の推進を中核とした豊かな人間性を備えた創造的な人材の育成、学術、スポーツ及び文化の振興並びに科学技術の総合的な振興を図るとともに、宗教に関する行政事務を適切に行うこと」(文部科学省設置法3条)を任務としている。また、この任務遂行のために、文部科学省には1官房と6つの局からなる本省とスポーツ庁および文化庁で構成される(4章図4-1参照)。

文部科学省の組織において社会教育を所管するのは、生涯学習政策局である。生涯学習政策局は、同省の筆頭局であり、政策課、生涯学習推進課、情報教育課、社会教育課、青少年教育課、男女共同参画学習課、参事官からなる。同局の役割は、生涯学習社会の構築を目指して、行政組織の充実等生涯学習の推進体制の整備を進めるとともに、普及・啓発と情報提供、多様な学習機会の整備、学習成果の適切な評価のための行政を行っている。また、基本的な政策の企画・立案のほか、国内外の生涯教育事情調査、情報化等の政策の推進、社会教育の振興、家庭教育の支援のほか、男女共同参画等に関する生涯を通じた多様な学習機会の整備を行っている。さらに、放送大学の整備充実や専修学校および各種学校の教育の振興に関する事務を執り行っている。

国のレベルにあるその他の組織として，中央教育審議会がある。中央教育審議会は，文部科学大臣の諮問機関で，教育の振興および生涯学習の推進を中核とした豊かな人間性を備えた創造的な人材の育成およびスポーツの振興に関する重要事項について調査審議し，これらの事項に関して文部科学大臣に建議する機関である。同審議会には，社会教育に関して審議する生涯学習分科会の他，合わせて6つの分科会がおかれている。

2　地方の社会教育行政組織

　地方における社会教育行政において重要な役割を果たすのは，市町村教育委員会である。市町村教育委員会は，地域の住民に近い存在として，社会教育振興のために多岐にわたる役割を与えられている。社教法5条が規定する市町村教育委員会の所掌事項は次のとおりである。

「(1) 社会教育に必要な援助を行うこと。
(2) 社会教育委員の委嘱に関すること。
(3) 公民館の設置及び管理に関すること。
(4) 所管に属する図書館，博物館，青年の家その他社会教育に関する施設の設置および管理に関すること。
(5) 所管に属する学校の行う社会教育のための講座の開設及びその奨励に関すること。
(6) 講座の開設および討論会，講習会，講演会，展示会その他の集会の開催並びにこれらの奨励に関すること。
(7) 家庭教育に関する学習の機会を提供するための講座の開設および集会の開催並びに家庭教育に関する情報の提供並びにこれらの奨励に関すること。
(8) 職業教育および産業に関する科学技術指導のための集会の開催及びその奨励に関すること。
(9) 生活の科学化の指導のための集会の開催及びその奨励に関すること。
(10) 情報化の進展に対応して情報の収集及び利用を円滑かつ適正に行うために必要な知識又は技能に関する学習の機会を提供するための講座の開設及び集会の開催並びにこれらの奨励に関すること。
(11) 運動会，競技会その他体育指導のための集会の開催及びその奨励に関す

ること。
(12) 音楽，演劇，美術その他芸術の発表会等の開催及びその奨励に関すること。
(13) 主として学齢児童及び学齢生徒に対し，学校の授業の終了後又は休業日において学校，社会教育施設その他適切な施設を利用して行う学習その他の活動の機会を提供する事業の実施並びにその奨励に関すること。
(14) 青少年に対しボランティア活動等社会奉仕体験活動，自然体験活動その他の体験活動の機会を提供する事業の実施及びその奨励に関すること。
(15) 社会教育における学習の機会を利用して行つた学習の成果を活用して学校，社会教育施設その他地域において行う教育活動その他の活動の機会を提供する事業の実施及びその奨励に関すること。
(16) 社会教育に関する情報の収集，整理及び提供に関すること。
(17) 視聴覚教育，体育及びレクリエーションに必要な設備，器材および資料の提供に関すること。
(18) 情報の交換および調査研究に関すること。
(19) その他3条1項の任務を達成するために必要な事務」

また，市町村の管轄区域を越える業務や連絡に関する事項は，都道府県教育委員会が担当する。都道府県教育委員会が担当する事項は，社教法6条によると次の5項目である。

「(1) 公民館及び図書館の設置及び管理に関し，必要な指導及び調査を行うこと。
(2) 社会教育を行う者の研修に必要な施設の設置及び運営，講習会の開催，資料の配布等に関すること。
(3) 社会教育施設の設置及び運営に必要な物資の提供及びそのあつせんに関すること。
(4) 市町村の教育委員会との連絡に関すること。
(5) その他法令によりその職務権限に属する事項」

なお，教育委員会と市町村および都道府県の首長との関係において，社教法7条は，「地方公共団体の長は，その所掌事項に関する必要な広報宣伝で視聴覚教育の手段を利用しその他教育の施設及び手段によることを適当とするものにつき，教育委員会に対し，その実施を依頼し，又は実施の協力を求めることができ

る」。他方，社教法8条は，「教育委員会は，社会教育に関する事務を行うために必要があるときは，当該地方公共団体の長及び関係行政庁に対し，必要な資料の提供その他の協力を求めることができる」ことを規定して，両者が協力関係にあることを定めている。

　都道府県および市町村の教育委員会の事務局には，社会教育主事が置かれる。社会教育主事は，社教法9条の3によると，社会教育を行う者に専門的技術的な助言と指導を与えることが任務であるが，命令および監督をしてはならないことになっている。また，この社会教育主事を助けるものとして社会教育主事補がある。

　社会教育主事は，教育委員会事務局が主催する社会教育事業の企画・立案・実施，管内の社会教育施設が主催する事業に対する指導・助言，社会教育関係団体の活動に対する助言・指導，管内の社会教育行政職員等に対する研修事業の企画・実施などを担当する。

　ところで，社会教育主事は，「専門的技術的な助言と指導を与える」専門的教育職員として位置づけられ，任用に当たっては資格を必要とする。しかし，教育委員会事務局の行政職員であることもあり，人事上，教員のような専門職としては扱われていない。社教法9条の4に定められる社会教育主事の任用資格規定は次のとおりである。

「1　大学に2年以上在学して62単位以上を修得し，又は高等専門学校を卒業し，かつ，次に掲げる期間を通算した期間が3年以上になる者で，次条の規定による社会教育主事の講習を修了したもの
　　イ　社会教育主事補の職にあつた期間
　　ロ　官公署，学校，社会教育施設又は社会教育関係団体における職で司書，学芸員その他の社会教育主事補の職と同等以上の職として文部科学大臣の指定するものにあつた期間
　　ハ　官公署，学校，社会教育施設又は社会教育関係団体が実施する社会教育に関係のある事業における業務であって，社会教育主事として必要な知識又は技能の習得に資するものとして文部科学大臣が指定するものに従事した期間
　2　教育職員の普通免許状を有し，かつ，5年以上文部科学大臣の指定する教

育に関する職にあつた者で、次条の規定による社会教育主事の講習を修了したもの
3　大学に2年以上在学して、62単位以上を修得し、かつ、大学において文部科学省令で定める社会教育に関する科目の単位を修得した者で、第1号イからハまでに掲げる期間を通算した期間が1年以上になるもの
4　次条の規定による社会教育主事の講習を修了した者で、社会教育に関する専門的事項について前3号に掲げる者に相当する教養と経験があると都道府県の教育委員会が認定したもの」

実際には、大学在学中に社会教育主事の任用資格を得ていることが職員採用試験に有利に働くことは期待できず、社会教育主事講習を受講する資格を有する者に講習を受講させて任用要件を満たすケースが多く見られる。これらの実態から、現行の養成制度に関しては問題性を指摘する声は大きい。

3節　社会教育施設と職員

1　公民館

公民館は、社教法20条に定める「市町村その他一定区域内の住民のために、実際生活に即する教育、学術および文化に関する各種の事業を行い、もつて住民の教養の向上、健康の増進、情操の純化を図り、生活文化の振興、社会福祉の増進に寄与することを目的とする」社会教育施設である。公民館は、市町村あるいは公民館設立の目的をもって設立する法人のみが設置することができ、市町村が設置や管理に係る事項を条例で定める等、公民館に関して市町村が果たす役割は大きい。

公民館の事業としては、次の6項目がある (社教法22条)。
「(1) 定期講座を開設すること。
(2) 討論会、講習会、講演会、実習会、展示会等を開催すること。
(3) 図書、記録、模型、資料等を備え、その利用を図ること。
(4) 体育、レクリエーション等に関する集会を開催すること。
(5) 各種の団体、機関等の連絡を図ること。
(6) その施設を住民の集会その他の公共的利用に供すること」

ただし，公民館が，①営利を目的として事業を行い，特定の営利事業に公民館の名称を利用させその他営利事業を援助すること，②特定の政党の利害に関する事業を行い，または公私の選挙に関し，特定の候補者を支持すること，また，③特定の宗教を支持し，または特定の教派，宗派もしくは教団を支援することは禁じられている（社教法23条）。

市町村の設置する公民館の館長，主事その他必要な職員は，当該市町村の教育委員会が任命する。館長は，公民館の行う各種の事業の企画実施その他必要な事務を行い，所属職員を監督する。公民館主事は，館長の命を受け，公民館の事業の実施にあたる。

公民館に，館長の諮問に応じ，公民館における各種の事業の企画実施につき調査審議するために公民館運営審議会を置くことができる。市町村の設置する公民館に関して，公民館運営審議会の委員は，学校教育および社会教育の関係者，家庭教育の向上に資する活動を行う者並びに学識経験のある者の中から，市町村の教育委員会が委嘱する。法人の設置する公民館に公民館運営審議会を置く場合には，その委員は，当該法人の役員をもって充てられる。

ところで，公民館主事は，公民館による主催事業や相談活動を行い，地域住民の社会教育活動の援助や促進を行うために教育職としての専門性を有することが求められるが，専門職としての資格や地位については，法律上，明確にされてはいない。また，社会教育主事資格者や非常勤の職員をもって公民館主事に充てる自治体の存在や公民館主事の専門的力量を向上させるための研修体制の不整備が指摘されている。さらに，公民館の首長部局への移管に伴って公民館としての位置づけを外して専門職員を引き上げる動きが見られる等，公民館そのものの存続を危ぶむ声も出てきている。

また，公民館運営審議会について，この画一的な組織の設置によって公民館の運営に民意を反映するのではなく，社会教育の住民自治の原則に沿って各地域の実情にあった特色ある運営組織を設置することを目的として，同審議会は必置規制が廃止されて任意の設置となるとともに審議会の委員構成等が弾力化された。加えて，この改正に伴って，公民館長任命に際する公民館運営審議会からの意見聴取義務も廃止された。

この改正は，一面では規制緩和という側面をもち，地域の実情にあわせた特

色ある公民館運営の可能性を有するものではあったが，必置規定がなくなったとたんに公民館運営審議会を廃止してしまう自治体が多数見られた。このような現象は，公民館の運営を地域住民や利用者の意志から遠ざける結果につながると危惧する声もある。

なお，市町村の首長部局が設置するコミュニティセンターや住民が自治組織である自治会のために設置する自治会館等と称する施設は，「公民館類似施設」に分類される。

2 図書館

図書館は，社教法の精神に基づき，「国民の教育と文化の発展に寄与することを目的」(図書館法1条) として，「図書，記録その他必要な資料を収集し，整理し，保有して，一般公衆の利用に供し，その教養，調査研究，レクリエーション等に資することを目的とする」(図書館法2条) 施設である。図書館は，設置主体別に，学校に付属する図書館を除いて，地方公共団体の設置する公立図書館と民法34条に規定する法人の設置する私立図書館がある。

図書館は，地域のニーズに沿いつつ，学校教育を援助しうるように留意して「図書館奉仕」を行うために，次の機能を有する(図書館法3条)。

「(1) 郷土資料，地方行政資料，美術品，レコード及びフィルムの収集にも十分留意して，図書，記録，視覚聴覚教育の資料その他必要な資料 (以下「図書館資料」という) を収集し，一般公衆の利用に供すること。

(2) 図書館資料の分類排列を適切にし，及びその目録を整備すること。

(3) 図書館の職員が図書館資料について十分な知識を持ち，その利用のための相談に応ずるようにすること。

(4) 他の図書館，国立国会図書館，地方公共団体の議会に附置する図書室及び学校に附属する図書館又は図書室と緊密に連絡し，協力し，図書館資料の相互貸借を行うこと。

(5) 分館，閲覧所，配本所等を設置し，及び自動車文庫，貸出文庫の巡回を行うこと。

(6) 読書会，研究会，鑑賞会，映写会，資料展示会等を主催し，及びこれらの開催を奨励すること。

(7) 時事に関する情報および参考資料を紹介し，及び提供すること。
(8) 社会教育における学習の機会を利用して行つた学習の成果を活用して行う教育活動その他の活動の機会を提供し，及びその提供を奨励すること。
(9) 学校，博物館，公民館，研究所等と緊密に連絡し，協力すること」

図書館には，専門職員として司書および司書補がおかれる。司書は，①大学を卒業した者で大学において図書館に関する科目を履修した者，②大学または高等専門学校を卒業した者で司書講習を修了した者，③3年以上司書補等として勤務した経験を有する者で司書講習を修了した者が司書としての資格を有する。また，司書補は，司書の資格を有する者あるいは中等教育を修了した者で司書補講習を修了したものが資格を有する(図書館法5条)。

ところで，今日では，図書の情報サービス，閲覧サービス，レファレンス・サービス等において司書に求められる資質が高度化する一方で，国庫補助を受ける場合の図書館長の司書資格要件を廃止したために，司書資格を有する職員が存在しない図書館も多く存在し，現状が危惧されている。また，行財政改革に伴う予算削減で，蔵書数を増やすことに困難を抱える図書館や図書貸し出し以外のサービスについて有料化する動きもある。

なお，図書館の運営に関して，館長の諮問に応ずるとともに，図書館の行う図書館奉仕につき，館長に対して意見を述べる機関として図書館協議会が規定されているが，これは，「置くことができる」諮問機関である(図書館法14条)。

3　博物館

博物館は，「歴史，芸術，民俗，産業，自然科学等に関する資料を収集し，保管し，展示して教育的配慮の下に一般公衆の利用に供し，その教養，調査研究，レクリエーション等に資するために必要な事業を行い，あわせてこれらの資料に関する調査研究をすることを目的とする」施設である(博物館法2条)。博物館と称するためには一定の基準を満たして登録される必要がある。博物館は，その設置主体によって，地方公共団体の設置する公立博物館と法人の設置する私立博物館がある。

博物館が行う事業は，次の通りである(博物館法3条)。
「(1) 実物，標本，模写，模型，文献，図表，写真，フィルム，レコード等の博物館

資料を豊富に収集し，保管し，及び展示すること。
(2) 分館を設置し，又は博物館資料を当該博物館外で展示すること。
(3) 一般公衆に対して，博物館資料の利用に関し必要な説明，助言，指導等を行い，又は研究室，実験室，工作室，図書室等を設置してこれを利用させること。
(4) 博物館資料に関する専門的，技術的な調査研究を行うこと。
(5) 博物館資料の保管及び展示等に関する技術的研究を行うこと。
(6) 博物館資料に関する案内書，解説書，目録，図録，年報，調査研究の報告書等を作成し，及び頒布すること。
(7) 博物館資料に関する講演会，講習会，映写会，研究会等を主催し，及びその開催を援助すること。
(8) 当該博物館の所在地またはその周辺にある文化財保護法（昭和25年法律第214号）の適用を受ける文化財について，解説書又は目録を作成する等一般公衆の当該文化財の利用の便を図ること。
(9) 社会教育における学習の機会を利用して行つた学習の成果を活用して行う教育活動その他の活動の機会を提供し，及びその提供を奨励すること。
(10) 他の博物館，博物館と同一の目的を有する国の施設等と緊密に連絡し，協力し，刊行物及び情報の交換，博物館資料の相互貸借等を行うこと。
(11) 学校，図書館，研究所，公民館等の教育，学術又は文化に関する諸施設と協力し，その活動を援助すること」

博物館の専門的職員は学芸員であり，学芸員は，博物館資料の収集，保管，展示および調査研究その他これと関連する事業についての専門的事項をつかさどる。また，学芸員の職務を助ける職として学芸員補がおかれる。

学芸員となるためには，「①学士の学位を有する者で，大学において文部科学省令で定める博物館に関する科目の単位を修得したもの，②大学に2年以上在学し，前号の博物館に関する科目の単位を含めて62単位以上を修得した者で，3年以上学芸員補の職にあつたもの，③文部科学大臣が，文部科学省令で定めるところにより，前各号に掲げる者と同等以上の学力及び経験を有する者と認めた者」であることが必要である（博物館法5条）。また，学芸員補の職には，学校教育法90条1項の規定による大学への入学資格が必要である。

4　学校施設の利用

　社会教育のための施設ではないが，少子化に伴う空き教室の増加等により各地で学校施設が社会教育のために利用されている。学校を社会教育のために利用することについては，学校教育上支障のないかぎり，社会教育に関する施設を付置したり，学校施設を社会教育その他公共のために利用させることができる。ただし，学校教育上支障があると認められるとき，学校施設等を損傷するおそれがあると認められるとき，公益を害するおそれがあると認められるとき，私的営利を目的とすると認められるとき等には，施設の利用が禁じられる。

　ところで，学校教育法上は，学校を社会教育のために「利用させることができる」(137条)とあるが，社会教育法の観点からは「利用に供するように努めなければならない」(44条)と，積極的に利用を促進すべきとの方針が盛り込まれている。

4節　生涯学習社会における社会教育行政の課題

1　生涯学習社会を支えるネットワークの構築

　1971年4月の社会教育審議会答申「急激な社会構造の変化に対処する社会教育の在り方について」以後，1981年6月の中央教育審議会答申「生涯教育について」や「生涯学習社会への移行」を提唱した臨時教育審議会(1984〜1987年)の答申を経て，生涯学習の重要性は社会全体に認識されるに至った。そして，2006年の教基法改正では，その3条において「国民一人一人が，自己の人格を磨き，豊かな人生を送ることができるよう，その生涯にわたって，あらゆる機会に，あらゆる場所において学習することができ，その成果を適切に活かすことのできる社会の実現が図られなければならない」と規定されるに至った。

　今日において，学習を継続することは個々人の基本的人権であり，一人ひとりがそれぞれのライフステージで必要とされる学習活動が保障されなければならない。また，ライフスタイルや価値観の多様化に伴い，学習ニーズも多様化している。

　生涯学習の振興をよりいっそう推進するために，社会教育施設のみならず，首長部局所管の各種施設との連携協力体制の整備や市町村の行政区を超えた広域的連携サービスの必要性が認識される。

2 住民自治等の社会教育行政理念の再確認

　先に見たとおり，社会教育行政は，住民の自発的意志に基づく学習活動を支えるために環境を醸成し，条件整備を行うことが重要である。また，社会教育の振興のために，求めに応じて専門的技術的な指導および助言を行う社会教育主事の設置や公民館運営審議会等住民の意思が反映される体制が存在する。

　しかしながら，社会教育主事をはじめとする専門的職員の養成・研修体制の整備はいまだに進んでいない。また，行財政改革や規制緩和のプロセスの中で，公民館運営審議会が必置ではなくなる等，社会教育施設の運営が，地域住民や実際の利用者から遠ざけられる結果を生む危険性を生じている。さらに，自治体の財政危機によって，社会教育推進のために必要な施設・設備や人材の深刻な不足を招いている。

　生涯学習の理念に基づいた生涯学習社会構築に向けて，社会教育行政理念を再確認した上での社会教育振興方策が求められている。

3 「次世代の学校・地域」創世に向けた改革の実現

　今日，学校と地域の在り方が大きく見直されつつある。このプロセスにおいて，学校は「地域とともにある学校」に転換すること，「子供も大人も学び合い育ち合う教育体制」を構築すること，「学校を核とした地域づくり」の推進が求められている。

　これは，次代を担う子どもたちの成長に向けての目標を共有し，地域社会と学校が協働して取り組むことを通して新しい人と人とのつながりを生み出して地域の教育力を向上させることを意図している。また，この方策は，地域の課題解決や地域振興，さらには，持続可能な地域社会の源となり，生涯学習社会の構築にも資するものである。

　これを実現するために，社会教育のフィールドにおいて地域の人々や団体により「緩やかなネットワーク」を形成した任意性の高い体制としての地域学校協働本部が構想されている。同本部には，①コーディネート機能，②より多くの地域住民の参画を実現する多様な活動，③地域学校協働活動の継続的・安定的実施が求められている。

　この体制は，第2期教育振興基本計画のなかで構想されており，目下，その整

備充実に向けた取り組みが進められている。

参考文献
上原貞雄(編著)　教育行政学　福村出版　1991
大串隆吉　社会教育入門　有信堂高文社　2008
勝野正章・藤本典裕(編著)　教育行政学(改訂版)　学文社　2008
窪田眞二・小川友次　教育法規便覧(平成20年版)　学陽書房　2007
河野和清(編著)　教育行政学　ミネルヴァ書房　2014
仙波克也・佐竹勝利(編著)　教育行政の基礎と展開　コレール社　1999
田代直人・森川泉・杉山緑(編著)　教育の経営と制度　ミネルヴァ書房　2001
福本みちよ　教育法規の要点(第6版)　酒井書店　2008
中央教育審議会　新しい時代の教育や地方創生の実現に向けた学校と地域の連携・協働の在り方と今後の推進方策について(答申)　2015年12月21日

13章　教育財政

1節　教育財政の意義

1　財政とは何か

　教育財政とは何かを説明する前に，財政とは何かについて説明しておく必要がある。財政とは，国民や企業等が税金を政府に支払い，それを政府がさまざまな公的活動に利用する資金の流れである。徴税から，予算編成，予算の執行，決算に至るまでの一連のプロセスの総称が財政であり，「おおやけのお金まわり」（神野，2007；p.4）とも言われる。

　図13-1は2015（平成27）年度の一般会計決算における国の支出状況（歳出）をあらわしたものである。2015年度には98兆2,303億円が支出された。そのうち年金や社会保障にあてられる社会保障費に31.9％，国の借金の返済経費である国債償還費に22.8％，都道府県や市町村に交付される地方交付全交付金等に17.1％，公共事業費に6.4％，防衛費に5.2％となっている。

　教育に関しては，国の予算の5.6％にあたる5兆5,740億円が教育費を含む文教及び科学振興費に利用されている。教育は公共性の高い政府活動であり，国の財政支出の対象とされているのである。

2　教育財政とは何か

　日本では国・地方あわせた政府の財政のうち，教育に対する支出部分を教育財政ととらえる見方が一般的である。アメリカでは，義務教育の場合には居住する学区ごとに固定資産税が教育財源として充当されるので，税の歳入から学校等の支出までの一連の流れすべてを教育財政ととらえる。日本の教育の場合には，特定の税財源を持たず，国・地方ともに政府全体の一般会計の中から支出されるために，支出部分に焦点を当てて教育財政と考えるのである。

　さて，国・地方あわせた教育財政の全体像をとらえるためには，文部科学省『地方教育費調査』が適している。『地方教育費調査』における政府財政から支出

13章　教育財政　201

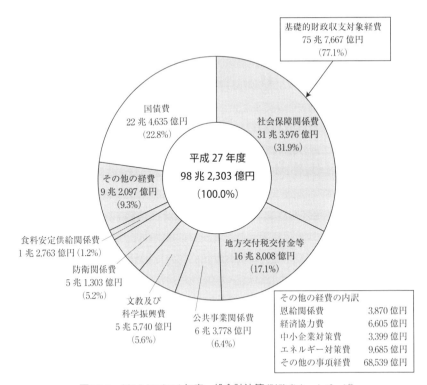

図13-1　2015（平成27）年度一般会計決算（財務省ホームページ）

される教育費は，大きく学校教育費，教育行政費，社会教育費の3つの構成要素で成り立っている。

学校教育費とは，文字どおり学校に関する経費である。幼稚園，小学校，中学校，特別支援学校，高等学校，高等専門学校や大学，大学院等の学校教育法1条に定める学校（いわゆる1条校）に対する経費を主には意味する。近年では首長部局等から専修学校やフリースクールに対する授業料補助など，非1条校に対しての財政支出が行われはじめており，1条校に通う児童生徒以外への財政の役割も拡大しつつあるが，学校教育費には含まない。なお保育所も厚生労働省管轄のため教育財政には含まない。

教育行政費とは，文部科学省や教育委員会事務局の一般行政事務のための経費を意味する。

表13-1　2014(平成26)年度教育費(国・地方計，単位・千円)

			構成比
	教育費総額（A＋B＋C）	16,094,602,623	
A	学校教育費	13,511,174,913	83.9
B	社会教育費	1,629,793,732	10.1
C	教育行政費	953,633,978	5.9
D	生涯学習関連費（知事部局所管施設分）※教育費総額には含まれていない	159,796,411	－

　社会教育費とは，公民館，図書館，博物館や体育施設等に関する国や地方からの補助，またそこで行われる社会教育や生涯学習サービスに対する国や地方からの支出を意味する。近年では，社会教育や生涯学習は教育委員会ではなく，知事部局が所管する場合もあるので生涯学習関連費(知事部局所管施設分)も教育財政として計上されているが，教育費総額からは除かれている。

　表13-1に，地方教育費調査より教育費総額を示したが，2014(平成26)会計年度の国・地方あわせた教育費総額約16兆946億円のうち83.9％を占めるのが学校教育費(13兆5,111億円)である。その次に社会教育費(10.1％，約1兆6,297億円)，教育行政費(5.9％，約9,536億円)となっている。

　国・地方あわせて約16兆もの教育費が投じられているが，その8割は学校教育に用いられているのである。

2節　国の教育財政

1　国の教育財政の現状と制度

　図13-2は，2015(平成27)年度の当初予算における文部科学省の歳出内訳である。まず国の教育財政はいったい何に支出されているのかという実態，つぎに国の教育財政がいかなる制度の下に成り立っているのかを把握していく。

　国において教育の所管官庁は文部科学省である。文部科学省予算は，2015年度の場合，5兆3,378億円であり，国の一般会計に占める比率は5.6％となっている。なお図13-1の「文教及び科学振興費」と図13-2の文部科学省予算との間には2,362億円の差があるが，毎年4月に開始される当初予算以降に年度途中で追加される補正予算(2015年度は878億円)のほか，内閣府や総務省も「文教および科学

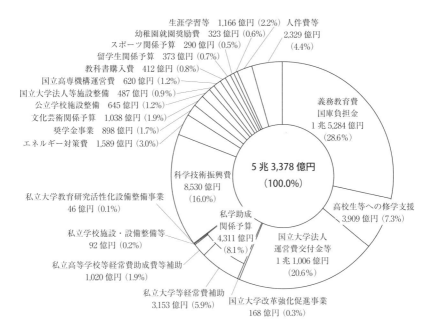

図13-2　文部科学省2015 (平成27) 年度予算 (文部科学省ホームページ)

振興費」の一部を所管しているためである*。

　さて，文部科学省の主要経費は，金額の大きい順に(1)義務教育費国庫負担金，(2)国立大学法人運営費交付金，(3)科学技術振興費，(4)私学助成，(5)高校生等への修学支援といった費目で成り立っている。ほかに生涯学習・スポーツ・留学生等経費，教科書購入費，奨学金事業，公立学校施設費等の費目がある。

　以下，教育関連の主要経費について，2015年度予算(図13-2)を中心にその制度や仕組みの概要を述べる。

---

*　予算には「所管別」「目的別」「性質別」の4つの分類方法がある。図13-2の文部科学省予算は「所管別分類」にもとづくもので，もっとも一般的な分類法である。国では省庁別，地方では部局別の予算分類が行われることが多い。「目的別分類」とは行政目的をもとにした分類であり，表13-1のように学校教育費，社会教育費，教育行政費に使用する目的別に経費分類する。学校教育費をさらに小学校費，中学校費，高等学校費等に分類することも多い。「性質別分類」とは，人件費，旅費，物件費等の使途別に分類する方法である。

(1) 義務教育費国庫負担金

　義務教育費国庫負担金は，文部科学省予算の28.6%，1兆5,284億円を占める最大費目である。公立の義務教育諸学校に勤務する教職員の給料・手当の3分の1を国が負担しており，残りの3分の2を都道府県が負担している。国が負担する公立義務教育諸学校教員の給与の3分の1の財源が義務教育費国庫負担金である。

　なぜ，市町村が設置する公立小中学校の教員の給与を国と都道府県が負担するのだろうか。義務教育費国庫負担の仕組みは，やや複雑なので詳しく説明しておく必要がある。まず，市町村の設置する義務教育の小中学校の教職員の給与を負担する主体は，国でも市町村でなく，都道府県である（市町村立学校職員給与負担法1条）。それゆえに，義務教育費国庫負担制度の対象となる教職員は「県費負担教職員」と呼ばれる。

　さらに，都道府県は教職員がどの学校に勤務するのかを決定する任命権者である（地方教育行政の組織及び運営に関する法律37条，以下地教行法）。すなわち，公立の小中学校は市区町村が設置するが，そこに勤務する教職員の給与は都道府県と国が負担している。また，教職員の採用や移動に関する権限は市区町村にはない。例外的に政令市は地教行法58条の規定により教職員の採用，異動や処分に関する権限を有し，2017（平成29）年度より県費負担教職員に関する財源（義務教育費国庫負担金，地方交付税交付金）も移管される。これについては3節にて詳述するが，政令市での独自政策の実現が可能になる一方で，教職員の給与削減や待遇悪化等につながる等の懸念もある。

　さて，政令市以外の市町村については，教職員の「服務の監督」に関する権限があるものの，勤務地の決定や懲戒や分限といった処分については，任命権者である都道府県が行う。このことは市町村が小中学校（ときには特別支援学校や中等教育学校）を設置するにもかかわらず，学校の教職員に関する権限が大幅に制限されているという課題があることを意味する。

　義務教育費国庫負担金は，日本国憲法26条に定める義務教育無償の原則を受けて，義務教育費国庫負担法1条にあるように「義務教育無償の原則に則り，国民のすべてに対しその妥当な規模と内容とを保障するため，国が必要な経費を負担することにより，教育の機会均等とその水準の維持向上とを図ることを目

的とする」ために導入された制度である。

　しかしながら，地方分権の時代にあって，義務教育費国庫負担制度については政令市への財源移譲だけでなく，人事権や財源を含めて市町村に移譲すべきであるなどのさまざまな議論が展開されている。

　こうした状況の中で，義務教育費国庫負担制度も揺らいできた。実は，義務教育費国庫負担金の国庫負担率は2004（平成16）年度までは2分の1であった。しかしながら，財政構造改革や地方分権改革の影響の下で，小泉純一郎内閣時に多くの反対意見がありながら国庫負担率が3分の1に切り下げられた経緯がある。

　もともと義務教育費国庫負担制度が1953（昭和28）年度に発足した背景には，1950年度のシャウプ勧告により都道府県が教職員給与を全額負担するようになった結果，深刻な財政難のもとで教職員の給与遅配や都道府県間の給与格差拡大を引き起こし，そのことが国民の権利である義務教育の水準確保や教育の機会均等にとって重大な危機とみなされた経緯がある。こうした状況を考えたとき，義務教育を担う教職員の給与を一定水準で保障し，全国的に大きな給与格差なく資質ある教職員を学校現場に確保していくための，国と地方の財政負担の在り方は，慎重に検討されなければならない問題であるといえよう。

　義務教育に関連しては教科書購入費も重要である。教科書購入費は，国公私立を問わず義務教育諸学校の教科書に関する費用を国が負担する仕組みである。根拠法令は義務教育諸学校の教科用図書の無償措置に関する法律（1963年）である。これにより，義務教育の教科書費は保護者が負担せず，無償となっている。

　しかしながら授業料，教科書費以外の保護者負担はあり，文部科学省『子どもの学習費調査』（2014年度）では，学校教育費（給食費を除く）が公立小学校でも年間59,228円，公立中学校で年間128,964円，公立高等学校で年間242,692円の保護者負担経費がある。義務教育における国や地方の補助の在り方は引き続き検討される必要のある課題といえよう。

(2) 国立大学法人運営費交付金

　国立大学法人運営費交付金は，国立大学の運営のために国が支出する経費である。学校は学校教育法5条に定める「設置者負担主義」により，設置者が負担することが原則とされている。国立学校の場合は国が，公立学校の場合は地方が，私立学校の場合には学校法人が経費負担することが原則とされている。

学校教育法5条は「学校の設置者は，その設置する学校を管理し，法令に特別の定のある場合を除いては，その学校の経費を負担する」という法律である。
　この規定に則り，国立大学の経費は国（文部科学省）が拠出している。現在の配分の仕組みは各国立大学の策定した第3期中期計画・中期目標にもとづき，一定の財源を各大学に確保したうえで，国のもとめる3つの重点支援の枠組みごとに「機能強化促進係数」を設定し運営費交付金を重点配分するという方法が採用されている。3つの重点支援の枠組みとは，①地域に貢献する取り組み，②世界ないし全国的な教育研究を推進する取り組み，③世界で卓越した教育研究等を推進する取り組み，である（文部科学省「第3期中期目標期間における国立大学法人運営費交付金の在り方について（審議まとめ）」2015年6月15日）。
　国立大学で競争的な予算配分が行われるのと並行して，科学技術振興費でも競争的資金が増額している。科学技術振興費は2015年度では8,530億円となっており，2000年度の2,403億円から比較すると3倍以上拡大している。科学技術振興費が研究者や大学に分配される場合には，公募形式で分配される仕組みである競争的資金が大半となっている。競争的資金は，既存の大学や研究者間の序列にとらわれず，重要な研究に研究費を配分する意図があるが，いっぽうで国立大学運営費交付金が減少しているために，とくに若手研究者の挑戦的な研究ができにくくなり，日本の科学技術や学問の衰退を招くとの意見も多い。2016年にノーベル医学・生理学賞を受賞した大隅良典は次のように指摘している。「例えば，競争的資金の獲得が運営に大きな影響を与えることから（中略）若者に対しても少なからず影響があり，今はやりの研究課題に取り組みたいという指向性が強くなり，新しい未知の課題に挑戦することが難しいという雰囲気をますます助長している。結果的に，次代の研究者はますます保守的になって新しいものを生み出せなくなってしまうのではないだろうか」（大隅良典「科研費について思うこと」日本学術振興会『私と科研費』No.78, 2015年7月）。
　基盤的経費を削減し，競争的配分や競争的資金を拡大すれば，日本の学問や科学技術が進歩するという単純な発想にもとづいた現在の日本の高等教育行財政や研究行財政のあり方には，大いに検討の余地があるといえよう。

(3) 私学助成
　「設置者負担主義」にもとづき，私立学校は原則として自らの学校運営に要す

る経費を負担することとなっている。いっぽうで学校教育法6条により，私立学校は「学校においては，授業料を徴収することができる」とされている。

ただし，国の補助なしに授業料を徴収するときわめて高額になることや，2016年度時点で高校生の31.6%（全日制・定時制），大学生の73.5%（4年制大学の場合，通信制除く）が，私立学校に在学するという役割の大きさから，私立学校の教育条件の維持向上や家計の経済的負担の軽減のために，政府が私立学校に対し私学助成を行っている。

根拠法令は私立学校振興助成法であり，1条に「この法律は，学校教育における私立学校の果たす重要な役割にかんがみ，国及び地方公共団体が行う私立学校に対する助成の措置について規定することにより，私立学校の教育条件の維持及び向上並びに私立学校に在学する幼児，児童，生徒又は学生に係る修学上の経済的負担の軽減を図るとともに私立学校の経営の健全性を高め，もって私立学校の健全な発達に資することを目的とする」と目的が記載されている。

私学振興助成法は1975年に成立したが，私立学校の「教育条件の維持及び向上」はともかくとして，いまなお私立高校や私立大学の「修学上の経済的負担」は重いという課題がある。また株式会社立学校や専修学校，フリースクール等への私学助成は行われておらず，私学助成がどの範囲で行われるべきなのかは論争的課題である。

(4) 高校生等への修学支援

民主党政権の下で2010年に導入された高校無償化政策は，当初はすべての高校生を対象とした普遍主義的制度であった。しかし自由民主党・公明党連立政権への政権交代にともない，2014年4月入学生からは世帯年収910万円未満（モデル世帯の場合）の制限が行われ，選別主義的な高等学校等就学支援金制度へと変化している。全日制高校の場合，月額9,900円が授業料無償化分として支給されるほか，私立高等学校の生徒に対しては最大で年額29万7,000円の授業料支給が行われる。支援金は保護者にかわって高校が受け取る代理支給の仕組みとなっている。

選別主義的な制度ではあるものの，高校生の8割程度をカバーしているとされ，2015年度では3,909億円が予算計上されている。また2014年度からは高校生等奨学給付金が国庫補助事業として都道府県により実施されており，生活保

護世帯や住民税非課税世帯の高校生に年額3万〜13万円の奨学金給付が行われている。

(5) 大学生等への給付型奨学金

国の教育財政でもっとも新しい動きが，2018年度に本格導入される大学生等への給付型奨学金である。予算額は未定であるものの，児童養護施設，生活保護世帯，住民税非課税世帯の子どもたちに，月2万〜4万円の奨学金給付を行うという制度が構想されている(文部科学省給付型奨学金制度検討チーム「給付型奨学金制度の設計について」2016年12月19日)。

しかしながら，原則として高校1校につき1人の推薦枠しか割り当てられず，また成績要件が課される可能性があるなど，低所得家計に対する機会均等の保障政策としては課題が多い。家計が厳しい生徒は，高校進学時からアルバイトをはじめ，十分な学習時間も確保できないなど，成績要件をそもそもクリアできない可能性も高い。高校生に対する支援策の充実とともに，成績要件を重視したメリットベースの給付型奨学金ではなく，低所得家計の出身者であることを重視したニードベースの給付型奨学金の実現が重要といえる。

2　国の教育財政の役割と課題

国が教育に対し財政支出を行うのには，いくつかの理由がある(白石, 2000 ; pp. 89-114)。

まず法治国家である日本では，法に定める「教育を受ける権利」と「教育を受けさせる義務」「教育の機会均等」といった理念と，その背景にある基本的人権の保障のために教育財政支出が行われている。日本国憲法26条では「すべて国民は，法律の定めるところにより，その能力に応じて，ひとしく教育を受ける権利を有する」，また同2項では「すべて国民は，法律の定めるところにより，その保護する子女に普通教育を受けさせる義務を負ふ。義務教育は，これを無償とする」とある。さらに，教育の機会均等を示した現行教育基本法4条では「すべて国民は，ひとしく，その能力に応じた教育を受ける機会を与えられなければならず，人種，信条，性別，社会的身分，経済的地位又は門地によって，教育上差別されない」と定めている。

これらの理念の実現のために，義務教育費国庫負担金や教科書購入費を国が

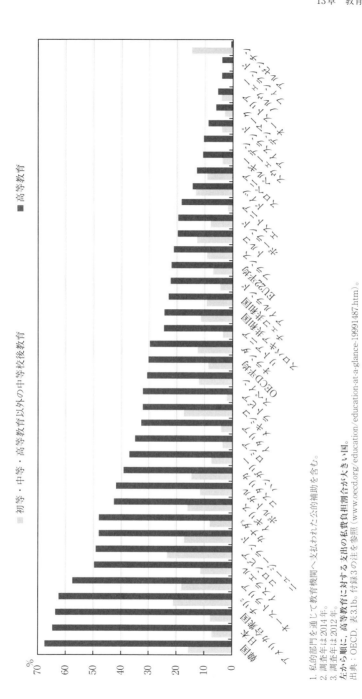

図13-3 教育機関における私費負担割合[1]（OECD, 2016; p.2より転載）

1. 私的部門を通じて教育機関へ支払われた公的補助を含む。
2. 調査年は2014年。
3. 調査年は2012年。

左から順に、高等教育に対する支出の私費負担割合が大きい国。
出典：OECD, 表3.1b, 付録3の注を参照（www.oecd.org/education/education-at-a-glance-19991487.htm）。

支出している。また教育の機会均等の実現のために，低所得家庭からでも高等学校や大学への進学が可能となるように，国が高等学校等就学支援金制度や，日本学生支援機構奨学金事業への財政支援を行っている(図13-2の奨学金事業)。

　財政学的には，教育は国防や警察と同じく，対価を支払わない者を利用から締め出すことは不適当であるため非排除性をもち，「公共財」もしくは「準公共財」としての性質をもつ。とくに義務教育にその特徴が強いとされる。また社会成員がその財やサービスを享受すること自体に価値のある「価値財」として，教育を完全に個人の選択にまかせるのが望ましくないという理論もある。これらの理論により，個人の支出だけでなく政府の財政支出が望ましいと，学問的には説明されている(マスグレイブ，1983; pp. 62-92)。

　以上のように法的な理由や財政学的な理由から，国は教育に対し財政支出を行っていると理解される。しかし課題も多い。OECDからは，とくに高等教育と就学前教育における家計の私教育費負担が高い一方で，政府支出が国際的にみてきわめて低い水準であることが指摘され懸念されている(OECD, 2016; p. 1, 4)。じっさい図13-3に示したように，高等教育段階における私費負担比率は韓国についで高い。就学前段階でも同様の傾向がある。

　国際的な視点からも，日本の教育財政にはまだまだ充実の余地があることが指摘できる。

3節　地方の教育財政

1　地方教育財政の実態

　地方の教育財政の実態は都道府県と市町村によって異なる。現在，地方財政は国の財政と同様に厳しい状況にある。また，地方自治体間の財政状況の格差は深刻である。2015(平成27)年度決算にもとづいて算出された，地方自治体の財政力指数(1に近い，もしくは1を上回るほど財政力が強い)では，0.3未満の財政力しか持たない都道府県が3県(高知，鳥取，秋田)ある一方で，1を超えるのは東京都しかない(総務省「平成27年度地方公共団体の主要財政指標一覧」)。また市町村では大都市，とくに政令市ほど財政力が高くなり，町村の財政力が低い傾向にある(総務省「平成27年度地方公共団体の主要財政指標一覧」)。

このように多様な地方財政の中で，教育財政の実態を把握することは容易ではないが，ここでは岡山県とその県庁所在地である岡山市，岡山市に次ぐ人口規模を持つ倉敷市を例に，教育財政の現状を述べていく。岡山県は2015年度の財政力指数が0.50と，都道府県平均である0.49に近く，また地方都市でも珍しくなくなった政令市を有する自治体である。

図13-4は岡山県，図13-5は岡山市，図13-6は倉敷市を例に，2016（平成28）年度当初予算をそれぞれ示したものである。

岡山県の予算規模は7,197億円であり，そのうち1,827億円（25.4%）を教育費が占めている。教育費は岡山県の一般会計における最大費目である。

岡山市では予算規模は2,843億円であり，そのうち教育費は212億円（7.5%）を占めるにすぎない。これは義務教育の人件費を県費で負担しているためであり，2017年度の義務教育財源の政令市移管にともなって，2017年度より大幅に教育費は増える見通しとなる。政令市の予算が義務教育財源の移管前，移管後でどのように変化するのか，教育財政に興味のある読者は注目してほしい。教員の給与水準等にも県と政令市で差が出てくる懸念もある。

倉敷市では1,669億円の予算のうち，120億円（7.2%）を教育費が占めている。

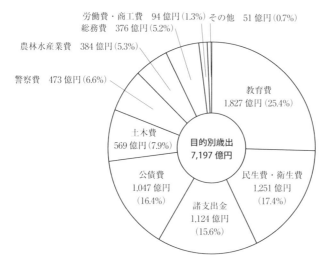

図13-4　岡山県一般会計予算（平成28年度）（岡山県ホームページ）

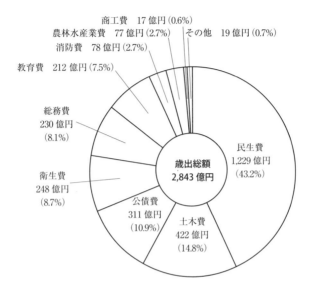

図13-5　岡山市一般会計予算（平成28年度）（岡山市ホームページ）

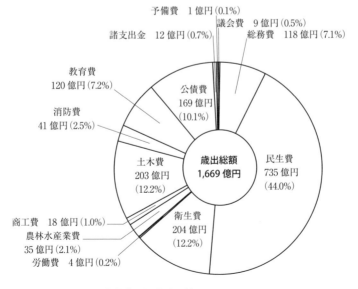

図13-6　倉敷市一般会計予算（平成28年度）（倉敷市ホームページ）

岡山市と同じ程度の教育費比率となるが，これは前述したように義務教育の人件費を県が負担しているためである。

都道府県は，義務教育の人件費のほかに，都道府県立学校(特別支援学校，高等学校等)の人件費や維持運営費を負担する。生涯学習に関する都道府県立施設(博物館，図書館，公民館等)の経費負担も行う。市町村の教育財政上の役割は，市町村立学校の維持管理費，社会教育費や幼稚園の就園奨励費補助の支出等である。都道府県と同様に社会教育施設等の費用負担も行う。

2 地方教育財政の役割と課題

地方自治体は，県立高校や市町村立学校の設置者として，学校教育法5条に定める設置者負担主義の原則にもとづき，自らの設置する学校の経費を負担することがその役割である。

ただし，とくに義務教育に要する経費については，義務教育費国庫負担制度のもとで，都道府県と市町村そして国の財政関係は複雑なものとなっている。学校の設置者である市町村が教職員給与財源と人事権の双方を有することが，設置者負担主義に沿った制度であり，憲法に定められる地方分権の趣旨にも適合する仕組みという考え方もあるが，現実はそう簡単ではない。政令市への義務教育財源の移管に関しても，政令市における給与水準の引き下げが懸念される。財政力が弱く小規模な市町村にあっては，採用できる教職員数も少なく，人事の停滞を招いたり，教員採用に際しても教員が確保できないことも懸念される。一方で国は，地方分権改革推進委員会のもとで2008年に市町村立小中学校の人事や給与について，中核市にも権限移譲を行う方向も提言している(総務省・地方分権推進委員会「第1次勧告」, p. 20)。

地方分権が進み，政令市・中核市への義務教育財源の移譲が進むと，市と県の間での教員給与格差や，政令市や中核市の間での給与格差の拡大も懸念される。優秀な教員が近隣地域でもっとも給与水準の高い自治体に集中してしまう可能性も否定できず，このことが義務教育の質の自治体間格差に影響を及ぼすリスクも認識されるべきだろう。

地方教育財政の課題は，この他にもある。財政難による学校予算の削減や，保護者の教育費負担の大きさである。

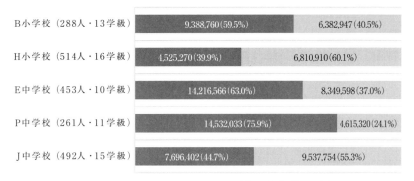

図13-7　学校教育活動に要した公費と私費(2010年度，末冨・本多・田中，2012より筆者作成)

　筆者らの調査では，公費（自治体から学校に配当される予算）を上回る私費（保護者からの学校徴収金）で学校運営をしている公立学校がある（末冨・本多・田中，2012）。また全国の公立小中学校長の約9割が予算不足を感じているという調査結果もある（ベネッセ，2008；p. 43）。近年では，学校予算の不足から，ふるさと納税を学校運営に充当しようとする自治体も出現している（兵庫県ホームページ・県立学校環境充実応援プロジェクト）。だが，自治体一般会計から学校に関わる経常的な予算を確保するのが地方行政の本来の役割であり，不安定な財源となるふるさと納税に学校予算を依存しようとすることは，学校運営の安定性に対しては大きなデメリットとなる。子どもたちのための学校教育に対し予算を確保できないのだとすれば，地方分権のもとでの教育財政に何の意味があるのだろうか。

　図13-7は，筆者らが2011年度に調査した小中学校の公費と私費の合計である。公費も私費も，学校の日常の教育活動（教科・道徳・特別活動・総合的な学習の時間等への経費，修学旅行と学校給食は含んでいない）に要した経費を算定している。学校間の財政規模の格差に驚くとともに，地方自治体の支出する公費と同等あるいはそれを上回る私費が支出されている学校も複数あることがわかる。公費予算が充実している学校では，私費負担は安くなる傾向が指摘されている（本多，2016；p. 32）。

　こうしたデータを示したときに，修学旅行や遠足などは児童生徒個人の利益になることなのだから，保護者の負担はあたりまえという意見もあろう。しか

し，公立中学校の制服代で約10万円かかる学校も実在することが報道され(朝日新聞2016年8月19日朝刊記事「公立中制服の価格差，最大2倍超　SNSで111校調査」)，義務教育であるにもかかわらず多額の保護者負担を前提としている日本の学校教育制度に対する見直しが社会の側から必要であると認識される時代に変わりつつある。21世紀の日本においてすら，家計の貧しさから高校以降の進学をあきらめたり，修学旅行への参加をとりやめる児童生徒は存在する。こうした児童生徒に対する支援の在り方や，保護者負担をあたりまえと考える日本社会の意識変革の必要性も検討したうえで，教育費の公私負担の在り方をあらためて考えることも必要だろう。

　憲法26条に定める義務教育の無償の範囲は，教職員の行う授業に対する対価部分である「授業料無償説」が最高裁判所の判決で採用されている。このことは「国又は地方公共団体の設置する学校における義務教育については，授業料を徴収しない」という現行教育基本法5条4項にも規定されている。しかし，多額の保護者負担に支えられなければ維持不可能な学校教育の実態を考えたとき，どこまでを保護者が私費負担すべきで，どこまでを財政で公費負担するべきであるのか，疑問に思う読者も少なくないであろう。

　これについては市町村教育委員会として，学校教育費に関する公費私費負担区分を設けている場合もある。だが，義務教育に関する公費私費区分を示している自治体は，2006年度時点で32.8％にあたる452自治体にすぎない(全国公立小中学校事務職員研究会，2007；p. 6)。また近年では給食費や教材費等の学校徴収金の未納問題がクローズアップされることも多いが，とくに子どもを持つ保護者の就労環境の不安定化や家計の厳しさに対応したり，子育てしやすい環境を整えるために学校給食費を無償化する自治体も出現しつつある(朝日新聞2016年12月19日朝刊記事「公立小中の給食無償化，全国55市町村　朝日新聞社調査」)。

　多額の私費負担によって支えられる日本の教育費負担構造は，家計の所得格差を子どもの進学機会や学力，学習意欲といった面での格差に結びつけてしまう(末冨，2010)。全国学力・学習状況調査の分析からも，親の社会経済的地位(Socio-Economic Status, 学歴や所得を複合させた変数)が子どものテストスコアに強い影響を持っていることが明らかにされている(国立大学法人お茶の水女子大学，2014)。

　格差社会をはじめとする社会問題の進行の原因について，神野は「社会的な

危機や財政的な危機を解消して，社会を1つのものとしてまとめていくことが使命である財政が，日本の場合には有効に機能していないからだ」(神野, 2007; p. 183)と指摘している。教育財政についてもこの指摘は残念ながらあてはまる。

　より良い教育の実現にあたっては，教育改革を声高に主張することもさることながら，教育財政の充実もまた重要であることを，教育にたずさわる意思を持つ読者には強く意識してもらいたい。

参考文献
OECD　日本・カントリーノート──図表でみる教育 (2016年版)
　　http://www.oecd.org/education/skills-beyond-school/EAG2016-Japan.pdf
国立大学法人お茶の水女子大学　平成25年度全国学力・学習状況調査 (きめ細かい調査) の結果を活用した学力に影響を与える要因分析に関する調査研究　2014
白石裕　分権・生涯学習時代の教育財政──価値相対主義を越えた教育資源配分システム　京都大学学術出版会　2000
神野直彦　財政のしくみがわかる本　岩波書店　2007
末冨芳　教育費の政治経済学　勁草書房　2010
末冨芳・本多正人・田中真秀　学校財務会計の現状と課題 (3) ──自治体学校予算および経費分析の展望　日本教育行政学会第47回大会報告資料　2012
全国公立小中学校事務職員研究会　平成18年度文部科学省委託事業　学校財務に関する全国調査「報告書」　2007
ベネッセ　学校長の裁量・権限に関する調査　2008
本多正人　「学校コスト調査の手法と分析」　末冨芳 (編著)　予算・財務で学校マネジメントが変わる　学事出版　2016
マスグレイブ, R., マスグレイブ, P. (著)　木下和夫 (監修)　大阪大学財政研究会 (訳)　マスグレイブ財政学 I ──理論・制度・政治　有斐閣　1983

14章　現代の教育行政改革の動向と課題

1節　「福祉国家」の見直しと「小さな政府」

　1980年代後半に入ると、社会の成熟化や国際化や国家財政の悪化および経済成長の鈍化傾向を背景に、社会・経済情勢の変化に対応した適正かつ合理的な行政の実現を図るため、1983(昭和58)年に第1次臨時行政改革推進審議会(第1次行革審、土光敏夫会長)、1987(昭和62)年に第2次臨時行政改革推進審議会(第2次行革審、大槻文平会長)、そして1990(平成2)年に第3次臨時行政改革推進審議会(第3次行革審、鈴木永二会長)が発足し、その答申(1986年、1990年、1993年)において、地方分権や規制緩和に重点をおく行政改革が提言された。その後設置された行政改革委員会(1994年)や地方分権推進委員会(1995年)での改革論議でも、地方分権改革については、国民がゆとりと豊かさを実感し、安心して暮らすことのできる社会の実現のために、住民が自らの判断(自己決定)と責任(自己責任)の下に地域の諸課題に総合的に対応できる行政システムの確立が求められた。

　他方、規制緩和については、国際競争社会への対応や、硬直した行政システムからの脱却(すなわち官僚支配の排除)等の社会的要請を背景に、国際的に開かれた、自己責任原則と市場原理に立つ自由で公正な経済社会の構築が求められ(総務省、1998)、その実現のために行政の在り方として事前規制型の行政から事後規制型行政への転換や、縦割り行政から横割り・分野横断型行政への転換が必要との考えが示された。

　こうした国の権限を地方自治体へ移譲する地方分権とあらゆる規制を緩和し、市場競争の促進を図る規制緩和によって、国際競争にも対応できる、豊かで活力ある社会の構築が目指された。それはある意味で、従来の「福祉国家」を見直して「小さな政府」への転換を図ろうとするものであった。いずれにしても、新しい時代にふさわしい国家－地方関係や行政の在り方を模索するものである。教育の分野でも、こうした1980年代後半以降の一連の一般行財政改革の動向を受けて、1987(昭和62)年8月の臨時教育審議会最終答申を皮切りに、とりわけ

1990年代後半以降の諸答申を受けて教育行財政改革が急速に進むことになる。

本章では，臨時教育審議会答申以降，とりわけ1990年代後半以降の地方分権化と規制緩和・民営化を基本原理とする教育行財政改革の動向とその特徴を，①地方分権化，②規制緩和・民営化（市場原理の導入），そして③評価制度の導入の観点から検討することとする。

2節　臨時教育審議会以降の教育改革の動向

1　地方分権化

第二次世界大戦後の教育改革において，戦前の国家主義的な中央集権体制が批判され，1948年(昭和23)年7月に教育委員会法が制定されたことにより，地方自治の理念に基づき主体的に地方教育行政を担当する教育委員会という，戦後の民主的教育を推進するための地方教育行政制度が確立した。しかし，この教育委員会制度については実際の運営面の問題点が多く批判されたことや，その後の政治状況の変化による占領政策の見直し等から，1956(昭和31)年の「地方教育行政の組織及び運営に関する法律」(以下，地教行法)に改められた。教育委員会制度は，その後しばらくはこの法律の下で運用された。

しかし，先述したように，社会の成熟化や国家財政の悪化等を背景に1980年代後半から本格化した行財政改革の動きの中で，1995（平成7）年には地方分権推進委員会が発足し，その勧告を受けて1998（平成10）年5月に地方分権推進計画が閣議決定された。この閣議決定を受けて，1998（平成10）年6月の「中央省庁等改革基本法」をはじめとする一連の中央省庁再編の法律（文部科学省の設置）と，地方自治法をはじめとする関係法の一括改正を目的とした1999（平成11）年の「地方分権の推進を図るための関係法律の整備等に関する法律」(以下，地方分権一括法)が制定された。これを契機として，国の行政組織・運営の簡素化，効率化と地方に対する国の関与の縮減（国と地方自治体との対等・協力の新しい関係の構築），地方の自主性の拡大という方向で，教育行政改革が進められた（二宮，2002）。

この地方分権一括法により地教行法の一部が改正され，①教育長の任命承認制度の廃止，②文部大臣の措置要求等の廃止，③都道府県の基準設定の廃止等が行われた。ただし，措置要求の廃止については，2006（平成18）年に教育再生会議

が国の教育委員会に対する是正命令の権限付与を提言したことから，再び地教行法の改正が行われ，国の是正措置（地教行法49条）が設けられた。

　この地方分権一括法による改革では，自治体の裁量権限の拡大を図ったといっても，基礎自治体（市町村）の行政能力の向上や財政力の拡充を図る具体案は十分に示されず，その改革は都道府県を中心にしたものに限定された。とりわけ，国（文部科学省）－都道府県－市区町村を通じた義務教育の行財政制度改革につながる義務教育費国庫負担制度や県費負担教職員制度をどうするかの問題は残されたままであった（小川，2006）。

　そこで，2004（平成16）年～2006（平成18）年にかけて，小泉内閣において，国庫補助負担金の廃止・縮減，税財源の移譲，地方交付税の縮減によって地方財政の自立と健全化を図るという「三位一体」の税財政改革が論議される中で，義務教育費国庫負担制度は，その存廃・削減をめぐって大きく取り上げられた（小川，2005）。総務省・地方6団体は義務教育費国庫負担制度の削減・廃止を主張したのに対して，2005年10月の中央教育審議会答申「新しい時代の義務教育を創造する」では，①全国的な義務教育の質の向上，②財源確保の確実性・予見可能性，そして③2004年4月から義務教育費国庫負担金制度への総額裁量制の導入によって地方の自由度がすでに拡大していること（都道府県が自ら教職員の給与額や教職員の配置数を決めることができること）等の理由から，国庫負担金制度の堅持を提言した。結果的には，都道府県が支給した教職員給与費の実支出額の3分の1を国が負担し，負担金総額の範囲内で，都道府県が自ら教職員の給与額や教職員の配置数を決めることによって，地方の自由度を大幅に拡大しつつ，国庫負担制度の根幹は維持されることとなった。

　地方分権一括法による改革で残されたもう1つの課題は，都道府県と市町村の人事行政にかかわる県費負担教職員制度の問題である（小川，2006）。県費負担教職員制度によれば，公立義務教育諸学校の教職員の人事管理については，本来，市区町村立学校に勤務する教職員の身分は，市区町村の地方公務員であるため，その給与は，市区町村が負担し，採用・人事等を市区町村が行うべきものであるが，市区町村の財政力の脆弱さ，義務教育の平等保障や優秀な教職員の確保，域内市区町村間での適正配置（人事交流）といった観点から，給与の半額（2006（平成18）年より3分の1）を国が負担し，残りを財政力格差の大きい市区町村

ではなく都道府県に負担させて，教職員の採用や人事交流，研修等を都道府県が中心となってやってきた。しかし，このような制度は，利点のある反面，地方自治という観点からみるとき，義務教育学校の設置・管理の第一義的責任をもつ市区町村 (教育委員会) が義務教育諸学校の管理・経営に関する基本的権限 (給与・人事権) を有していないという問題がある。そこで，近年の地方分権化の動きの中で，この制度の見直しが政策課題として注目され，2005 (平成17) 年10月の中央教育審議会答申「新しい時代の義務教育を創造する」では，「教職員の人事権については，市区町村に移譲する方向で見直すことが適当である」と指摘し，「教職員人事権を市区町村に移譲する場合には，……人事権者と給与負担者はできる限り一致することが望ましく，人事権移譲に伴う給与負担の在り方も適切に見直すことを検討する必要がある」と提言した。

　また，2013 (平成25) 年12月の中央教育審議会答申「今後の地方教育行政の在り方について」でも，「県費負担教職員の人事権については，様々な意見があることを踏まえ，引き続き，小規模市町村を含む一定規模の区域や都道府県において人事交流の調整を行うようにする仕組みを構築することを前提とした上で，小規模市町村等の理解を得て，中核市をはじめとする市町村に移譲することを検討する」と提言し，政府 (文部科学省) も，人事権の移譲を希望する中核市等への情報提供の協力，支援を行うことを決めた (事務連絡「県費負担教職員の人事権の中核市等への移譲について」平成27年2月5日付)。現在，大阪府の豊能地区 (豊中市，池田市，箕面市，豊能町，能勢町) では，地方教育行政法55条の事務処理特例制度を活用して，大阪府から人事権を移譲され，運用を開始している。

　他方，学校レベルにおいては，学校の自主性・自律性の確保に向けた取り組みが，1987年8月の臨時教育審議会最終答申，とりわけ1998 (平成10) 年9月の中央教育審議会答申「今後の地方教育行政の在り方について」以降，強力に推進されるようになった。つまり，これまで教育委員会が有していた権限の一部を学校に移譲し，学校はその権限を活用して自らの責任のもとに経営を行うという自律的学校経営の構築へ向けた改革が始まった。2000 (平成12) 年1月の学校教育法施行規則一部改正等による，学校の自主性・自律性の確立に向けた職員会議の見直しや学校評議員制度の導入，2002 (平成14) 年3月の小・中学校の設置基準の制定による，学校の自己点検・評価とその公開の努力義務の明示，2004年3

月の中央教育審議会答申「今後の学校の管理運営の在り方について」による,学校運営協議会の設置の提言およびこれに伴う地教行法の一部改正(同年6月),等がそれである。さらに2005(平成17)年1月には,中央教育審議会教育制度分科会(地方教育行政部会)は,「地方分権時代における教育委員会の在り方」を答申し,地方教育行政システムの改革の方向性や学校の裁量権限の更なる拡大の必要性を示したほか,同年10月の中央教育審議会答申「新しい時代の義務教育を創造する」でも,人事,教育課程,学校予算にかかわる学校の裁量権限の拡大や管理職の補佐機能の充実や自己評価の実施とその公表の義務化を提言した。これらの提言の一部は,2006(平成18)年12月の教育基本法改正を機に,2007(平成19)年の学校教育法および同法施行規則の改正により法制化された。

　そして最近(平成27年12月21日)では,中央教育審議会が「新しい時代の教育や地方創生の実現に向けた学校と地域の連携・協働の在り方と今後の推進方策について」や「チームとしての学校の在り方と今後の改善方策について」「これからの学校教育を担う教員の資質能力の向上について」の3つの答申を出し,①地域住民が学校と連携・協働して子どもの成長を支え,学校を核として地域を創生していくために,コミュニティ・スクールと地域学校協働本部を積極的に推進すること,②教職員に加え,多様な専門性を持った人材が学校運営に参加するため,学校の組織運営改革の一環として「チームとしての学校」を推進すること,そして③学び合い,高め合う教員コミュニティの構築をめざして,教員の養成・採用・研修に係る改革を行うこと,などを提言している。

　これら一連の答申や改革は,教育現場(学校)に権限を付与し,学校自らが責任をもってその運営にあたらせるとともに,その活動の結果の評価に基づいて,保護者には学校選択を,教育行政機関には資源配分や支援を行わせるという仕組みを整える一方,地域と学校が連携・協働して,社会全体で子どもの成長を支えるとともに,学校を核として地域の創生をも図ることを目指しているといえよう。

2　規制緩和・民営化──市場原理の導入

　臨時教育審議会最終答申の教育改革提言の骨格のもう1つは,規制緩和・民営化を行うことにより,教育に自由な競争を導き出す環境を創出し,教育を活

性化しようとするものである。この教育における規制緩和・民営化の動きを，①学校選択制，②構造改革特区，そして③指定管理者制度の観点からみてみよう。

まず，学校選択制は，公立の小学校・中学校を複数校の中から選ぶことができる制度である。学校選択制が問題となったのは，臨時教育審議会において「教育の自由化論」として，親の学校選択の自由が議論されたことに始まる。当時は学校選択制を支持する意見も少なく，結局のところ臨時教育審議会答申（1987年）は，学校選択の自由は採らず，通学区域の弾力化を提言するにとどまった。政府の行政改革委員会の規制緩和小委員会で学校選択制が取り上げられ，同小委員会報告（1996年）は，国民に対し直接規制を加えている事例として通学区域の指定をあげ，その規制緩和を求めた。この報告を受け，文部科学省は，教育改革プログラム（1997年）に「公立小・中学校の通学区域の弾力化」をあげたほか，1998年9月の中央教育審議会答申「今後の地方教育行政の在り方について」でも「学校選択の機会の拡大」を提言した。この提言を受け，東京都品川区が学校選択制の導入を始め，これを機に学校選択制が全国に拡大した。学校選択制については，特別の法令上の規定はないが，就学すべき学校の指定システムの弾力的運用が行われている（学校教育法施行令5条，8条，学校法施行規則32条）。なお，第1次安倍内閣（2006年9月〜2007年8月）において，学校選択制の1つとして，就学年齢の子どもがいる家庭にバウチャーという一種の金券（クーポン）を配布して，子どもの通学する学校を選択させるという教育バウチャー制度の導入が検討されたことがある（小塩，2003）。

また，規制緩和に関連して，学校体系の見直し，すなわち中高一貫教育の導入問題がある。中高一貫教育の導入が最初に取り上げられたのは，1971年の中央教育審議会答申の（先導的試行）からである。その後，1985年の臨時教育審議会「教育改革に関する第1次答申」において，6年制中等学校の設置が提言されたが，1991年の第14期中央教育審議会答申「新しい時代に対応する教育の諸制度の改革について」では，中高一貫教育が受験競争の低年齢化を招く恐れがあるとして最終的な結論は持ち越された（黒崎，2000）。しかし，1997（平成9）年6月第16期中教審第2次答申では，個人の学校選択の自由を広げるという観点から，中高一貫教育の導入が提言され，これを受けて，当時の文部省は，1998年に学校教育法の改正を行い，中高一貫教育を行う中等教育学校の設置が実現した。

最近では,「学校教育法等の一部を改正する法律」(平成28年4月1日)が施行され,学校教育制度の多様化と弾力化を推進するため,小中一貫教育を目的とする義務教育学校も創設されたところである。
　構造改革特区制度は,経済分野に比べて構造改革が遅れている公共的な分野(教育,物流,研究開発,農業,社会福祉など)を主な対象として,地域を限定して大幅な規制緩和措置を採り,構造改革を進めようとする政策である。全国一律の実施にこだわらず,特定地域に限定して規制緩和・構造改革を行い,その成果をみて全国的な規制改革を進めようとするものである。この特区構想は,「経済財政運営と構造改革に関する基本方針2002」(6月25日閣議決定)で打ち出され,2002年に構造改革特別区域法(以下,特区法)が制定され,2003年から構造改革特区の指定が始まった。地方公共団体または民間事業者は「構造改革特別区域計画」を作成して,内閣総理大臣に申請し,その認定を受けて特区で事業を行う。特区法に基づく教育分野での事業としては,たとえば①株式会社による学校経営,②NPOによる学校経営(不登校の児童・生徒のための学校をNPOが経営する),③幼稚園の入園年齢の引き下げ,等がある。各省庁の規制を突破する先導役として期待される反面,戦後の公教育制度・教育基本法制を大きく変容させるとの懸念もある。小学校での「そろばん教育特区」(兵庫県尼崎市)や「英語教育特区」(群馬県太田市)等,一定の成果があったと評価されるものもあるが,最近では,提案件数,認定件数も減少し,低迷気味であるといわれる。
　指定管理者制度は,小泉内閣発足後,わが国において急速に展開された「公組織の法人化・民営化」の一環として,地方自治法の一部改正(244条)で2003年6月13日公布,同年9月2日に施行された。従来は,地方公共団体,公共的団体および政令で定める出資法人に限り許されていた「公の施設」の管理運営が,地方公共団体の指定した民間企業やNPO法人などでもできるようになった。この制度の導入により,①「公の施設」の管理運営が,株式会社等の民間企業やNPO法人や法人格をもたない民間団体等もできるようになったほか,②業務の単なる委託ではなく,施設全体の維持管理や利用料金の設定も可能となった。この制度導入の対象施設としては,たとえば,スポーツ関連(プール,体育館,市民球場),福祉関連(高齢者施設,保育所,保養所等),教育関連(図書館,公民館,歴史資料館,林間学校,生涯学習センター等)がある。この制度導入によって,利用時間の延長等

施設運営面でのサービス向上や管理運営経費の削減などが期待される。しかしその一方で，指定管理者の「弾力性や柔軟性のある施設運営」の名の下に，職員に過剰なサービス残業を強要したり，施設の日常管理を派遣・アルバイト・パートの契約職員のみで行うといった，不適切な管理の出現も懸念されている。

規制緩和は，ある意味で教育に市場メカニズムを導入し，学校等を競争的環境下におく働きをする。市場メカニズムによって，教育サービスの供給主体(学校)や消費者(子どもや保護者)は，自分たちの判断で教育サービスの水準や内容を選択し，決定し，あるいはサービスと対価を交換できるようにする。そこでは市場メカニズムは冷徹にも学校の能力をも暴き出し，その能力に応じた働きに対価を払う。こうした競争的環境下では，住民(保護者)は，自由な選択が許される一方，自己責任も求められる。「自由は重い自己責任を伴う」といわれるように，規制緩和による改革には，自主性(自由)と自己責任の原則が貫いている。

3　評価制度の導入

地方分権化により地方自治体や学校が大きな権限と責任をもつ一方で，規制緩和によって競争的環境下で教育サービスを提供するようになると，国または地方自治体は，教育の質を保証したり，説明責任を果たす観点から，教育活動の結果や教員評価の問題に大きな関心をもたざるをえなくなる。本項では，①学校評価制度，②教員評価制度，そして③学力政策(学力調査)の動向について触れることとする。

学校評価制度は，従来から学校評価を定着させようとする試みがあったが，今日のように大きなテーマとして意識されるようになったのは，中央教育審議会答申(1998年9月)において，学校の自己評価は，学校の目標や計画や実施状況を保護者や地域住民に説明すること(説明責任の履行)を念頭において行われる必要があると明示されたことに始まる。2002(平成14)年4月の「小学校設置基準」や「中学校設置基準」の制定もしくは高等学校・幼稚園設置基準の一部改正によって法令上初めて学校の自己点検・評価とその結果の公表が努力義務化された。しかし，その後，学校評価は，実態的には自己点検レベルにとどまり，評価結果の公表や保護者等の他者による評価も十分でなかったことから，2005年10月の中央教育審議会答申「新しい時代の義務教育を創造する」や2007年3月

の中央教育審議会答申「教育基本法の改正を受けて緊急に必要とされる教育制度の改正について」の議論を踏まえて，2007年6月に学校教育法(28条，42条，43条，49条，62条)，そして同年10月30日に学校教育法施行規則(39条，66条，67条，68条，79条，104条)が改正され，①自己評価の実施とその結果の公表義務化，②学校関係者評価の実施とその結果の公表の努力義務化，そして③自己評価結果の設置者への報告義務化が行われた。

　最近では，専門家による第三者評価の議論に焦点が移っている。2005年10月の中央教育審議会の答申「新しい時代の義務教育を創造する」や2007年3月の中央教育審議会答申「教育基本法の改正を受けて緊急に必要とされる教育制度の改正について」では，第三者機関による全国的な外部評価の仕組みを構築することが求められた。こうした中教審での議論を踏まえて，2006年7月に設置された「学校評価の推進に関する調査研究協力者会議(通称「学校評価協力者会議」)の第1次報告「学校評価の在り方と今後の推進方策について」(2007年8月)では，外部評価の概念を，保護者や学校評議員や地域住民等の学校関係者による外部評価を「学校関係者評価」とし，当該学校に直接かかわりをもたない専門家等による，専門的・客観的立場から教育活動その他の学校運営全般について評価を行うものを「第三者評価」と整理した。第三者評価は，その実施主体や評価者の確保やコスト等の面で，多くの問題を抱えるものの，義務教育の成果の検証と質保証や説明責任の履行の観点から，教育行政の重要な仕事としてクローズアップされている。なお，文部科学省の「学校評価等実施状況調査(平成26年度)」(結果概要)によると，国立学校，公立学校ともに，95％を超える学校が学校関係者評価を実施(私立学校の実施率44.8％)しており，自己評価については94.4％の国公私立学校が「効果があった」と，学校関係者評価については91.6％の国公私立学校が「効果があった」と回答している。

　教員人事評価制度については，①「指導力不足教員」の取り扱いと，②「新しい教員評価制度」の2つの問題がある(河野，2006)。まず，「指導力不足教員」の取り扱いの問題は，1998(平成10)年9月の中央教育審議会答申「今後の地方教育行政の在り方について」で「適格性を欠く教員等への対応について適切な人事上の措置をとること」が提言された。これを機に，その後，種々の議論を踏まえ，2001年7月に「地方教育行政の組織及び運営に関する法律の一部を改正する法律」が

施行され，これによって指導力不足教員の人事上の措置が法定された（同法47条の2）。

　他方，「新しい教員評価制度」の本格的な取り組みは東京都から始まった。東京都は従来から実施されていた勤務評定制度の問題点を解決しようと，1995（平成7）年度に教育管理職のみを対象に「自己申告制度」と「業績評価制度」を導入したが，2000（平成12年）度からは全公立学校教職員にも対象を拡大し，本格実施した。この東京都の取り組みを追うかたちで，国は，2000年12月の教育改革国民会議の「最終報告書」において，教師の意欲や努力が報われ評価される体制を作ることの必要性を説くとともに，2002（平成14）年2月の中央教育審議会答申では「信頼される学校づくりのために新しい教員評価システムの導入」を提言した。さらに2002年6月の閣議決定「経済財政運営と構造改革に関する基本方針2002年」において，文部科学省は早期に新しい教員評価制度の導入を求められたため，その基盤整備を進めた。その結果，文部科学省調査「教員評価システムの取組状況について」によれば，平成23年4月1日現在，47都道府県教育委員会および19指定都市教育委員会（合計66団体）のうち，65教育委員会においてすべての教職員，すべての学校で教員評価システムを実施しており，1県教育委員会において一部の教職員，一部の学校で実施している。「新しい教員評価制度」が，教職員の能力を開発し，彼らのやる気を喚起し，もって学校を活性化することができるのかどうか，今後もその行方が注目される。

　最後に，学力調査についてである。学力調査は，これまでも行われてきたが，2005（平成17）年10月の中央教育審議会答申「新しい時代の義務教育を創設する」において「子どもたちの学習到達度についての全国的な調査を実施することが適当である」と提言され，この提言を受けて，文部科学省の「全国的な学力調査の実施方法等に関する専門家検討会議」は，問題作成や調査結果の公表方法を含め，学力調査の実施方法等について詳細な検討を行った。この検討結果を踏まえ，文部科学省は，2006年6月20日「平成19年度全国学力・学習状況調査に関する実施要項」を作成し，2007（平成19）年4月に，全国的な義務教育の機会均等とその水準の維持向上を図るという観点から，「各地域における児童生徒の学力・学習状況を把握・分析することにより，教育及び教育施策の成果と課題を検証し，その改善を図る」ことを目的に，第1回全国学力・学習状況調査（悉皆

調査, 小6・中3を対象) を実施した。平成19年度の開始以来, 平成28年度調査で10年目を迎えるが, 問題を抱えながらも本調査は定着してきているように思われる。「全国的な学力調査に関する専門家会議」は, 今後も, 引き続き全国的な学力調査を, 悉皆, かつ毎年度実施するよう提言している(「全国的な学力調査の今後の改善方策について『論点の整理』」平成28年6月15日)。

この他にも, 評価制度として「全国体力・運動能力, 運動習慣等調査」報告書 (スポーツ庁所管, 2015年10月文部科学省の外局として設置) や教育委員会の自己点検・評価報告書が注目される。

教育の質保証や説明責任の履行といった観点から, 国ないし地方自治体が教育活動の結果の評価や教員評価を行うことの意義は十分理解できるものの, 評価の難しさや弊害等, 問題点も指摘される。これらの問題をどう克服し, 望ましい評価体制を築いていくか, 引き続き今後の大きな課題でもある。

3節　今後の課題

以上, 1990年代後半以降の地方分権化と規制緩和等を基本原理とする行財政改革の動向を簡単に跡づけた。最後に今日の教育行財政改革の特徴と今後の課題について触れ, 「結び」としたい。

第一に, 教育が競争的環境下に置かれるようになったことである。これまでみてきたように, 1980年代後半に入ると, 社会の成熟化や国際化や国家財政の悪化および経済成長の鈍化傾向を背景に, 従来型の福祉国家観の見直しが求められ, いわば「小さな政府」の思想のもと, 地方分権や規制緩和を基本原理とする教育行政改革が提言されるようになった。そこでは, 良質の教育サービスを安く供給することを望む「消費者としての市民」が仮定され, 教育サービス供給の主体を多元化し, 消費者(保護者)にどのサービスを受けるかを選択させることにより, すなわち「競争と評価」の市場的メカニズムを働かせることにより, 彼らの多様な教育サービス要求に応えることが期待されるようになった。ある意味で, 教育サービスの公正・平等的, 標準的供給よりも, 多様かつ個性的で, 効率的な供給が求められている(河野, 2004)。この場合, 国家や教育行政の役割は, 教育の事前規制よりも, 教育機関の教育活動の結果を評価する事後規制によっ

て，教育の質の保証を行うことにあると考えられている。

　第二に，近年の一連の教育改革で，学校評価，第三者評価，教員人事評価，全国学力・学習状況調査，教育委員会の自己点検・評価など，各種評価制度が導入されており，いわゆる「評価国家」の構築に向けた構造改革が着実に進みつつあることを指摘しておきたい。2005（平成17）年10月の中央教育審議会答申「新しい時代の義務教育を創造する」では，「国の責任によるインプット（目標設定とその実現のための基盤整備）を土台にして，プロセス（実施過程）は市区町村や学校が担い，アウトカム（教育の結果）を国の責任で検証し，質を保証する教育システムへの転換」が説かれていることは注目される。つまり，国は教育の成果の検証と品質保証にその大きな責任（役割）のあることを認め，いわゆる「評価国家」の構築に向けた教育の構造改革が展開されているといえる。しかし，評価国家を任ずるだけの実質を備えるためには，相当程度の人的・財的資源の投入が必要であり，その実現にはなお大きな困難が予想される。また，教育のプロセス（実施過程）を市区町村や学校に任せるとしても，国が目標設定や教育の成果の検証に責任をもってかかわる場合，その運用次第では，国の統制がより強まり，地方自治（地方教育行政）の形骸化を招くことも否定できない。

　第三に，国や地方自治体における行政の総合化へ向けての動きが看取される。近年の地方分権や規制緩和による行財政改革を受けて，教育の政策決定過程に変化が見られるようになった。とりわけ，2001年の中央省庁再編により，旧来の各省庁縦割りの政策決定を変え，政治（内閣）の強い主導権の下に迅速な政策決定を行うために設置された内閣府の影響は大きいとされる（小川，2005）。内閣府に設けられた総合規制改革会議や分権推進改革会議や経済財政諮問会議等で新しい教育の方針が打ち出され，それが内閣決定とされることで，文部科学省はその方針に従った教育政策の樹立を迫られた。そのため，文部科学省－都道府県教育委員会－市町村教育委員会－学校という，従来の縦割りの教育政策決定の手法は十分に機能しなくなったとされる。

　地方自治体においても，地方分権改革によって機関委任事務が廃止され，地方自治体の政策決定権限が拡大することにより，首長のイニシアティブが発揮されやすい環境が醸成された。たとえば，構造改革特区制度により，自治体の長は，教育委員会や文部科学省を経由しないで新しい独自の教育政策案を策定

し，その実現が図れる方途が拓かれるようになった。また，近年の教育問題は，教育格差，労働力の需要と供給のミスマッチ，ニート問題，学力問題のいずれをとっても，文部科学省や教育委員会だけで解決できるわけでなく，厚生労働省や経済産業省など他省庁や他部局の連携協力を必要としている。このことも，国や地方自治体の行政トップや他省庁・他部局が教育政策の形成に深くかかわり，行政の総合化が進む背景事情となっている。2014年の教育委員会制度改革で，首長が主宰する総合教育会議が設置されたのはこのような事情と無関係ではない。

　第四に，2015(平成27)年12月の中央教育審議会答申「新しい時代の教育や地方創生の実現に向けた学校と地域の連携・協働の在り方と今後の推進方策について」において「未来を創り出す子供たちの成長のために，学校のみならず，地域住民や保護者等を含め，国民一人一人が教育の当事者となり，社会総掛かりでの教育の実現を図るということであり，そのことを通じ，新たな地域社会を創り出し，生涯学習社会の実現を果たしていく」と指摘しているように，近年の教育改革で①子どもの教育を社会全体で支えること，②子どもの教育を通して地域社会の創生を図ることが強調されていることは注目されてよい。前者①については，子どもの教育の責任は個人(親)にあることを前提としつつも，民間(企業等)や地域社会(ボランティア)の支援を受けて，自助，共助，公助によって子どもの教育の実現を図ることを意味し，これは，公共サービスは，官(行政)のみならず，民間(企業等)や地域住民等によっても提供されるべきとする「新しい公共」論の考え方とも符合するものである。最近のPFI(民間資金を利用した社会資本整備)や指定管理者制度，構造改革特区制度の設定，学校運営協議会(コミュニティ・スクール)・学校支援地域本部の設置やICT活用教育推進の一連の動きは，このような文脈においても理解されよう。後者②については，近年，地域づくりと活力あるコミュニティ形成が社会関係資本という観点から注目されているが，地域社会が学校(子ども)を育むとともに，学校(子ども)が地域社会を創生(再生)するという相補関係や相乗効果に注目が集まっている。地域社会が子どもの育ちに大きな影響を与えるとともに，学校(子ども)を地方創生(地域創生)の面から大いに期待されていることを指摘しておきたい。

引用・参考文献

岩川直樹・伊田広行(編)　貧困と学力　明石書店　2007
小川正人　市町村の教育改革が学校を変える　岩波書店　2006
小川正人(編)　義務教育改革(教職研修総合特集)　教育開発研究所　2005
黒崎勲　教育の政治経済学　東京都立大学出版会　2000
河野和清　市町村教育長のリーダーシップに関する研究　多賀出版　2007
河野和清(編)　教育行政学　ミネルヴァ書房　2006
河野和清(編)　地方分権下における自律的学校経営の構築に関する総合的研究　多賀出版　2004
小塩隆士　教育を経済学で考える　日本評論社　2003
総務庁　規制緩和白書　1998年8月
二宮晧(編)　教育と社会・制度　協同出版　2002

索　引

〔英数字〕
1条校　33
6－3－3制　32
ICT活用　229
NPM　57
NPO法人　223
PDCAサイクル　102

〔ア 行〕
アーティキュレーション　31
預かり保育　138, 140
「新たな教職員評価」制度　117
生きる力　86, 101
いじめ　15
インクルーシブ教育　151
インテグレーション　32
大人の学びの場　75

〔カ 行〕
開放制の教員養成　176
学芸員　196
学習権宣言　121
学習指導要領　17, 42, 90, 94
学年主任　105
学力政策　224
学力低下　17
学齢児童（生徒）　125
学齢簿　125
学歴主義　11
学級編制　60
学級崩壊　17
学校運営協議会　82
学校運営組織　81
学校環境論　77
学校関係者評価　85
学校管理規則　59, 90
学校給食費の無償化　215
学校教育法　33, 128, 137
学校経営
　　──の概念と領域　74
　　──の組織と過程　78
学校経営行動論　77
学校経営診断・学校改善論　77
学校経営戦略論　76
学校系統　30
学校支援地域本部　229
学校選択制　222
学校組織論　77
学校体系　30
学校段階（学校階梯）　30
学校徴収金　214
　　──の未納問題　215
学校の設置者　32
学校のもつ条件性　87
学校評議員　81
学校評価　228
　　──の実態と課題　84
学校評価ガイドライン　84
学校評価システム　85
学校評価制度　100
学校評議員制度　220
学校文化論　77
学校予算の不足　214
家庭教育　28
家庭内暴力　20
家庭の教育力の低下　18
カリキュラム・マネジメント　101
監護・教育権　133
機関委任事務　228

規制緩和　99, 217
基礎的環境整備　163, 169
義務教育　26, 125
義務教育学校　32
義務教育費国庫負担制度　204, 205, 213, 219
義務教育財源の政令市移管　211
義務教育の無償　26, 204, 215
給付型奨学金　208
教育委員　67
教育委員会　67, 96, 98
教育委員会規則　90
教育委員長　69, 72
教育課程　90
　　──に関する法制　91
　　──の基準　92, 94
教育課程行政　90, 96, 99
教育課程経営　100, 102
教育課程編成の特例　94
教育基本法　43, 91, 123, 172, 208
教育行政　55
教育財政　200
教育権　51, 130
教育財政　200
　　国の──　202
　　地方の──　210
教育再生会議　218
教育再生実行会議　37, 66, 72
教育する家族　19
教育段階　30
教育長　67, 69, 72
教育長任命承認制　60, 218
教育の機会均等　50, 204, 208
教育費の公私負担　215

教育・福祉・医療・労働の
　　連携　152
教育法規　40
教育を受ける権利　26
教員研修　182
教員評価制度　224
教員養成　176
教科書　97
(狭義の)教育委員会　69
教職員
　　――の職務　104
　　――の懲戒と分限　112
　　――の評価　115
　　――の服務　108
教職大学院　181
共生社会　151
業績評価制度　226
教頭　105
教務主任　105
教諭　104
県費負担教職員(制度)　58,
　　109, 204, 219
合議制　68
(広義の)教育委員会　69
公教育
　　――の概念　23-25
　　――の構成原理　26-27
公共財　210
公共性　24
高校無償化政策　207
講師　105
構造改革特区制度　223
校則　130
校長　100, 105
高等学校等就学支援金制度
　　207, 210
高等教育　30
校内暴力　12
公民館　192
公民館運営審議会　193
公民館主事　193
校務　78

校務分掌　79
校務分掌組織　78, 80
合理的配慮　169
国立大学法人運営費交付金
　　205
個人情報の保護　127
子ども・子育て支援法　139
子どもの権利と義務　121
子どもの人権　124
子どもの学びと育ちの場　74
個別の教育支援計画　154
個別の支援計画　155
コミュニティ・スクール
　　82, 221
コメニウス, J. A.　28
コンドルセ, M. J. A. N. C.　29

〔サ　行〕

在学管理　125
財政力指数　210
サラマンカ声明　155
三位一体　219
私学助成　206
私教育　24
事後規制　227
自己申告制度　226
自己評価　85
自主研修　184
司書　195
市場原理　221
事前規制　227
執行機関　68
指定管理者制度　222-223
児童虐待　20
指導行政　59
指導教諭　106
指導主事　69
児童の権利宣言　121
児童の権利に関する条約　122
児童福祉法の一部改正等関
　　係法律の整備法　139
指導要録　125

指導力不足教員　225
社会関係資本　229
社会教育　28
社会教育行政
　　――の概念　186
　　――の組織　188
社会教育主事　191
社会に開かれた教育課程　175
就学前教育　30
就学前の子どもに関する教
　　育，保育等の総合的な
　　提供の推進に関する法
　　律　→認定こども園法
宗教教育　123
主幹教諭　106
授業料　26
授業料無償説　215
受験戦争　11
出席停止　131
守秘義務　127
準公共財　210
小1プロブレム　36
生涯学習社会　229
生涯学習政策局　188
障害者基本法　151
障害者雇用促進法　151
障害者総合支援法　151
障害者の権利に関する条約
　　151
障害を理由とする差別の解
　　消の推進に関する法律
　　(障害者差別禁止法)　151
小学校学習指導要領　53, 94
小学校設置基準　35, 224
少子高齢化　56
助教諭　105
職員会議　80
職業教育　30
職専免研修　184
職務研修　184
職務上の服務義務　110
初等教育　30

初任者研修　183
私立学校　25, 206-207
私立学校振興助成法　207
自律的学校経営　220
親権　121
新公共管理　57
政務三役　61
政令市　204
　　──への義務教育財源の移管　213
設置者負担主義　58, 205, 206, 213
ゼロトレランス　131
全国学力・学習状況調査　100
選別主義的制度　207
総合教育会議　72, 229
相当免許状主義　177
族議員　66
組織風土　87
組織文化　87
措置要求　218

〔タ　行〕
大学における教員養成　176
第三者評価　86, 225
体罰　133
代理支給　207
単線型　31
地域学校協働本部　198, 221
地域づくりの核　75
地域リソース　156
小さな政府　227
チームとしての学校　78, 221
地方教育行政の組織及び運営に関する法律（地方教育行政法）　59, 67, 218
地方分権（化）　213, 217, 218
地方分権一括法　218, 219
地方分権改革　59
地方分権推進委員会　217

地方分権推進計画　218
中央教育審議会（中教審）　63, 72, 189
中学校学習指導要領　53
中学校設置基準　224
中等教育　30
中等教育学校　32
中堅教諭等資質向上研修　184
中立性　27
懲戒　128
懲戒権　133
懲戒処分　112
著作権　99
通級による指導　159
特別支援学級　158-161
特別支援学校　30, 156-158
特別支援学校教員免許　161
特別支援教育　150-171
特別支援教育コーディネーター　154
特別支援教室　158
特別支援センター　169
図書館　194-195
特区　37

〔ナ　行〕
日本学生支援機構奨学金　210
日本国憲法　26, 122, 204
認可外保育所　143
認可保育所　143
認定こども園　138, 145-149
　地方裁量型──　139, 145
　保育所型──　138, 145
　幼稚園型──　138, 145
　幼保連携型──　138, 145
認定こども園法　147-149
認定こども園法の一部改正法　139

〔ハ　行〕
博物館　195-196

評価国家　228
標準授業時数　93
副校長　106
福祉国家　217
服務　108
普通教育　30
不登校　13
普遍主義的制度　207
フリースクール　37
フレーベル, F.　135
分岐型（フォーク型）　31
文教制度調査会　65
文教族　66
分限処分　113
保育士　144
保育所　135, 137, 143-145
保育所保育指針　142-144
補助教材　98

〔マ　行〕
学び続ける教員像　172
学びの専門家　175
マネジメント・サイクル　83
マン, H.　29
身分上の服務義務　110
民衆統制　68
文部科学省　61-65, 188
文部科学部会　65

〔ヤ　行〕
養護学校への就学義務制　151
養護教諭　105
幼稚園　55, 135-137, 140-143
幼稚園教育要領　140-142
幼保連携型認定こども園教育・保育要領　148

〔ラ　行〕
臨時行政改革推進審議会　217

編　者

河野　和清（こうの　かずきよ）　京都光華女子大学こども教育学部
　　　　　　　　　　　　　　　京都教育大学大学院連合教職実践研究科

執筆者〈執筆順，（　）内は執筆担当箇所〉

山田　浩之（やまだ　ひろゆき）（第1章）広島大学大学院人間社会科学研究科
山下　晃一（やました　こういち）（第2章）神戸大学大学院人間発達環境学研究科
松元　健治（まつもと　けんじ）（第3章）広島文化学園短期大学保育学科
村上　祐介（むらかみ　ゆうすけ）（第4章）東京大学大学院教育学研究科
林　　孝（はやし　たかし）（第5章）広島大学名誉教授
大野　裕己（おおの　やすき）（第6章）兵庫教育大学大学院学校教育研究科
古賀　一博（こが　かずひろ）（第7章）福山平成大学福祉健康学部
織田　成和（おだ　しげかず）（第8章）前近畿大学工学部
湯川　秀樹（ゆかわ　ひでき）（第9章）文部科学省初等中等教育局
河相　善雄（かわあい　よしお）（第10章）兵庫教育大学名誉教授
髙瀬　淳（たかせ　あつし）（第11章）岡山大学大学院教育学研究科
松原　勝敏（まつばら　かつとし）（第12章）高松大学発達科学部
末冨　芳（すえとみ　かおり）（第13章）日本大学文理学部
河野　和清（こうの　かずきよ）（第14章）編　者

現代教育の制度と行政〔改訂版〕

2017年 3月31日　初版第1刷発行
2024年 9月20日　　　　第8刷発行

編著者　河野 和清
発行者　宮下 基幸
発行所　福村出版株式会社
　　　　〒104-0045　東京都中央区築地4-12-2
　　　　電話　03-6278-8508／ファクス　03-6278-8323
　　　　https://www.fukumura.co.jp
印　刷　株式会社文化カラー印刷
製　本　協栄製本株式会社

© 2017 Kazukiyo Kohno
Printed in Japan
ISBN978-4-571-10179-3

定価はカバーに表示してあります。
落丁本・乱丁本はお取り替えいたします。

福村出版◆好評図書

河野和清 著
市町村教育委員会制度に関する研究
●制度改革と学力政策の現状と課題

◎5,000円　ISBN978-4-571-10178-6　C3037

1990年代後半以降の市町村教育委員会がその役割をどのように果たそうとしていたのかを制度・政策面から探る。

日本教育行政学会研究推進委員会 企画／横井敏郎・滝沢 潤・佐藤智子 編著
公教育制度の変容と教育行政
●多様化,市場化から教育機会保障の再構築に向けて

◎3,800円　ISBN978-4-571-10194-6　C3037

日本と海外の公教育制度の現状と課題,今後のあり方について,日本教育行政学会が取り組んだ研究活動の成果。

佐々木正治 編著
新 初等教育原理〔改訂版〕

◎2,500円　ISBN978-4-571-10205-9　C3037

グローバル化・情報化時代における初等教育の目的や課題,対応方法などを詳説。好評ロングセラーの改訂版。

佐々木正治 編著
新 中等教育原理〔改訂版〕

◎2,200円　ISBN978-4-571-10188-5　C3037

グローバル化が進み激変する社会に向けて,中等教育の基礎的な知見を解説したテキストを時代に即して改訂。

笹田博通・山口 匡・相澤伸幸 編著
考 え る 道 徳 教 育
●「道徳科」の授業づくり

◎2,400円　ISBN978-4-571-10185-4　C3037

「読み物道徳」から「考え,議論する道徳」へ。新学習指導要領をふまえた道徳科の授業づくりを構想する。

田代高章・阿部 昇 編著
「生きる力」を育む 総合的な学習の時間
●自己創造・社会創造へつながる理論と実践

◎2,600円　ISBN978-4-571-10192-2　C3037

「総合的な学習の時間」のあり方を理論的・実践的に提示する。東北地方の小中高における実践例を豊富に掲載。

渡辺弥生・小泉令三 編著
ソーシャル・エモーショナル・ラーニング(SEL)
非認知能力を育てる教育フレームワーク

◎2,600円　ISBN978-4-571-10198-4　C3037

子どもの感情と社会性を育む国際的教育活動「SEL」の概要・導入・アセスメント・日本の実践例を紹介。

◎価格は本体価格です。